PETER EGGER

CHANCEN IM WERTECHAOS

PETER EGGER

CHANCEN IM WERTECHAOS

Die 10 Gebote
in unserer Zeit

Media Maria Verlag

Chancen im Wertechaos
Die Neuausgabe wurde vom Autor aktualisiert, ergänzt und mit einem ausführlichen Register versehen.

Bibliografische Information: Deutsche Nationalbibliothek
Die Deutsche Nationalbibliothek verzeichnet diese Publikation in der Deutschen Nationalbibliografie; detaillierte bibliografische Daten sind im Internet über http://dnb.ddb.de abrufbar.

Chancen im Wertechaos
Die 10 Gebote in unserer Zeit
Peter Egger
Media Maria Verlag, 1. Auflage 2010
ISBN 978-3-9813003-0-7

Umschlaggestaltung: Atelier Lehmacher unter Verwendung des Bildmaterials von PhotoDisc (Blitz), PantherMedia (Ton- und Steintafeln)
Satz: Weiß-Freiburg GmbH – Graphik & Buchgestaltung
Printed in Germany

www.media-maria.de

INHALT

VORWORT VON CHRISTA MEVES 11

EINFÜHRUNG 15

DIE FREIHEIT 19
1. Das rechte Verständnis der Freiheit 19
2. Das falsche Verständnis der Freiheit. 19
3. Der Weg in die Gefangenschaft 20

DAS GEWISSEN 21
1. Das rechte Verständnis des Gewissens . . . 21
2. Das falsche Verständnis des Gewissens . . . 21
3. Das „eigene Gewissen". 22
4. Die ideologische Unterwanderung 23
5. Die Kirche als „Mater et Magistra". 24
6. Die Lehre der Kirche als Maßstab für das Gewissen 25

ERSTES GEBOT:
DU SOLLST AN EINEN GOTT GLAUBEN! 27
1. Die Existenz Gottes 27
2. Das Wesen Gottes 29
3. Die Bedeutung Gottes. 31
4. Der Glaube an Gott 35
5. Das Gebet zu Gott. 38
6. Der Glaube in Gefahr 49

ZWEITES GEBOT:
DU SOLLST DEN NAMEN GOTTES NICHT VERUNEHREN! 53
1. Fluchen 53
2. Falsches Schwören. 54
3. Gotteslästerung 54
4. Gotteslästerung in der Kunst. 55
5. Verteidigung der Ehre Gottes 56
6. Ein Leben zur höheren Ehre Gottes 57

DRITTES GEBOT:
DU SOLLST DEN TAG DES HERRN HEILIGEN! 59
1. Die Feier der heiligen Messe 59
2. Die Bedeutung der heiligen Messe. 59
3. Der Aufbau der heiligen Messe 61
4. Schwierigkeiten mit der heiligen Messe . . . 62
5. Entschuldigungsgründe für das Fernbleiben 65
6. Sonntagsheiligung. 67
7. Pflege des geistlichen Lebens. 67
8. Das Beisammensein in der Familie 69
9. Die Begegnung mit den Freunden 70
10. Entspannung und Ausgleich 70
11. Tätige Nächstenliebe 71
12. Die Gefährdung des Sonntags 71

VIERTES GEBOT:
DU SOLLST VATER UND MUTTER EHREN! 73
1. Wesen und Aufgabe der Familie 73
2. Die Gemeinschaft 74
3. Die Schule für das Leben 82
4. Die Zelle der Gesellschaft 92
5. Die Zelle der Kirche 104

6. Die Ehrfurcht vor den Eltern 109
7. Formen der Ehrfurcht 110
8. Konflikte zwischen Eltern und Kindern . . . 112

FÜNFTES GEBOT:
DU SOLLST NICHT TÖTEN! 115
1. Unantastbarkeit des Lebens. 115
2. Mord und Tötung 116
3. Selbstmord 119
4. Gesundheit 122
5. Alkohol 124
6. Rauchen 127
7. Drogen 130
8. Abtreibung 134
9. Euthanasie 143
10. Medizin. 150

SECHSTES GEBOT:
DU SOLLST NICHT DIE EHE BRECHEN! 157
1. Die Liebe von Mann und Frau 157
2. Zielsetzungen der Liebe. 158
3. Die Liebe als Sakrament 162
4. Keuschheit als Schutz der Liebe 162
5. Gefährdungen der Liebe 164
6. Selbstbefriedigung. 164
7. Freie Partnerschaft 165
8. Ehebruch 170
9. Scheidung 173
10. Verhütungsmittel 183
11. Künstliche Befruchtung. 196
12. Sterilisation 202
13. Homosexualität 205

14. Gender Mainstreaming 215
15. Pädophilie 220
16. Bekehrung des Herzens 222

SIEBTES GEBOT:
DU SOLLST NICHT STEHLEN! 225
1. Die Bedeutung des Eigentums 225
2. Das rechte Verhältnis zum Eigentum 227
3. Das Eigentum im privaten Bereich 228
4. Das Eigentum im öffentlichen Bereich . . . 230
5. Das Eigentum im Arbeitsbereich 233
6. Das einfache Leben 239
7. Die dritte Welt 244
8. Die Bewahrung der Schöpfung 249

ACHTES GEBOT:
DU SOLLST KEIN FALSCHES ZEUGNIS
GEBEN! 255
1. Erkenntnis der Wahrheit 255
2. Bedeutung der Wahrheit 257
3. Lüge und Betrug 258
4. Notlügen und Ausreden 258
5. Heuchelei 259
6. Üble Nachrede und Verleumdung 260
7. Anvertraute Geheimnisse ausplaudern . . . 263
8. Nicht gehaltene Versprechen 264
9. Angeberei 265
10. Selbsttäuschung 266
11. Manipulation durch die Medien 267
12. Datenschutz und Schweigepflicht 268
13. Achtung der Wahrheit 270

NEUNTES GEBOT:
DU SOLLST NICHT BEGEHREN DEINES
NÄCHSTEN FRAU! 277
1. Das verseuchte Umfeld 277
2. Unreine Gedanken 278
3. Schmutzige Witze 279
4. Pornografie 280
5. Aufreizende Kleidung 282
6. Erotische Tänze 283
7. Freikörperkultur 284
8. Beginn des Schwachsinns 286
9. Korrektes Verhalten 286
10. Ledige 288

ZEHNTES GEBOT:
DU SOLLST NICHT BEGEHREN DEINES
NÄCHSTEN GUT! 291
1. Materielle Begierden 291
2. Habgierige Spekulationen 292
3. Materielle Güter 292
4. Persönliche Güter 293
5. Soziale Güter 293
6. Folgen des Neids 294
7. Überwindung des Neids 295

DER SINN DES LEBENS 299
1. Der Teilsinn 300
2. Der Vollsinn 301
3. Der Letztsinn 306

DAS LEID 311
1. Mögliche Erklärungen für das Leid 312
2. Der Sinn des Leidens 317

HINTERGRÜNDE DES WERTECHAOS 325
1. Welt 325
2. Kirche 327
3. Eine gottlose Welt 330
4. Besinnung und Umkehr 331

SCHLUSSWORT 335

ANHANG 337
1. Bestelladressen 337
2. Internet 337
3. Bibelstellen (Auswahl) 337
4. Kirchliche Dokumente (Auswahl) 339
5. Literaturverzeichnis 346
6. Lexikon der christlichen Moral 350

VORWORT VON CHRISTA MEVES

Menschen, die in der Arbeit mit Jugendlichen und jungen Erwachsenen stehen, machen mit vielen von ihnen eine erstaunliche Erfahrung: Sie sind zwar kenntnisreich im Hinblick auf die neuen Technologien, sie sind Profis im Wissen und im Umgang mit Verkehrsmitteln, vom Mofa bis zur Variabilität der Autobranchen, sie kennen Details über die Größen der Sport-, der Film- und der Jet-Set-Welt, aber von den Zehn Geboten haben sie noch nie etwas gehört. Und wenn vielleicht doch, so ist ihnen dennoch der Inhalt mehr oder weniger unbekannt. Dass hier für sie eine bedeutsame und brauchbare Lebenshilfe vorliegen könnte, kommt den wenigsten noch in den Sinn.

Wie das? Wie konnte es geschehen, dass eine sich über Jahrtausende hinweg bewährende Markierung der jüdisch-christlichen Religion ausgerechnet im elektronischen Zeitalter mit ihren sich so umfänglich verbesserten Informationsmöglichkeiten bei so vielen Menschen in Vergessenheit geriet?

Das liegt zu einem großen Teil daran, dass – zumindest im deutschsprachigen Raum – immer mehr Menschen aus der Kirche ausgetreten sind bzw. selbst dann, wenn sie noch einer angehören, keinen Gebrauch mehr von ihr machen.

Immer mehr vernachlässigen darüber hinaus den Religionsunterricht in den Schulen, und selbst wenn immerhin noch eine erhebliche Zahl daran teilnimmt, werden die Zehn Gebote dort oft nur flüchtig oder gar nicht mehr behandelt; stattdessen wird den Kindern (wie in einer Art

Selbstbedienungsladen!) ein Potpourri von Religionsmöglichkeiten angeboten, frei nach dem Motto: „Und nun schaut, welche Ware für euch die passende ist." Auch dort wird umfängliche Unterrichtung an Basiswissen in christlichem Glauben häufig nur allzu klein geschrieben.

Dr. Peter Egger hat im Laufe seiner vielfältigen pädagogischen Tätigkeiten und bei den Diskussionen nach seinen theologischen Vorträgen genau diese Erfahrung gemacht. Als ein wacher Beobachter der Zeitläufe konnte er darüber hinaus erkennen, wie negativ sich dieser Abbruch mit einer haltgebenden Tradition auswirkt – wie viele Menschen in elende Schwierigkeiten geraten, weil sie sich unnachdenklich allein nach dem *Mainstream ausrichten.*

Ist nicht beispielsweise die horrende Zunahme der Ehescheidungen, die ein Heer von seelisch beeinträchtigten Scheidungswaisen nach sich ziehen, eine Folge davon, dass das sechste Gebot als Wegweisung nicht mehr gilt? Hat das Boomen der Raub- und Diebstahlsdelikte nicht damit zu tun, dass das Unrechtsbewusstsein gegenüber dem Eigentum anderer, wie die Gebote es anmahnen, brüchig geworden ist? Sind die Respektlosigkeit, ja, die tätlichen Angriffe Jugendlicher gegen ihre Eltern nicht ein Zeichen dafür, dass das vierte Gebot nicht mehr als innere Kontrollinstanz wirksam ist? Und hängt dieser Verlust an moralischer Integrität nicht vor allem anderen damit zusammen, dass das erste Gebot, nämlich die Notwendigkeit der Anerkenntnis des Schöpfers aller Dinge bei vielen Menschen kein Gewicht mehr hat, dass sich eine Moderne anmaßt, leichtfertig das Leben nach der eigenen Messlatte zu leben, statt Gott, dem Vater, die Ehre zu geben?

Dr. Peter Egger hat diese so gefährliche Situation nicht ruhen lassen. Er hat sich darangemacht, den Wert, die

Wahrheit und die Notwendigkeit der Zehn Gebote für die Menschen heute zu verdeutlichen, indem er sie so griffig erklärt, dass jeder, der hören will, verstehen kann, inwiefern die Zehn Gebote, diese direkten Ratschläge eines liebenden Vaters an seine Kinder, jeden von uns persönlich angehen – und wie wichtig es ist, sie neu zu entdecken!

EINFÜHRUNG

Wir leben heute in einer Zeit, in der die geistig-sittliche Ordnung unter den Menschen gestört ist und vielfach die Orientierung fehlt. Wir sind oft unsicher und wissen nicht mehr, wie wir uns verhalten sollen. Viele spüren die Notwendigkeit, sich wieder auf die Grundwerte des Lebens zu besinnen. Diese Grundwerte des Lebens umfassen die Zehn Gebote; sie sind heute aktueller denn je. Sie sind entscheidend für das Leben jedes Einzelnen und für das Leben der Völker. Sie sind entscheidend für das Überleben der Menschheit.

Wir wollen uns nun eingehend mit den einzelnen Geboten auseinandersetzen und uns fragen, was diese Gebote dem modernen Menschen unserer Zeit zu sagen haben. Wir beginnen zunächst mit dem Wortlaut der Zehn Gebote:

Die Zehn Gebote

1. Du sollst an einen Gott glauben!
2. Du sollst den Namen Gottes nicht verunehren!
3. Du sollst den Tag des Herrn heiligen!
4. Du sollst Vater und Mutter ehren!
5. Du sollst nicht töten!
6. Du sollst nicht die Ehe brechen!
7. Du sollst nicht stehlen!
8. Du sollst kein falsches Zeugnis geben!
9. Du sollst nicht begehren deines Nächsten Frau!
10. Du sollst nicht begehren deines Nächsten Gut!

Die Bedeutung der Zehn Gebote

Die einzigartige Bedeutung der Zehn Gebote wird uns erst voll bewusst, wenn wir uns fragen, um welche Grundwerte es bei diesen Geboten geht. Die Zehn Gebote enthalten folgende religiöse und moralische Grundwerte:

1. Der Glaube an Gott
2. Die Ehrfurcht vor Gott
3. Die Verehrung Gottes
4. Die Familie
5. Das Leben
6. Die Liebe und Ehe
7. Das Eigentum
8. Die Wahrheit
9. Die Treue
10. Der soziale Frieden

Diese Grundwerte sind die tragenden Säulen der Religion und der Moral. Ohne den Glauben, die Ehrfurcht und die Verehrung gegenüber Gott gibt es keine Religion. Ohne den Schutz der Familie und des Lebens, der Liebe und der Ehe, des Eigentums und der Wahrheit, der Treue und des sozialen Friedens gibt es auf Dauer kein sinnvolles Leben für den Einzelnen und die Gemeinschaft. Es hat bis jetzt noch kein Volk in der Geschichte gegeben, das auf Dauer ungestraft diese Grundwerte aufgegeben hat. In den meisten Fällen lag der eigentliche Grund für den Untergang der einzelnen Völker in der Missachtung dieser Grundwerte.

Die Herkunft der Zehn Gebote

Die Grundwerte der Zehn Gebote wurden allen Menschen von Gott in der Form des natürlichen Sittengesetzes „ins

Herz geschrieben" (Röm 2,15) und können im Gewissen und durch die natürliche Vernunft erkannt werden. Auf diese Weise gehen also diese Grundwerte bereits aus dem natürlichen Sittengesetz hervor. Dies wird auch durch die Tatsache bestätigt, dass diese Werte bei allen Völkern und zu allen Zeiten bekannt waren.

Die Grundwerte der Zehn Gebote gehen aber auch auf eine eigene Offenbarung Gottes auf dem Berg Sinai zurück. „Um zu einer vollständigen und sicheren Erkenntnis der Forderungen des natürlichen Gesetzes zu gelangen, bedurfte die sündige Menschheit dieser Offenbarung" (*Katechismus der Katholischen Kirche*, Kurztitel = *KKK*, § 2021). Deshalb hat Gott Moses die grundlegenden Gesetze und Gebote für das Volk Israel verkündet, zu denen die Zehn Gebote gehören. Schließlich wurden die Zehn Gebote auch von Christus bestätigt und noch weiter vertieft: „Jesus hat die Zehn Gebote übernommen; er hat aber auch die Kraft des Geistes geoffenbart, die in ihnen wirkt" (*KKK*, § 2054). Auf diese Weise wurden die Zehn Gebote zur Grundlage der christlichen Moral.

Die Verpflichtung der Zehn Gebote

Die Zehn Gebote bringen „die Grundpflichten des Menschen gegenüber Gott und dem Nächsten zum Ausdruck" und sind daher „ihrem Wesen nach schwerwiegende Verpflichtungen. Sie sind unveränderlich, sie gelten immer und überall. Niemand kann von ihnen dispensieren" (*KKK*, § 2072). Diese Verpflichtung gegenüber den Geboten Gottes kommt sehr deutlich im Buch Deuteronomium des Alten Testaments zum Ausdruck, in dem es heißt: „Wenn du auf die Gebote des Herrn, deines Gottes, auf die ich dich heute verpflichte, hörst, indem du den Herrn, deinen Gott, liebst, auf seinen Wegen gehst und auf seine Gebote, Gesetze und Rechtsvorschriften achtest, dann wirst du leben …" (Dtn 30,16). Diese klaren Aussagen der Heiligen Schrift widerlegen sehr deutlich manche moderne Umdeutungen der Zehn Gebote: Da ist heute oft die Rede von „Anleitungen" und „Lebensregeln", ja manche sprechen sogar von den „Zehn Angeboten"! (Als ob es ein „Angebot" wäre, jemanden nicht zu töten!) Solche Formulierungen erwecken den Eindruck, als ob es sich bei den Zehn Geboten nur um mögliche Orientierungshilfen ohne verbindlichen Charakter handelte. Die Heilige Schrift sagt dagegen klar und deutlich, dass es sich bei den Zehn Geboten um Gebote handelt, zu denen Gott den Menschen verpflichtet.

DIE FREIHEIT

1. Das rechte Verständnis der Freiheit

Die Zehn Gebote erfordern heute auch das rechte Verständnis der Freiheit. Die echte Freiheit besteht darin, dass der Mensch freiwillig die Grundwerte der Zehn Gebote respektiert und nach diesen Grundwerten lebt. Die echte Freiheit zeigt sich darin, dass sich der Mensch aus eigener Einsicht und aus freiem Willen für die Grundwerte der Zehn Gebote entscheidet. Der Mensch muss also bereit sein, freiwillig die Grundwerte der Familie, des Lebens, der Ehe, des Eigentums, der Wahrheit, der Treue und des Friedens zu beachten. Der Mensch muss auch bereit sein, sich freiwillig auf Gott auszurichten, weil er ihn als den Urheber einer weisen Ordnung und lebenswichtiger Grundwerte anerkennt.

2. Das falsche Verständnis der Freiheit

Leider müssen wir feststellen, dass wir heute vielfach ein völlig falsches Verständnis von Freiheit haben. Für viele Menschen bedeutet Freiheit, dass sie tun können, was sie wollen. Für viele Zeitgenossen besteht die Freiheit sogar in der Aufhebung der Grundwerte. Sie sind der Meinung, dass sie die Familie, das Leben, die Ehe, das Eigentum, die Wahrheit, die Treue und den Frieden beliebig infrage stellen und aufheben können. Eine solche Freiheit setzt natürlich voraus, dass man auch den Urheber dieser Grundwerte, nämlich Gott, infrage stellt und aufhebt. Und konsequenterweise muss man dann auch die Kirche infrage stellen, die diese Grundwerte vertritt und einfordert. Die Kirche ist dann nur noch eine Institution, die „einem alles verbietet und nichts vergönnt“. Dieses völlig verkehrte Verständnis der Freiheit ist der tiefste Grund für das heutige Chaos und Elend, das weite Teile unserer westlichen Welt bestimmt.

3. Der Weg in die Gefangenschaft

Das falsche Verständnis der Freiheit bewirkt genau das Gegenteil von Freiheit, nämlich Gefangenschaft. Ein paar Beispiele: Die „Freiheit“ zu rauchen führt in die Gefangenschaft des Nikotins; die „Freiheit“, sich regelmäßig zu betrinken, führt in die Gefangenschaft des Alkohols; die „Freiheit“, immer übermäßig zu essen, führt in die Gefangenschaft der Fresssucht; die „Freiheit“ des Sex führt in die Gefangenschaft der Triebhaftigkeit; die „Freiheit“ der Aggression führt in die Gefangenschaft der Gewalt; die „Freiheit“ der Anarchie führt in die Gefangenschaft des Chaos. Die falsche Freiheit verursacht auch jede Menge Katastrophen und Tragödien: Die „freie Liebe“ verursacht Untreue und Abtreibung; die „Freiheit“, die Verkehrsordnung zu missachten, verursacht Verletzte und Tote; die „Freiheit“ auf gefährlichen Schneehängen verursacht Lawinentote … Die falsche Freiheit führt in die Gefangenschaft, sie zerstört die menschlichen Beziehungen, sie ruiniert die Gesundheit, sie verursacht Katastrophen und Tragödien, sie führt in die Dunkelheit und Verzweiflung, sie bewirkt eine zunehmende innere Lähmung und endet schließlich im Chaos.

DAS GEWISSEN

1. *Das rechte Verständnis des Gewissens*

Die Zehn Gebote erfordern heute auch das rechte Verständnis des Gewissens. Das Gewissen ist zunächst ein seelisches „Kontroll-Organ", das den Menschen auf das Gute und das Böse hinweist. Das Gewissen äußert sich aber auch in einer inneren „Stimme", die den Menschen zum Guten hindrängt und vom Bösen abhält. Das Gewissen äußert sich schließlich in einer inneren „Unruhe", die dem Menschen nach einer unmoralischen Handlung keine Ruhe lässt und ihn daran erinnert, dass er gewisse Dinge in Ordnung bringen muss ... Es stellt sich dann auch die entscheidende Frage, an welchen Maßstäben sich das Gewissen orientiert. Das Gewissen kann nur dann seine Aufgabe erfüllen, wenn es sich an den Grundwerten orientiert. Das bedeutet aber, dass sich das Gewissen letztlich an Gott orientieren muss, der die Grundwerte und die gesamte Schöpfungsordnung festgelegt hat. Das Gewissen ist also gewissermaßen der innere „Kompass", der auf Gott ausgerichtet sein muss und sich an den Grundwerten Gottes orientieren soll.

2. *Das falsche Verständnis des Gewissens*

Leider müssen wir feststellen, dass heute viele Menschen ein falsches Verständnis des Gewissens haben. Der postmoderne Mensch betrachtet das Gewissen nicht mehr als einen Kompass, der sich an den Grundwerten und an Gott orientiert. Der Maßstab seines Gewissens ist vielmehr das eigene Ich, welches darüber entscheidet, was Gut und Böse ist. Es ist also der einzelne Mensch, der selbst über Moral und Unmoral entscheidet. Auf diese Weise fehlt aber eine wirkliche Kontrolle über das moralische Verhalten des Menschen. Letztlich wird ein solches „Gewissen" sogar zum Komplizen der Unmoral. In unserem postmodernen Zeitalter wird aber auch die Gesellschaft und der Staat immer mehr zum Maßstab des Gewissens. Die Gesellschaft und der Staat legen fest, was Gut und Böse ist. Die Gesellschaft und der Staat erklären, dass freie Liebe, Scheidung, Abtreibung, Euthanasie, Homosexualität, *Gender Mainstreaming* usw. *correct* sind und dass jede Kritik an diesen „Menschenrechten" *politically incorrect* und „diskriminierend" ist. Auf diese Weise üben die „liberale" Gesellschaft und der „liberale" Staat zunehmend einen sehr subtilen Gewissenszwang aus.

3. Das „eigene Gewissen"

Weiter müssen wir feststellen, dass sich auch innerhalb der katholischen Kirche zunehmend ein falsches Verständnis des Gewissens durchgesetzt hat. Seit einigen Jahrzehnten ist es üblich, dass gewisse moralische Entscheidungen dem „eigenen Gewissen" des „mündigen Christen" überlassen werden. Unter dem „eigenen Gewissen" verstehen viele Christen, dass sie nun selbst über die moralische Berechtigung bzw. Gültigkeit bestimmter Verhaltensweisen entscheiden können. Ein paar konkrete Beispiele:

- Liebe ohne Trauschein
- Wiederverheiratung
- Verhütung

- Künstliche Befruchtung
- Homosexualität
- Euthanasie
- Fernbleiben von der Messe
- Verpflichtung der Zehn Gebote

Der mündige Christ fühlt sich in vielen Fällen selbst als der Maßstab des eigenen Gewissens. Auf diese Weise kommt es, dass sich ein großer Teil der Christen im Namen ihres eigenen Gewissens für Verhaltensweisen entscheidet, die nicht mit der Lehre des Christentums übereinstimmen.

4. *Die ideologische Unterwanderung*

Wir müssen schließlich auch feststellen, dass es in der katholischen Kirche weitreichende Einflüsse von Ideologien gibt, die in vieler Hinsicht nicht dem christlichen Geist entsprechen und zu einer Gefährdung der christlichen Grundwerte führen. Einige konkrete Beispiele:

– Humanismus:	der Mensch ist das Maß der Dinge
– Aufklärung:	der mündige Mensch ist der Maßstab der Moral
– Liberalismus:	die individuelle Freiheit
– Existentialismus:	der Mensch ist ein Entwurf des Menschen
– 68er-Revolte:	Gebote und Normen unterdrücken den Menschen
– Feminismus:	die Frau als autonomes Wesen
– Grüne:	jede „Neigung" des Menschen ist „natürlich"
– Esoterik:	östliche Spiritualität

– Relativismus: Aufhebung aller verbindlichen Wahrheiten

Diese ideologische Unterwanderung hat dazu geführt, dass das Christentum nicht mehr das „Salz der Erde", sondern nur noch ein „ideologischer Cocktail" und eine „Allerwelts-Religion" ist. Ein solches Christentum ist schal geworden und hat keine Kraft mehr.

5. Die Kirche als „Mater et Magistra"

Angesichts der folgenschweren Verirrungen im Bereich der Freiheit und des Gewissens begreifen immer mehr Menschen, dass heute eine moralische Instanz und Autorität benötigt wird, die den Menschen sagen kann, an welchen Werten sich die Freiheit und das Gewissen orientieren sollen. Diese moralische Instanz kann heute weder der einzelne Staat noch die UNO sein, da diese Institutionen aufgrund ihrer Abschaffung von grundlegenden Werten und ihrer Befürwortung von Scheidung, Abtreibung, Euthanasie, *Gender Mainstreaming* usw. jede Glaubwürdigkeit verloren haben. Die einzige Instanz, die in den letzten Jahrzehnten konsequent die Grundwerte der Familie, des Lebens, der Ehe, des Eigentums, der Wahrheit, der Treue und des Friedens verteidigt hat, ist die katholische Kirche. Die einzige Instanz, die der Aufweichung aller Werte durch den Liberalismus, den Kapitalismus, den Konsumismus, den Marxismus, die 68er-Revolte, die Grünen, die Esoterik und den Relativismus entgegengetreten ist, war das päpstliche Lehramt. Obwohl die katholische Kirche selbst von massiven Krisen erschüttert wurde und an vielen Sünden und Schwächen zu leiden hat, war und ist sie die einzige moralische Instanz, die in diesem geistigen Chaos und in diesem moralischen Zusammenbruch dem Zeitgeist widersteht. Die katholische Kirche erweist sich heute für viele suchende Menschen als die wahre „Mater et Magistra" („Mutter und Lehrmeisterin"), die die Menschen „über die Ordnung des gesellschaftlichen Lebens der Gegenwart im Sinn der christlichen Gebote" belehrt (*Enzyklika Mater et Magistra,* Rom 1961).

6. Die Lehre der Kirche als Maßstab für das Gewissen

Aus diesem Grund weist auch das Zweite Vatikanische Konzil (1962–1965) darauf hin, dass sich die Gläubigen bei der Bildung ihres Gewissens an die Lehre der Kirche halten sollen: „Bei ihrer Gewissensbildung müssen jedoch die Christgläubigen die heilige und sichere Lehre der Kirche sorgfältig vor Augen haben. Denn nach dem Willen Christi ist die katholische Kirche die Lehrerin der Wahrheit; ihre Aufgabe ist es, die Wahrheit, die Christus ist, zu verkündigen und authentisch zu lehren, zugleich auch die Prinzipien der sittlichen Ordnung, die aus dem Wesen des Menschen selbst hervorgehen, autoritativ zu erklären und zu bestätigen" (*Erklärung über die Religionsfreiheit,* Kap. 14).

ERSTES GEBOT: DU SOLLST AN EINEN GOTT GLAUBEN!

1. *Die Existenz Gottes*

Wenn wir an Gott glauben wollen, müssen wir uns zunächst die Frage stellen, ob es Gott überhaupt gibt. Es gibt für uns mehrere Wege, die uns die Existenz Gottes erkennen lassen:

a) Der Weg über die Natur

Der erste Weg zu Gott führt über die Natur. Die Natur weist wunderbare Gesetzmäßigkeiten und eine großartige Ordnung auf. Diese Gesetzmäßigkeiten und ihre Ordnung lassen uns erkennen, dass der Natur ein grandioser Plan zugrunde liegt. Wo es aber einen Plan gibt, braucht es auch einen planenden Geist, der diesen Plan erdacht und in die Tat umgesetzt hat. Auf diese Weise gelangen wir zur Erkenntnis, dass es über der Natur ein geistiges Wesen geben muss, dass diese Natur erdacht und geschaffen hat. Dieses geistige Wesen nennen wir Gott.

b) Der Weg über das Gewissen

Der zweite Weg zu Gott führt über das Gewissen. Wir erfahren in unserem Inneren eine „Stimme", die uns zum Guten ermutigt und uns vor dem Bösen warnt. Diese „Stimme" lobt uns, wenn wir etwas Gutes getan haben und tadelt uns, wenn wir uns für etwas Böses entschieden haben. Das Gewissen stärkt uns in schwierigen Augenblicken und tröstet uns, wenn wir um des Guten willen verfolgt werden. Wir erleben dabei, dass das Gewissen nicht ein Stück von uns selbst ist. Das Gewissen spricht mit einer eigenen „Stimme" und steht unserem Ich gegenüber. Im Gewissen meldet sich eine absolute, geistige und moralische Autorität, die uns übersteigt. Diese absolute, geistige Autorität, die sich in unserem Gewissen an uns wendet, ist Gott.

c) Der Weg über die Philosophie

Der dritte Weg zu Gott führt über die Philosophie. Die Philosophie weist uns darauf hin, dass alle Dinge eine Ursache haben. Die Philosophie fragt schließlich nach der ersten Ursache, auf die alle anderen Dinge zurückgehen. Diese erste Ursache muss so beschaffen sein, dass sie ihrerseits keine weitere Ursache mehr braucht. Das bedeutet aber, dass diese erste Ursache absolut sein muss, das heißt losgelöst (lat. absolutus) von jeder anderen Ursache. Sie muss aber auch in dem Sinn absolut sein, dass sie alles andere hervorbringen kann. Diese absolute Ursache aber nennen wir Gott.

d) Der Weg über die Heilige Schrift

Der vierte Weg zu Gott führt über die Heilige Schrift. Das Alte Testament berichtet uns, wie Gott in die Geschichte eingegriffen und sich dem Volk Israel geoffenbart hat. Die vielen wunderbaren Fügungen in der Geschichte des Volkes Israel, der Gottesbegriff und die Moral dieses Volkes lassen uns das Wirken und die Offenbarung Gottes deutlich erkennen. Das Neue Testament weist viele Berichte auf, in denen das Übernatürliche greifbar wird: Die Gestalt Jesu, seine Wunder, seine Totenerweckungen, seine Dämonenaustreibungen und schließlich seine Auferstehung lassen uns das Wirken Gottes klar erkennen. So ist also auch die Heilige Schrift eine Möglichkeit, die Existenz und das Wirken Gottes zu erkennen.

e) Der Weg über die persönliche Erfahrung

Der fünfte Weg zu Gott führt über persönliche Erfahrungen. Viele Menschen haben in einer schweren Krankheit, durch die glückliche Errettung aus einer schwierigen Notsituation oder bei der Begegnung mit einer begnadeten Person die Nähe und das Wirken Gottes erfahren. Diese Gotteserfahrungen haben meistens einen ganz persönlichen Charakter, der nur für die betreffende Person von Bedeutung ist. Aber diese persönlichen Erfahrungen lassen den einzelnen Menschen Gott weit tiefer erkennen als jeder andere Weg.

2. Das Wesen Gottes

Wenn wir an Gott glauben wollen, dann müssen wir auch wissen, wer Gott ist. Für uns Menschen ist es zwar nicht möglich, das göttliche Wesen in seiner ganzen Tiefe zu begreifen. Aber aufgrund der natürlichen Gotteserkenntnis durch die Vernunft und der übernatürlichen Offenbarung Gottes durch die Propheten und Jesus Christus können wir einige wichtige Aussagen über das Wesen Gottes treffen.

a) Gott der Schöpfer

Gott ist zunächst der Schöpfer. Er hat die unsichtbare Welt der Engel und die sichtbare Welt der Menschen geschaffen. Gott hat wunderbare Gesetze in die Natur hineingelegt, die die Abläufe der Natur regeln und ordnen. Er hat die Gebote für den Menschen aufgestellt, von denen das Leben des Einzelnen und der Gemeinschaft abhängt. Gott hat dem Menschen die Schöpfung anvertraut und ihn zum Herrn über die Schöpfung bestellt, um sie im Sinne Gottes zu gebrauchen.

b) Gott der Herr

Gott ist der Herr. Er ist als absolutes Wesen der Herr über die Schöpfung und den Menschen. Gott ist das Höchste und Größte, vor dem sich der Mensch in Ehrfurcht verneigen soll. Der Mensch ist Gott unterstellt und soll daher den Willen Gottes erfüllen und ihm gehorchen. Der Mensch ist aufgerufen, Gott als seinem höchsten Herrn zu dienen. Gott hat dem Menschen die Freiheit gegeben und den Menschen damit zur Verantwortung berufen, die Freiheit nach den Weisungen Gottes zu gebrauchen.

c) Gott der Vater

Gott ist Vater. Gott ist ein Vater, der den Menschen liebt und sich um ihn kümmert. Er hat dem Menschen eine wunderbare Welt als Wohnstätte gegeben. Gott führt den Menschen über das Gewissen und zeigt ihm die Wege zu Heil und Glück. Er ermutigt und tröstet uns, wenn es uns schlecht geht. Gott verzeiht uns und nimmt uns immer wieder auf, wenn wir in Reue zu ihm zurückkehren. Er hat seinen eigenen Sohn in die Welt gesandt, um uns zu retten und heimzuholen. Gott ist unser Vater und ein Gott der Liebe.

d) Gott der Richter

Gott ist auch Richter. Gott richtet jeden Menschen nach dem Tod und beurteilt alle seine Gedanken, Worte, Werke und Unterlassungen. Er belohnt jeden Menschen für seine guten Werke und bestraft ihn für seine bösen Taten. Er beurteilt jeden Menschen mit absoluter Gerechtigkeit und schaut nicht auf das Ansehen, das ein Mensch in dieser Welt genossen hat. Gott ist ein barmherziger und gnädiger Richter, wenn der Mensch vor seinem Tod seine Sünden bereut hat. Aber er ist ein gestrenger Richter, wenn der Mensch bis zu seinem Tod nicht umkehrt.

e) Der dreifaltige Gott

Gott ist schließlich ein dreifaltiger Gott. Gott hat sich im Laufe der Heilsgeschichte als Vater und Schöpfer, als Sohn und Erlöser und als Heiliger Geist gezeigt. Er ist ein einziges Wesen, das aber in drei Personen existiert. Gott Vater, Gott Sohn und Gott Heiliger Geist sind voneinander verschieden, bilden aber miteinander den einen Gott. Die Dreifaltigkeit ist das tiefste Geheimnis des göttlichen Wesens.

3. Die Bedeutung Gottes

Der Glaube an Gott setzt schließlich voraus, dass wir uns fragen, welche Bedeutung Gott für unsere Person und für unser Leben hat. Die meisten Menschen glauben zwar, dass es einen Gott gibt und dass Gott ein persönliches Wesen ist, aber viele haben noch nicht begriffen, welche Bedeutung Gott für ihr Leben hat. Solange sie diese Bedeutung Gottes nicht wirklich erkannt haben, können sie keine tiefere Beziehung zu Gott entwickeln. Gott bleibt dann für sie ein Wesen, das irgendwo über den Wolken existiert, ohne einen Einfluss auf die Gestaltung und Ausrichtung ihres Lebens. Vielleicht ist diese Frage deshalb die wichtigste Frage, die sich ein Mensch stellen muss, bevor er zu einem echten Glauben an Gott gelangt.

a) Gott als Ursprung

Gott ist der Ursprung des Menschen. Gott hat die Menschen aus Liebe geschaffen. Daher ist jeder Mensch ein Kind Gottes und von Gott gewollt. Die Gotteskindschaft verleiht jedem Menschen eine hohe und unantastbare Würde. Als Freund Gottes steht er unter dem Schutz Gottes und muss von jedem Menschen geachtet werden. Die Tatsache, dass der Mensch von Gott geschaffen und gewollt wurde, ist für die Identität und Einschätzung des Menschen von grundlegender Bedeutung. Ohne diesen Ursprung in Gott käme der Mensch aus dem Nichts und wäre ein Produkt des Zufalls, hineingeworfen in das Dasein und ohne Wissen um sein Woher. Er wäre ein blinder Passagier auf einem kleinen Wandelstern in den Abgründen des Weltalls. Als Kind des Nichts und als Produkt des Zufalls hätte er keine höhere Berufung und damit auch keine höhere Würde. Als Geschöpf und Kind Gottes erhält der Mensch seine unantastbare Würde.

b) Gott als Orientierung

Gott ist für die Orientierung des Menschen entscheidend. Richtet sich der Mensch nach den Geboten und nach dem Willen Gottes, erhält er eine klare Orientierung für sein Leben. Er weiß dann, auf welche Werte es wirklich ankommt, und erkennt, wo ihm Gefahren drohen und wo er sich in Acht nehmen muss. Ohne Orientierung an Gott passiert es leicht, dass der Mensch ewig ein Suchender und Irrender bleibt, der sein ganzes Leben herumprobiert und experimentiert gleich dem alten Faust, der (mithilfe des Teufels!) alle möglichen Daseinsformen des Menschen durchexerziert, bis er am Ende seines Lebens nach vielen Irrungen und Wirrungen erkennt, was er eigentlich tun sollte. Das Leben dieses faustischen Menschen zeigt in aller Deutlichkeit, zu welchen Verirrungen und Leiden die Orientierungslosigkeit des gottlosen Menschen führt.

c) Gott als Zuflucht

Gott ist oft die Zuflucht des Menschen. Im Leben eines jeden Menschen gibt es Augenblicke, in denen er sich unverstanden und verlassen fühlt. Es gibt Momente, in denen der Mensch unheimlich ungeborgen und schutzlos ist. Es kann die Angst vor einer großen Operation sein. Es kann das Elend in einer Ehe oder die Sorge um einen verlorenen Sohn oder eine verlorene Tochter sein. Manchmal ist es der Tod eines unersetzlichen Menschen oder die Hölle der eigenen Depressionen oder das Ausgestoßensein aus einer menschlichen Gemeinschaft. Oft bleibt uns dann nur die Zuflucht zu Gott, der unsere einzige Klagemauer und unser einziger Trost ist. Gott ist der Einzige, der uns immer zuhört. Er trägt uns auch dann, wenn uns alle anderen fallen lassen. Er ist oft unsere letzte Zuflucht. Wehe uns, wenn wir in gewissen Augenblicken und Situationen nicht unsere Zuflucht zu Gott nehmen könnten!

d) Gott als Erlöser

Gott ist auch der Erlöser des Menschen. Gott ist die letzte Hoffnung auf Erlösung, wenn der Mensch an unheimlichen Ängsten, Zweifeln und Lastern leidet. Der moderne Mensch, der bisher an die unbegrenzten Möglichkeiten der Psychologie, der Psychiatrie und der Medizin geglaubt hat, erlebt heute vielfach die Begrenztheit und Ohnmacht dieser Wissenschaften. Er erfährt, dass die verschiedenen Therapien kaum etwas gegen die Ängste und Depressionen, den Alkoholismus und die Drogenabhängigkeit, die Magersucht und die Fresssucht ausrichten können. Er erlebt seine grenzenlose Ohnmacht bei der Erziehung der jungen Generation, die durch falsche Freunde, perverse Zeitschriften, verrückte Musikstücke, liberale Moralvorstellungen und ein absurdes Disko- und Nachtleben auf falsche Bahnen gerät. Er merkt das zunehmende Chaos im Bereich der Politik und der Wirtschaft. Er spürt schließlich auch in zunehmendem Maß die Ketten des Okkultismus, die ihn infolge von verschiedenen okkulten und magischen Praktiken fesseln. Wir spüren heute immer deutlicher, dass uns nur Gott helfen und erlösen kann. Ohne die Erlösung Gottes geht der moderne Mensch an seinem eigenen Elend zugrunde!

e) Gott als Ziel und Sinn

Gott ist das höchste Ziel und der letzte Sinn des Menschen. Gott ist als absolutes Wesen imstande, dem Menschen seine letzte Erfüllung zu schenken. Der Mensch ist von seiner innersten Natur darauf angelegt, das Absolute zu suchen. Sein Herz findet keine Ruhe, bevor es nicht das Absolute gefunden hat. Die moderne Welt versucht, den Menschen mit allen möglichen Formen von Scheinsinn abzuspeisen: Sie gaukelt ihm vor, dass materielle Güter, Lust und Vergnügen, Sensationen und Ekstasen, Macht und Prestige oder sonst etwas einen dauerhaften Lebenssinn vermitteln können. Aber immer mehr Menschen begreifen, dass diese Dinge nur einen Teilsinn oder einen Scheinsinn darstellen, und dass sie einem gigantischen Selbstbetrug aufsitzen, wenn sie diese Dinge als höchstes Ziel und letzten Sinn anstreben. Das höchste Ziel und der letzte Sinn kann für den Menschen nur etwas Absolutes, d. h. Gott, sein. Deshalb ist Gott als Ziel und Sinn des Menschen von absoluter Bedeutung.

4. *Der Glaube an Gott*

Wir haben nun über die Existenz, das Wesen und die Bedeutung Gottes gesprochen. Wir haben erfahren, dass es Gott tatsächlich gibt; wir wissen, wer Gott ist und warum der Glaube an Gott von so großer Wichtigkeit ist. Wir wollen uns nun um eine echte Entscheidung für Gott bemühen. Dazu müssen wir von Gott die nötige Gnade erbitten, denn ohne die Gnade Gottes ist es nicht möglich, zu einem tiefen Glauben an Gott zu gelangen.

a) Die Entscheidung für Gott

Der Glaube an Gott verlangt zunächst, dass wir Gott an die erste Stelle setzen. Er muss für uns der Herr sein, nach dem wir unser ganzes Leben ausrichten. Sein Wille muss für uns der höchste Maßstab sein. Gott muss also das Wichtigste in unserem Leben sein! Leider ist es für viele von uns so, dass Gott in der Werteskala sehr weit unten aufscheint. Da gibt es tausend andere Sachen, die uns wichtiger sind als Gott: Freundschaften, Karriere, Hobbys … Viele denken nur am Abend kurz an Gott, bevor sie nach der Bettlektüre schon fast hinübergedämmert sind. Für andere ist Gott nur ein Feuerwehrmann, den sie anrufen, wenn es brenzlig wird. Für viele von uns ist Gott also nicht der Erste, sondern eher das Letzte in ihrem Leben! Dann brauchen wir eine regelrechte Umkehrung der Werteskala: Wir müssen Gott von der letzten Stelle an die erste Stelle setzen, wir müssen Gott von einer Randexistenz in den Mittelpunkt unseres Lebens rücken.

b) Die Übergabe an Gott

Der Glaube an Gott führt dazu, dass wir uns ganz Gott anvertrauen. Als glaubende Menschen stellen wir unser Leben in Gottes Hand und übergeben uns ganz Gott. Wir vertrauen darauf, dass Gott uns führen und leiten wird. Wir vertrauen auf die göttliche Vorsehung und fühlen uns ganz in Gott geborgen. Wir sind bereit, auf Gott zu hören und seinen Willen zu erfüllen. Wir wissen, dass Gott einen bestimmten Plan mit uns hat und versuchen, diesen Plan Gottes zu entdecken und zu verwirklichen. Wir sind dazu bereit, die verschiedenen Kreuze, die Gott uns auferlegt, geduldig zu ertragen in dem Wissen, dass Gott Prüfungen zulässt, um auf diese Weise unseren Glauben zu vertiefen und zu läutern. Durch den Glauben, so in Gott verankert und geborgen, vermögen wir sogar, große Prüfungen im Frieden mit Gott gelassen zu ertragen. Ein solcher Glaube wächst normalerweise langsam. Wir brauchen dazu die Gnade Gottes, Anstrengung unsererseits und die Erfahrung vieler Jahre, in denen wir immer wieder erlebt haben, dass Gott uns trägt.

c) Der Dienst für Gott

Der Glaube an Gott zeigt sich in der Bereitschaft, Gott zu dienen. Als glaubende Menschen stellen wir uns ganz Gott zur Verfügung. Wir sind bereit, am Aufbau des Gottesreiches mitzuarbeiten. Wir fragen uns, wie wir unsere Gaben, unsere Mittel und unsere Zeit am besten für Gott und sein Reich einsetzen können. Es gibt so viele Berufungen, Gott zu dienen: als Priester, Lehrer, Beamter, Handwerker, Fabrikarbeiter, als Klosterfrau, Familienmutter, Ärztin, Erzieherin, Sekretärin, Krankenschwester, Arbeiterin. Es gibt Stätten, an denen wir für Gott wirken können: in der Familie, in der Schule, im Büro, in der Fabrik, in der Pfarrei. Es gibt auch viele Formen, wie wir Gott dienen können: das Gebet, die Dienste in der Pfarrei, die Glaubensunterweisung der Kinder, der Einsatz für die Armen, Alten und Kranken, das geduldige Ertragen verschiedener Leiden. Unser Glaube sollte in einem ständigen Dienst für Gott und sein Reich bestehen!

d) Die Liebe zu Gott

Die höchste Vollendung des Glaubens besteht schließlich in der ständigen Liebe zu Gott. Diese Liebe zu Gott beginnt zunächst mit der Erkenntnis, dass das ganze Leben ein Geschenk Gottes ist: Gott hat uns gute Eltern gegeben, die mit viel Liebe für uns sorgen; er hat uns eine schöne Heimat geschenkt, die uns mit ihrer wunderbaren Natur erfreut; er gibt uns das tägliche Brot, das uns ernährt und sättigt; er schenkt uns Freunde, die uns durch das Leben begleiten; er beruft uns zur ewigen Seligkeit und gibt unserem Leben einen letzten Sinn. Wenn wir über diese Dinge nachdenken, dann entsteht in uns ein Gefühl tiefer Dankbarkeit und Liebe gegenüber Gott. Auch die Erfahrung der ständigen Führung und Begleitung durch Gott lässt unsere Liebe zu Gott wachsen: Wenn wir in unserem Inneren erfahren, wie Gott uns führt, wie er uns ermutigt und warnt, tröstet und aufrichtet, wächst auch unsere Liebe zu Gott. Ihre größte Tiefe erfährt unsere Liebe zu Gott aber in der persönlichen Begegnung mit Gott im Gebet. Wenn wir Gott im Gebet betrachten, beginnt in unserem Herzen eine heimliche Quelle zu fließen, aus der die Liebe Gottes in unser Inneres quillt. Sie erfüllt unsere Seele mit Licht, Kraft, Wärme, Hoffnung und Zuversicht. Sie erfüllt uns mit einer unstillbaren Sehnsucht und einer unendlichen Liebe zu Gott. So führt also der gelebte Glaube zu einer immer größeren Liebe zu Gott!

Wenn unser Glaube von der Liebe zu Gott erfüllt ist, ist er voller Begeisterung und kann auch andere Menschen ansprechen und gewinnen. Wenn wir Gott von Herzen lieben, sind wir bereit, jede Mühe und jedes Opfer für das Reich Gottes auf uns zu nehmen. Dann überwinden wir Müdigkeit und Traurigkeit und lassen uns weder durch Spott noch Verachtung niederdrücken. Die Liebe zu Gott gibt uns die Kraft, Verfolgung zu ertragen. Bei den Heiligen führt die Liebe zu Gott sogar zur Hingabe des eigenen Lebens.

5. Das Gebet zu Gott

Wenn wir an Gott glauben, werden wir uns darum bemühen, mit Gott in Verbindung zu treten. Diese persönliche Beziehung zum lebendigen und wahren Gott ist das Gebet.

a) Das Wesen des Gebets

Das Gebet besteht aus dem Gespräch mit Gott. Der Mensch darf mit Gott so sprechen, wie ein Kind mit seinem Vater spricht. Wir dürfen als Sohn oder als Tochter an Gott herantreten und zu ihm „Du" sagen. Das Gebet ist die Erhebung des Geistes zu Gott. Beim Gebet richtet sich unser Geist ganz auf Gott aus und tritt mit ihm in eine innere geistige Verbindung. Je mehr wir in den Geist des Gebets eindringen, desto mehr wird unser ganzes Leben zu einem Gebet. Wir sind uns dann bei allem, was wir tun, der Gegenwart Gottes bewusst und vollbringen alles in der geistigen Einheit mit Gott.

b) Das Gebet des Herzens

Das Gebet ist die Erhebung der Seele zu Gott oder eine an Gott gerichtete Bitte um die rechten Güter; es kommt aus der Tiefe unseres Herzens. Das Herz oder die Seele ist der Ort, wo wir Gott begegnen und wo wir Gott lieben können. Wir dürfen also Gott nicht außerhalb von uns selbst oder gar über den Wolken suchen. Wir müssen vielmehr in unser Herz hinabsteigen, um Gott zu finden. Das Herz ist der Ort, wo Gott auf uns wartet. Das Herz ist der Ort, wo Gott uns durch das Gewissen antwortet. Nur im Herzen kann es zum persönlichen Gespräch zwischen Gott und uns kommen. Die Sprache des Herzens ist keine Sprache der Worte, sondern eine unmittelbare Sprache. Sie ist viel direkter und persönlicher als jede menschliche Sprache. Um diese Sprache zu erlernen, braucht es eine gewisse Übung. Wir müssen daher Zeit investieren, um die Sprache des Herzens zu erlernen.

c) Die Arten des Gebetes

Es gibt verschiedene Arten des Gebets. Die wichtigsten Arten des Gebets sind das Bittgebet, das Dankgebet und der Lobpreis. Beim Bittgebet wenden wir uns mit den verschiedensten Anliegen an Gott. Wir wissen, dass wir Gott um alles bitten dürfen. Aber wir müssen Gott die Entscheidung überlassen, ob er unsere Bitten erhört oder nicht. Beim Dankgebet erweisen wir Gott unsere Dankbarkeit für all das Gute, das wir Tag für Tag von ihm empfangen. Leider vernachlässigen wir gerade dieses Gebet sehr häufig. Beim Lobpreis erweisen wir Gott die Ehre und preisen ihn als unseren Schöpfer, Herrn und Vater. Wir preisen seine Größe und Herrlichkeit, seine Allmacht und seine Güte.

d) Das freie Gebet und das Formel-Gebet

Beim Gebet unterscheiden wir das freie Gebet und das Formel-Gebet. Beim freien Gebet sprechen wir mit unseren eigenen Worten zu Gott. Beim Formel-Gebet verwenden wir vorgegebene Worte; es verbindet den Leib mit dem Gebet des Herzens nach dem Beispiel Jesu, der zu seinem Vater betete und seine Jünger das „Vaterunser" lehrte. Das freie Gebet hat den Vorteil, dass es persönlich ist; es hat den Nachteil, dass es nicht immer leicht ist, persönliche Gedanken auszudrücken. Das Formel-Gebet hat den Vorteil, dass es bestimmte Schwerpunkte vorgibt; es hat den Nachteil, dass wir es oft gedankenlos herunterleiern. Beide Gebetsformen haben ihren Wert und ihre Bedeutung: Das freie Gebet kommt aus dem innersten Herzen und ist ein spontaner Ausdruck unserer Person und einer bestimmten Situation; das Formel-Gebet hingegen erinnert uns an bestimmte Glaubensinhalte und ist die Voraussetzung für ein gemeinsames Gebet. Wir sollten deshalb beide praktizieren.

e) Das Einzel- und das Gemeinschaftsgebet

Weiterhin unterscheiden wir das Einzel- und das Gemeinschaftsgebet. Jeder von uns betet persönlich und in Gemeinschaft. Das Einzelgebet führt zur persönlichen Begegnung mit Gott und lässt uns den persönlichen Anruf Gottes in unserem Herzen hören. Das Gemeinschaftsgebet hingegen vereinigt die Christen vor Gott und lässt sie gemeinsam Gott loben und preisen. Das Gemeinschaftsgebet verstärkt das Gebet des Einzelnen und verleiht seinen Bitten mehr Kraft. Das Gemeinschaftsgebet führt schließlich dazu, dass Christus selbst mitten unter den Betenden gegenwärtig ist. Zu einem vertieften Gebetsleben gehören sowohl das Einzel- als auch das Gemeinschaftsgebet.

f) Die Haltung beim Gebet

Wir wollen uns nun fragen, welche Voraussetzungen zu einem guten Gebet erforderlich sind. Das Gebet verlangt zunächst eine entsprechende äußere Haltung. Die äußere Haltung hat die Aufgabe, unsere Ehrfurcht gegenüber Gott zum Ausdruck zu bringen. Wir sollten deshalb nie in einer nachlässigen oder windschiefen Haltung beten. Unsere Gebetshaltung sollte auch nicht von einer bestimmten „Meditationstechnik" geprägt werden oder nur der seelischen „Entspannung" dienen. Die Haltung beim Gebet soll stets deutlich machen, dass wir auf Gott ausgerichtet sind und uns in Demut und Freude unserem Vater zuwenden. Die Haltung beim Gebet soll eine Hilfe dafür sein, uns besser zu sammeln und zu konzentrieren. Wenn wir die Hände zum Gebet falten, sind sie „gebunden" und tändeln nicht mit allen möglichen Dingen herum. Wenn wir knien, sind wir leichter bei der Sache, als wenn wir im Bett liegen und dabei riskieren, jeden Augenblick einzuschlafen. Wenn wir in gerader Haltung auf einem Stuhl sitzen, können wir leichter beten, als wenn wir auf einem bequemen Lehnstuhl schaukeln oder in einem weichen Plüschsessel versinken. Die äußere Haltung ist also eine wesentliche Hilfe für unser Gebet.

g) Die Zeiten des Gebets

Das Gebet erfordert auch bestimmte Zeiten. Wir sollten uns vornehmen, wenigstens am Morgen und am Abend kurz zu beten. Am Morgen wollen wir den neuen Tag mit Gott beginnen und ihn bitten, unsere Entscheidungen und unsere Begegnungen mit seinem Segen zu begleiten. Das Morgengebet hat den Sinn, dass wir gleich zu Beginn des Tages nach dem Willen Gottes fragen und damit die

Schwerpunkte des Tages richtig setzen. Am Abend wollen wir uns wieder an Gott wenden und vor ihm über den vergangenen Tag Bilanz ziehen. Im Gebet erkennen wir, was wir vor Gott richtig und falsch gemacht haben. Wir können Gott für alles Gute danken und ihn für alles Böse um Verzeihung bitten. Als Christen müssen wir uns ernsthaft darum bemühen, die Gebetszeiten am Morgen und am Abend einzuhalten. Diese Gebetszeiten sind für unser Gebetsleben entscheidend.

h) Die Dauer des Gebets

Für das Gebet ist auch die Dauer von großer Wichtigkeit. Es gibt kurze Gebete, wie etwa die Stoßgebete, und längere Gebete, wie z. B. das betrachtende Gebet. Die Praxis zeigt, dass wir sowohl die kurzen als auch die längeren Gebete brauchen. Die kurzen Gebete ermöglichen es uns, während des Tages immer wieder einen Kontakt zu Gott herzustellen. Sie sind meistens ein kurzer Gruß an Gott oder ein intensiver Hilferuf in schwierigen Augenblicken. Sie richten unseren Willen wieder auf Gott aus und bewirken oft eine innere „Kurskorrektur". Die längeren Gebete haben die Aufgabe, ein tieferes Eindringen und Verweilen in Gott herbeizuführen. Wir sollten mindestens einmal am Tag etwas länger beten. Nur das längere Gebet ermöglicht es uns, in die Tiefe zu gehen. Es braucht einfach eine gewisse Zeit, bis wir uns vom Trubel des Alltags lösen und in die geistige Welt des Gebets vorstoßen. Und es braucht wiederum eine längere Zeit der Einheit mit Gott, bis der Geist Gottes in uns zu wirken beginnt. Deshalb ist es ratsam, dass wir uns einmal am Tag die Zeit nehmen, etwa zwanzig Minuten lang zu beten. Ohne ein längeres Gebet riskieren wir, dass wir an der Oberfläche bleiben und Gott uns kaum innerlich berühren kann. Nur wenn wir jeden Tag eine längere Zeit bei Gott verweilen, können wir genügend von seinem Geist aufnehmen, um dem Zeitgeist zu widerstehen. Wer wirklich beten will, muss genügend Zeit in das Gebet investieren.

i) Die Orte des Gebetes

Beim Gebet spielt auch die Umgebung eine wichtige Rolle. Das Gebet verlangt nach einem Ort der Stille, der es uns ermöglicht, aus dem Lärm und aus der Hektik herauszutreten. Das Gebet erfordert einen Ort, der eine beschauliche Atmosphäre vermittelt und die geistige Erhebung zu Gott erleichtert. Diese Atmosphäre wird auch durch ein Kruzifix, ein religiöses Bild, eine Madonnenstatue, eine Kerze verstärkt. Auch geistliche Musik kann dazu beitragen, dass wir uns leichter auf das Gebet einstimmen können. Wenn wir unser Gebet in bewusster Weise pflegen wollen, sollten wir auch auf den richtigen Gebetsort großen Wert legen. Ein solcher Gebetsort kann unser eigenes Zimmer sein, es kann ein kleines Mansardenzimmer im Dachboden oder ein abgeschiedener Ort in einer Gartenlaube sein. Viele Menschen haben aufgrund der engen Wohnverhältnisse keine Möglichkeit, sich einen solchen Ort des Gebets zu schaffen. Für sie ist es ratsam, sich in einer nahegelegenen Kirche oder Kapelle ein stilles Plätzchen zu suchen. Fast in allen Gotteshäusern gibt es stille Winkel, in denen man in aller Ruhe beten kann. Solche Orte des Gebets sind sehr wertvoll und für viele moderne Menschen zu einer Zufluchtsstätte geworden.

j) Beständigkeit im Gebet

Das Gebet wird fruchtbar, wenn wir beständig und regelmäßig beten. Das Gebet ist die Nahrung für unsere Seele. Unsere Seele braucht genauso eine regelmäßige Nahrung wie unser Körper. Leider sind wir oft sehr unbeständige Beter. Wir beten häufig nur, wenn wir in Not sind oder wenn wir gerade in Stimmung sind. Ein solches Gebet ist aber nicht ausreichend, um unsere Seele wirklich zu einer ständigen Einheit mit Gott gelangen zu lassen. Wir müssen uns deshalb um die Beharrlichkeit im Gebet bemühen. Unser Gebet darf nicht von bestimmten Nöten und Stimmungen abhängen, sondern soll zu einer inneren Haltung werden. Das verlangt oft eine große Anstrengung! Es gibt Zeiten, in denen wir absolut keine Lust zum Gebet verspüren. Wir sollten uns aber gerade in diesen Zeiten darum bemühen, beständig weiterzubeten. Gott schaut auch darauf, ob wir ihm in lustlosen Zeiten die Treue halten.

k) Schwierigkeiten beim Gebet

Wir wollen auch von den Schwierigkeiten sprechen, die wir beim Gebet antreffen. Es gibt eine Menge von Widerständen, die sich gegen das Gebet richten. Manchmal gewinnen wir fast den Eindruck, als hätten sich die Mächte der Finsternis gegen uns verschworen, um uns vom Gebet abzuhalten:

Keine Zeit

Die meisten von uns klagen, dass sie keine Zeit zum Beten haben. Es gibt so viele Sachen zu erledigen, dass wir kaum zum Verschnaufen kommen. Der Beruf, die Familie, die Vereine, die gesellschaftlichen Verpflichtungen – da bleibt oft keine Zeit zum Gebet. Es stimmt sicher, dass wir uns oft in einem gnadenlosen Stress befinden und dass unser Terminkalender völlig ausgebucht ist. Aber wenn wir unseren Tagesablauf etwas genauer betrachten, stellen wir fest, wie viel Zeit wir jeden Tag für die Zeitungslektüre verwenden und am Abend häufig vor dem Fernseher sitzen, dass wir in der Woche mehrmals in die Bar gehen oder halbe Stunden lang telefonieren, dass wir am Wochenende oft den ganzen Tag auf der Skipiste sind und in der Woche das Fitnesscenter besuchen. Wir stellen also fest, dass wir durchaus Zeit haben, über die wir frei verfügen. Für die Dinge, die uns interessieren, haben wir sogar mehrere Stunden am Tag Zeit. Und genau da gilt es einzuhaken, wenn wir die Zeit zum Gebet finden wollen: Wir müssen uns einen Teil unserer Freizeit nehmen und sie für das Gebet freihalten. Damit das gelingt, braucht es eine weitere Maßnahme: Wir müssen das Gebet bewusst an die erste Stelle setzen! Das Gebet muss uns also wichtiger sein als die Zeitung, das Fernsehen, die Bar, das Telefonieren, das Skifahren, das Fitnesscenter usw. Nur wenn das Gebet wichtiger ist als alle Freizeitinteressen, werden wir auch die nötige Freizeit für das Gebet reservieren. Das Gebet ist nicht so sehr eine Frage der Zeit, sondern der Rangordnung. Wenn bei uns die Rangordnung stimmt, finden wir auch Zeit für das Gebet.

Mangelnde Konzentration

Manchmal klagen wir über mangelnde Konzentration beim Beten. Wir ertappen uns dabei, wie wir während des Gebets an ganz andere Dinge denken: Unsere Gedanken schweifen zu einer Arbeit oder zu einem Fußballspiel ab, wir denken an ein Buch oder ein Telefongespräch. Um mit diesen Abschweifungen fertig zu werden, müssen wir uns zu Beginn des Gebets ganz gezielt auf Gott einstellen. Rufen wir innerlich Gott an und beginnen, bewusst mit ihm zu sprechen. Bitten wir Gott selbst, unser Herz zu öffnen und unser Gebet zu fördern und zu unterstützen. Nur wenn Gott uns entgegenkommt, können wir Gott wirklich begegnen. Weiterhin müssen wir uns darum bemühen, alle Störfaktoren auszuschalten, die uns am Gebet hindern: den Fernseher oder das Radio ausschalten und die verschiedenen Arbeitsunterlagen, Bücher und Schriften beiseite legen. Am besten ist es, wenn wir in einen anderen Raum gehen, in dem uns diese Dinge nicht ablenken. Schwieriger ist es, in Gedanken nicht abzuschweifen. Manchmal genügt es, wenn wir uns eine bestimmte Zeit ganz auf Gott konzentrieren, bis wir in die Tiefe des Herzens vordringen, in der uns keine Gedanken mehr stören. Bei hartnäckigen „Störfrequenzen" müssen wir Gott selbst bitten, dass er diese Gedanken verscheucht. Besonders wenn es sich um unreine und hasserfüllte Gedanken handelt, die uns gezielt stören und attackieren, müssen wir Gott bitten, dass er gegen die geistigen Mächte der Finsternis einschreitet.

Innere Trockenheit

Eine weitere Schwierigkeit besteht darin, dass uns das Gebet oft fad und langweilig vorkommt. Manchmal fangen wir sogar an zu gähnen und stecken damit auch die anderen an. Wir erleben, dass wir beim Gebet nichts empfinden und innerlich völlig ausgetrocknet sind. In diesem Fall ist es ratsam, zwei Dinge zu tun: Wir sollten unsere Gebete vorübergehend kürzen und nur für ganz konkrete Anliegen beten. Die Kürzung der Gebete verschafft uns den Vorteil, dass wir uns auf einen kurzen Text konzentrieren und damit unsere Aufmerksamkeit beim Gebet wiedergewinnen. Die konkreten Anliegen lassen uns an ganz bestimmte Personen und Probleme denken und stärken damit unsere Motivation. Und wenn es mit den kurzen und konkreten Gebeten wieder klappt, können wir bald wieder längere Gebete sprechen. – Die innere Trockenheit kann aber auch einen besonderen Sinn haben: Sie soll uns dazu anspornen, uns noch mehr um Gott zu bemühen und ihn auch dann zu lieben und zu verehren, wenn wir dabei kein inneres Glücksgefühl empfinden. Die innere „Wüste" und Dunkelheit kann bedeuten, dass uns jedes irdische Licht genommen wird, damit wir allmählich das göttliche Licht zu schauen vermögen. Aus diesem Grund lässt Gott die innere Trockenheit und Wüste zu, um unser Gebet zu läutern und uns noch näher an sich zu ziehen. Wir dürfen zuversichtlich sein, dass wir nach einer längeren „Durststrecke" und einem längeren „Tunnel" auf ein reineres Wasser und ein tieferes Licht stoßen werden.

Falsches Beten

Oft gibt es beim Gebet auch Schwierigkeiten, weil wir falsch beten. Viele von uns sitzen am Abend stundenlang vor dem Fernseher und plumpsen dann ohne Gebet ins Bett. Andere lesen im Bett noch einen Roman oder einen Krimi, bis ihnen fast die Augen zufallen. Es ist völlig klar, dass sie dann keine Kraft zum Gebet haben und das Gebet für sie höchstens zum Schlafmittel wird. Wenn wir ein ordentliches Gebet sprechen wollen, müssen wir dazu den richtigen Zeitpunkt wählen: Wir müssen also vor dem Fernsehen und vor der Bettlektüre beten. Nur auf diese Weise sind wir noch in einer Verfassung, die es uns erlaubt, ordentlich zu beten. In manchen Fällen kann auch die Übertreibung beim

Gebet zu Schwierigkeiten führen. Es gibt Leute, die einen Rosenkranz nach dem anderen beten, bis sie nach einiger Zeit so erschöpft sind, dass sie überhaupt nicht mehr beten. Diese Gefahr der Übertreibung kommt vor allem nach einem „Bekehrungserlebnis“ vor: Es gibt junge Menschen, die plötzlich ganz von Gott ergriffen werden und nun halbe Nächte durchbeten. Aber auf einmal ist die innere Glut erloschen und das Gebet kommt zum Stillstand. Es braucht daher auch beim Gebet Maß und Ziel. Das Gebet muss wachsen und sich festigen. Es ist besser, weniger und dafür beständig zu beten. Wichtig ist auch, dass wir ab und zu unsere Gebete wechseln. Vor allem bei Kindern braucht es bei jeder neuen Altersstufe auch entsprechende neue Gebete.

l) Das Gebet des Herrn

Wir wollen zum Schluss noch kurz das „Vaterunser“ betrachten, das uns Jesus selbst gelehrt hat. Jesus lädt uns ein, Gott als „Vater“ anzusprechen. Er schafft damit die Voraussetzung für eine Gebetshaltung, die ganz vom Vertrauen und von der Liebe zu Gott geprägt ist. Gleichzeitig weist Jesus darauf hin, dass dieser Vater „im Himmel“ und damit auch der unendlich erhabene Gott ist, dem wir uns voll Demut nähern sollen. Jesus spricht sieben Bitten aus, die wir an Gott richten sollen. Die ersten drei Bitten beziehen sich auf Gott, die anderen vier beziehen sich auf den Menschen. Wir sollen Gott bitten, dass sein Name geheiligt werde, d. h. dass er von den Menschen anerkannt und verehrt werde. Weiterhin bitten wir, dass das Reich Gottes komme, damit sich die Gerechtigkeit und der Friede Gottes immer mehr verwirkliche. Die dritte Bitte gilt dem Anliegen, dass auf Erden Gottes Wille geschehe und die Menschen Gott gehorchen mögen. In den weiteren Bitten erflehen wir von Gott unser tägliches Brot und damit unseren Lebensunterhalt. Wir bitten Gott um die Vergebung unserer Schuld und versprechen gleichzeitig, unseren Mitmenschen zu verzeihen. Schließlich bitten wir Gott um den Beistand in der Versuchung und um die Erlösung von allem Bösen. Im „Vaterunser" hat uns Christus auf jene Schwerpunkte hingewiesen, auf die es beim Gebet wirklich ankommt. Auf diese Weise bitten wir Gott um jene Dinge, die zu seiner Verherrlichung und zur Erfüllung von uns Menschen führen.

6. Der Glaube in Gefahr

Das erste Gebot weist uns auf gewisse Gefahren für den Glauben hin. Im ersten Gebot heißt es, dass der Mensch keine Götzen anbeten soll. Bei diesen Götzen handelt es sich um Personen und Dinge, die wir anstelle Gottes verehren und die uns wichtiger sind als Gott.

a) Der Kampf mit den Götzen

Der Glaube wird von vielen Dingen behindert, die dem modernen Menschen wichtiger zu sein scheinen als Gott und seine Gebote: Das Fernsehen hindert uns oft daran, ein ordentliches Abendgebet zu sprechen und blockiert häufig auch das gemeinsame Familiengebet. Das Skifahren, Bergsteigen und Wandern nimmt uns so gefangen, dass wir nicht selten die Sonntagsmesse weglassen. Die Disko führt dazu, dass wir am Wochenende die ganze Nacht durchfeiern und dann am Sonntag k.o. sind und nicht zur Messe gehen. Aber auch in anderen Bereichen gibt es massive Hindernisse für unseren Glauben an Gott:

Der *Hard Rock* blockiert unsere Antenne für Gott; die maßlose Arbeit macht jede Sonntagsheiligung unmöglich; das Geld und die Karriere führen häufig zur Missachtung der Gebote Gottes; die Bekanntschaft mit einem feschen Mann oder einer attraktiven Frau lässt uns die moralischen Grundsätze vergessen … Wir müssen ununterbrochen mit allen möglichen Versuchungen kämpfen, die ein Leben nach den Geboten Gottes auf raffinierte Weise zu verhindern suchen. Es gibt eine ganze Menge moderner „Götzen", die uns wichtiger vorkommen als Gott und seine Gebote. Jeder von uns muss klar erkennen, welche Dinge für ihn zum „Götzen" werden können. Und dann gilt es, radikal und kompromisslos gegen diese „Götzen" anzukämpfen!

b) Mangelnde Glaubenskenntnisse

Eine große Gefahr für den Glauben sind auch mangelnde Kenntnisse. Viele Menschen setzen sich einfach zu wenig mit dem Glauben auseinander. Daher haben sie keine klare Vorstellung von Gott, von Christus, der Kirche, den Zehn Geboten, den Sakramenten und sind in religiöser Hinsicht oft die reinsten Analphabeten. Heute ist es leider öfters der Fall, dass bei der Sonntagsmesse zu wenig über Glaubensinhalte gepredigt wird. Auch im Religionsunterricht wird zu wenig über die zentralen Glaubenswahrheiten gesprochen. Und in manchen theologischen Kursen werden Lehren weitergegeben, die nicht mit der Lehre der katholischen Kirche übereinstimmen. Dazu kommt die Konfusion, die durch das Kirchenvolksbegehren entstanden ist. Auf diese Weise fehlen vielen Katholiken die entsprechenden Glaubenskenntnisse oder sie fühlen sich total verunsichert.

Es ist ein Gebot der Stunde, wieder mit der Glaubensunterweisung in den Familien zu beginnen. Es gibt gute Kinderbibeln, um daraus den Kindern vorzulesen. Es gibt manchen *guten Katechismus,* in dem die wichtigsten Glaubenswahrheiten klar und übersichtlich dargestellt sind (z.B. im *Kompendium des Katechismus der Katholischen Kirche*). Von entscheidender Bedeutung sind heute auch die Gebetsgruppen, in denen über den Glauben gesprochen wird. Durch das intensive Gebet, durch die Treue zu Papst und Kirche, durch die Betrachtung der Heiligen Schrift sowie durch den Austausch von guten Schriften und Büchern tragen diese Gruppen in ganz entscheidender Weise zur Erhaltung und Vertiefung des Glaubens bei.

c) Andere Götter

Eine Riesengefahr für den Glauben sind auch die „anderen Götter". Viele moderne Menschen befassen sich heute mit allen möglichen okkulten Praktiken: Sie wenden sich an Magier, Astrologen und Kartenlegerinnen; sie interessieren sich für Tischrücken, Pendeln und spiritistische Sitzungen; sie lesen Schriften über Esoterik ([Geheim]lehren mit astrologischen, okkulten und religiösen Elementen) und glauben an göttliche Kräfte in der Natur und im Menschen sowie an Selbsterlösung und Seelenwanderung. Viele Zeitgenossen zeigen ein lebhaftes Interesse an den sogenannten „neureligiösen Bewegungen" (wie z. B. Scientology von Ron Hubbard, Moon-Sekte, Children of God, Transzendentale Meditation von Maharishi Mahesh Yogi) und an den östlichen Religionen. Manchmal erweckt es den Anschein, dass es auch der größte Unfug sein kann – wenn es nur nicht christlich ist! Um dieser unheimlichen Herausforderung gewachsen zu sein, benötigen wir von kirchlicher Seite umfassende Informationen auf breitester Ebene. Vor allem aber sind katholische Gruppen gefragt, die überzeugender wirken als derartige Gruppen.

ZWEITES GEBOT: DU SOLLST DEN NAMEN GOTTES NICHT VERUNEHREN!

Das zweite Gebot verpflichtet uns zur Ehrfurcht vor Gott. Die Größe und Heiligkeit Gottes verlangt Achtung und Respekt, Demut und Verehrung. Dieses Gebot fordert uns auf, alles zu unterlassen, was die Größe und Heiligkeit Gottes infrage stellt oder zu ihr im Widerspruch steht. Es fordert uns zu Ehrfurcht vor allen Personen, Handlungen und Zeichen auf, die in Verbindung mit Gott stehen.

1. Fluchen

Das zweite Gebot wendet sich zunächst gegen das Fluchen. Das Fluchen besteht in einem Missbrauch von heiligen Wörtern (z. B. „Herrgott", „Madonna", „Kruzifix", „Sakrament", „Ostia" = „Hostie!" u.a.). Wir dürfen diese heiligen Namen und Wörter nicht missbrauchen, um mit ihnen unseren Zorn und Unmut auszudrücken.

Wir sollen diese Worte auch nicht dazu verwenden, um unserer Überraschung oder unserem Entsetzen Ausdruck zu verleihen (z. B.: „Madonna, hat der geschrien!" oder „Jesses (Jesus!) Maria, was ist jetzt schon wieder passiert?!"). Jesus und die Madonna sollten keine Ablassventile für unsere verschiedenen emotionellen „Entladungen" sein.

Als Christen sollen wir uns bemühen, keine Kraftausdrücke zu verwenden. Das Fluchen und die Kraftausdrücke gehören nicht zu einer christlichen Sprachkultur. Kräftigere Worte sind nur im Falle eines heiligen Zorns erlaubt, wenn wir einem Mitmenschen mit Nachdruck klarmachen müssen, dass sein Verhalten untragbar ist.

2. Falsches Schwören

Das zweite Gebot verbietet uns auch falsches Schwören. Wir dürfen nicht Gott als Zeugen einer wissentlich falschen Aussage anrufen (z. B. bei Gericht). Durch einen Meineid werden der Name und die Ehre Gottes in schwerster Weise in Mitleidenschaft gezogen: Gott wird dann nämlich als Zeuge und als Garant für eine falsche Aussage missbraucht, die für einen Menschen katastrophale Folgen haben kann (so kann z. B. ein unschuldiger Mensch durch einen falschen Schwur viele Jahre ins Gefängnis kommen). Wer also falsch schwört, verunehrt Gott in gröbster Weise.

Ebenso sollen wir uns davor hüten, einen Mitmenschen zu einem leichtfertigen und unüberlegten Schwur zu veranlassen. Wenn der andere dann aus einer gewissen Zwangssituation heraus einen falschen Schwur tut, sind wir mitschuldig! Unter uns Christen sollte es überhaupt nicht nötig sein, einen Schwur zu leisten. Unsere Wahrheitsliebe und unser Vertrauen zueinander sollten so groß sein, dass wir keinen Schwur brauchen. Christus sagt: „Euer Ja sei ein Ja, euer Nein ein Nein; alles andere stammt vom Bösen" (Mt 5,37).

3. Gotteslästerung

Eine besonders schwerwiegende Verunehrung Gottes ist die Gotteslästerung. Wenn ein Mensch die Größe und Heiligkeit Gottes erkannt hat und ihn dann zu lästern beginnt, so kommen darin sein Stolz, seine Auflehnung und sein Hass gegenüber Gott zum Ausdruck. Wer Gott lästert, will Gott nicht als oberste Autorität anerkennen und ist daher nicht bereit, sich vor Gott zu beugen. Eine solche Haltung führt zwangsläufig zum Bruch und zur Trennung von Gott!

Neben der offenen gibt es auch eine verborgene Art der Gotteslästerung. Immer wieder kommt es vor, dass jemand Gott anklagt, wenn er von einer schweren Prüfung heimgesucht wird (z. B. durch eine Krankheit oder einen Unglücksfall). Eine harte Prüfung oder einen schweren Schicksalsschlag anzunehmen, ohne gegen Gott aufzubegehren (vgl. Hiob im Alten Testament!), ist sicher sehr schwer. Trotzdem dürfen wir uns nicht anmaßen, Gott anzuklagen und Gott zu lästern. Oft lässt Gott diese Erfahrungen zu, um unseren Glauben und unsere Persönlichkeit reifen zu lassen. Wir sollten in solchen Situationen nicht gegen Gott lästern, sondern Gott um seine Hilfe bitten!

4. Gotteslästerung in der Kunst

Gott und das Religiöse werden auch in der Kunst gelästert. Diese Verhöhnung des Religiösen geschieht offen oder versteckt (z. B. in Hard-Rock-Konzerten und Musicals, Theaterstücken, in Liedern und Gedichten, in Filmen und Videos, in Magazinen und Büchern, in Karikaturen, Gemälden, Statuen und in der Architektur). Diese „Kunstwerke" dienen in Wirklichkeit als Vorwand, um das Religiöse anzugreifen. Ein Christ muss diese Dinge meiden! Geben wir uns mit ihnen ab, bleibt immer etwas davon hängen. Stattdessen müssen wir versuchen, gegen Gotteslästerungen in der Kunst etwas zu unternehmen. Gerade in diesem Bereich lässt sich mit Zivilcourage einiges erreichen (z. B. kritische Gespräche über gewisse „Kunstwerke" in der Familie und in der Schule; kein Kauf von antichristlichen Zeitungen und Illustrierten; Protest bei den Organisatoren fragwürdiger Veranstaltungen; Telefonanrufe und Leserbriefe an die Redaktionen fragwürdiger Magazine ...).

5. Verteidigung der Ehre Gottes

Zum zweiten Gebot gehört, dass wir die Ehre Gottes verteidigen, wenn jemand den Glauben lächerlich macht: im Gasthaus, am Arbeitsplatz, in der Kaserne, in der Schule, bei Faschingsveranstaltungen. Werden Gott und Jesus Christus, der Papst und die Kirche, die Gebote und die Moral angegriffen, müssen wir den Mut haben, für sie einzutreten. Eine kurze Zurechtweisung genügt; sich mit diesen Leuten in Diskussionen einzulassen, bringt nichts. Besser ist es, für sie zu beten.

Manchmal gibt es auch Gelegenheiten, in einem längeren Gespräch den Glauben und die Religion zu verteidigen. Dafür müssen wir uns vorher mit den verschiedenen Fragen gründlich auseinandersetzen. Denn es wäre sinnlos, sich in eine Diskussion über den Glauben einzulassen, wenn wir keine klaren Vorstellungen und keine feste Überzeugung hätten. Sonst könnte es passieren, dass sich die anderen noch mehr über Gott und den Glauben lustig machen und die Christen als Dummköpfe hinstellen. In vielen Situationen bewirkt allerdings ein schlichtes Zeugnis mehr als tiefsinnige Argumente.

6. Ein Leben zur höheren Ehre Gottes

Der tiefste Sinn des zweiten Gebotes besteht darin, unser ganzes Leben zur höheren Ehre Gottes einzusetzen. Leben wir so, wie Gott es will, geben wir Gott durch uns bei den Menschen einen guten Namen? Dann begreifen auch dem Glauben Fernstehende, dass von Gott eine Liebe und eine Kraft ausgehen, die die Welt verändern. Deshalb müssen wir uns mit ganzer Kraft darum bemühen, eine lebendige Propaganda für Gott zu sein. Durch unser christliches Leben sollen wir andere für Gott begeistern. Auf diese Weise erfüllen wir den eigentlichen Sinn des zweiten Gebotes und tragen dazu bei, den heiligen Namen Gottes immer mehr und überall zu ehren.

DRITTES GEBOT: DU SOLLST DEN TAG DES HERRN HEILIGEN!

Beim dritten Gebot geht es um die besondere Verehrung Gottes. Für diese Verehrung Gottes sind eigene Tage vorgesehen: nämlich die Sonn- und Feiertage. An diesen Tagen sollen sich alle Christen zum gemeinsamen Gottesdienst versammeln. Diese Tage sollen in ihrem ganzen Ablauf geheiligt sein, damit der Mensch sich in besonderer Weise auf Gott besinnen kann. Gleichzeitig sind diese Tage für die Gemeinschaft, die Freude und die Erholung gedacht.

1. Die Feier der heiligen Messe

Der wichtigste Teil des Sonntags und der kirchlichen Feiertage ist die Feier der heiligen Messe. Die katholische Kirche hebt die Wichtigkeit der heiligen Messe durch ein eigenes Kirchengebot hervor, das jeden Katholiken am Sonntag und an den kirchlichen Feiertagen zum Besuch der Eucharistiefeier verpflichtet.

2. Die Bedeutung der heiligen Messe

Für viele von uns ist die Bedeutung der heiligen Messe oft nicht mehr klar. Deshalb wollen wir zunächst versuchen, uns die Bedeutung der Eucharistiefeier in Erinnerung zu rufen:

a) Das Wort Gottes

Bei der heiligen Messe hören wir das Wort Gottes. Durch die Lesung und das Evangelium spricht Gott zu uns und offenbart uns seine Wahrheit und seinen Willen. Bei der Predigt erklärt uns der Priester das Wort Gottes und gibt uns Anregungen, wie wir das Wort Gottes auf unseren Alltag anwenden können. Auf diese Weise wird das Wort Gottes für uns zum „Wort des Lebens".

b) Die Gemeinschaft mit Christus

Bei der heiligen Messe begegnen wir Christus. Bei der Wandlung tritt Jesus in unsere Mitte und weilt unter der Gestalt von Brot und Wein in leibhaftiger Weise unter uns. Er ist unser Mittler und versöhnt uns mit Gott Vater. Durch die Vergegenwärtigung des Kreuzesopfers schenkt uns Christus die Gnade der Erlösung. Bei der Kommunion kommt es zur persönlichen Begegnung mit Christus, der für uns zum Brot des Lebens wird und uns seine Kraft vermittelt. Diese persönliche Begegnung mit Christus gibt uns die besondere Möglichkeit, ihn um alles zu bitten und ihm für alles zu danken.

c) Die Gemeinschaft mit den Brüdern und Schwestern

Bei der heiligen Messe kommt es schließlich auch zur Gemeinschaft mit den Brüdern und Schwestern. Wir versammeln uns mit ihnen um den Altar, wir beten und feiern miteinander und empfangen mit ihnen den Leib des Herrn. Auf diese Weise kommt es durch die Einheit mit Christus auch zu einer tiefen Einheit unter uns Christen.
Die heilige Messe vermittelt uns also das Wort Gottes, die Gemeinschaft mit Christus und die Gemeinschaft mit den Brüdern und Schwestern. Da diese drei Dinge für un-

ser Christsein lebenswichtig sind, ist die heilige Messe für uns notwendig und verpflichtend. Ohne heilige Messe fehlt uns die Wahrheit Gottes, die Kraft Christi und die Gemeinschaft mit den Brüdern und Schwestern. Ohne heilige Messe geht unser Kontakt zu Gott immer mehr verloren, unser Glaube schläft langsam ein, bis er schließlich stirbt.

3. *Der Aufbau der heiligen Messe*

Nachdem wir nun die große Bedeutung der heiligen Messe für unser Christsein erkannt haben, wollen wir uns mit dem Aufbau der heiligen Messe befassen. Die heilige Messe besteht aus vier Teilen: der Eröffnung, dem Wortgottesdienst, dem Opfergottesdienst und der Entlassung:

Eröffnung
- Schuldbekenntnis
- Gloria

Wortgottesdienst
- Lesung
- Evangelium
- Predigt
- Glaubensbekenntnis
- Fürbitten

Opfergottesdienst
- Gabenbereitung
- Sanctus
- Wandlung
- „Vaterunser"
- Friedensgruß
- „Lamm Gottes"
- Kommunion

Entlassung
- Schlusssegen
- „Gehet hin in Frieden"

4. Schwierigkeiten mit der heiligen Messe

a) Verschiedene Gründe erschweren den Zugang zur heiligen Messe

Nicht wenige Katholiken haben heute Schwierigkeiten mit der heiligen Messe. Dafür gibt es mehrere Gründe: Viele junge Menschen erleben keinen gemeinsamen Messbesuch mit der Familie. Der Vater und die Mutter gehen entweder nicht mehr zur Messe oder sie sind nur Gelegenheitschristen. Auf diese Weise wird die heilige Messe für diese Jugendlichen zu einer völlig fremden Sache. Ein weiterer Grund für die Entfremdung gegenüber der Eucharistie ist das weitgehende Unverständnis für das Geschehen am Altar. Viele Menschen haben keine klare Vorstellung von der Bedeutung der einzelnen Handlungen während der Messe und können sie daher auch nicht mitvollziehen. Viele bemängeln auch die fade Gestaltung der Messe und die langweilige Predigt. Wieder andere sind derart von ihren Vereinen und Hobbys in Anspruch genommen, dass sie (angeblich) zu keiner Messe kommen: Durch die Freizeitunternehmungen finden sie einfach keine Zeit für die Messe oder sind zu erschöpft, um zu einer Messe zu gehen.

b) Einige Maßnahmen gegen diese Schwierigkeiten

Die wichtigste Maßnahme für einen regelmäßigen Messbesuch der Kinder und Jugendlichen ist die Erfahrung eines regelmäßigen Messbesuchs in der eigenen Familie.

Die Hinführung zur heiligen Messe und die Eingewöhnung in einen regelmäßigen Gottesdienstbesuch durch die Familie ist durch nichts zu ersetzen! Es ist sehr wichtig, dass die Eltern, der Pfarrer und die Religionslehrer den Kindern und Jugendlichen die heilige Messe erklären und sie zu einem inneren Mitfeiern der Eucharistie anregen. Ganz entscheidend ist auch die feierliche Gestaltung des Gottesdienstes: eine gute Vorbereitung der Texte, eine klare und lebensnahe Predigt und eine schöne Musik tragen wesentlich zur besseren Mitfeier der Eucharistie bei. Bezüglich der Hobbys ist zu sagen, dass heute wirklich jeder die Möglichkeit hat, trotz seiner verschiedenen Aktivitäten an der Messe teilzunehmen. Und wenn einer ein echter Christ und ein echter Sportler ist, dann geht er entweder nach der langen Bergtour in die Messe oder besser noch in die Vorabendmesse.

c) Spezielle Probleme mit Jugendlichen

Viele gläubige Eltern klagen heute darüber, dass ihre heranwachsenden Jugendlichen nicht mehr in die Messe gehen. Ja, es ist oft nicht leicht mit den jungen Leuten! Aber sie haben es auch nicht leicht, in unserer Gesellschaft praktizierende Christen zu sein. Viele von ihnen stehen dermaßen unter dem Einfluss der grellen Lichter und der heißen Rhythmen der Freizeitindustrie, dass ihnen die sakrale Feier einer Messe nichts mehr sagt: Nach einer Nacht in den Diskotheken brauchen viele den Sonntag zur „Erholung". Andere Jugendliche sind durch die Vereine so eingespannt, dass sie am Sonntag regelrecht vom Gottesdienst abgehalten werden. Wieder andere suchen ihr Heil in esoterischen Lehren. Diese Jugendlichen verehren Götzen statt Gott: ihre Liturgie ist das Rockkonzert, ihr

Gottesdienst der Fußball, ihre Kirche die Disko und das Stadion …

d) Verschiedene Möglichkeiten der Eltern

Was können Eltern in solchen Situationen tun? Entscheidend ist zunächst, dass die Eltern nicht kapitulieren! Sie dürfen sich nicht aus ihrer religiösen Verantwortung davonschleichen und sagen, dass der junge Mensch selbst entscheiden soll: Die Erfahrung zeigt, wie die religiöse Freizügigkeit der Eltern zu einer Entfremdung der Jugendlichen von der Religion führt. Wichtig ist, dass die Eltern die Jugendlichen immer wieder an die religiösen Pflichten erinnern. Sie müssen ihre heranwachsenden Söhne und Töchter darauf hinweisen, dass ein gefirmter Christ für seine Religion auch zu kleinen Opfern bereit sein muss. Es braucht vonseiten der Eltern eine sanfte Festigkeit! Es ist klar, dass sie heranwachsende Jugendliche nicht an die Leine nehmen können, aber sie dürfen auch nicht einfach aufgeben. Die Eltern sollten Umschau halten, wo in ihrer Umgebung eine Messe gefeiert wird, die die Jugendlichen anspricht, und sich darum bemühen, dass ihre Kinder in einen Kreis von Jugendlichen kommen, die gemeinsam zur Messe gehen. Es zeigt sich immer wieder, dass junge Leute lieber in die Messe gehen, wenn sie dort ihre Freunde treffen, mit denen sie dann auch nach der Messe noch etwas unternehmen. Eltern sollten dafür sorgen, dass ihre Kinder nicht bei Vereinen dabei sind, die sie an jedem Sonntagvormittag bei Wettkämpfen und Veranstaltungen einspannen. Und auch im Falle von Diskobesuchen müssen Eltern klarstellen, dass es für die Jugendlichen immer noch möglich ist, am Sonntag zur Abendmesse zu gehen. Die manchmal zu Recht besorgten Eltern sollen nicht die

Hoffnung verlieren: Auch bei den widerspenstigsten Jugendlichen geht die Pubertät irgendwann zu Ende. Und meistens kann man dann mit den jungen Erwachsenen wieder recht vernünftige Gespräche führen, auch über religiöse Themen. Wenn in der Kinderzeit eine solide religiöse Grundlage geschaffen wurde, kommt diese über kurz oder lang wieder zum Tragen. Aber während der „Sturm-und-Drang"-Periode müssen die Eltern kräftig und ausdauernd für ihre Kinder beten.

5. Entschuldigungsgründe für das Fernbleiben

a) Echte Gründe für das Fernbleiben von der heiligen Messe

Es gibt mehrere Gründe, die das Fernbleiben von der heiligen Messe berechtigterweise entschuldigen. Der erste Grund ist eine Krankheit, die es uns unmöglich macht, die Eucharistiefeier zu besuchen: also nicht nur ein Kratzen im Hals! Ein zweiter Grund sind bestimmte Dienste über das ganze Wochenende, die es uns nicht erlauben, die Dienststelle zu verlassen: z. B. der Bereitschaftsdienst eines Arztes oder die Arbeit im Gastgewerbe. Kaum ein Dienst dauert aber ohne Unterbrechung von Samstag- bis Sonntagabend. Es besteht also meistens die Möglichkeit, auch bei einem Wochenenddienst eine Messe zu besuchen. Ein dritter Grund ist ein Dienst, bei dem wir nicht ersetzt werden können: z. B. eine alleinstehende Mutter, die ein schwerkrankes Kind pflegt und keine Verwandten und Nachbarn hat, die sie ablösen. Ein weiterer Grund ist eine dringende Verpflichtung, die nicht aufgeschoben werden kann: z. B. wenn jemand Zeuge eines Unfalls wird, so muss er für die Einlieferung der verunglückten Person sorgen, auch wenn er dadurch die Messe versäumt. Entschuldigt sind wir auch, wenn wir in ein Land reisen, in dem weit und breit keine katholische Messe gefeiert wird; wir dürfen dann aber etwas länger beten. Und schließlich sind wir auch entschuldigt, wenn uns höhere Gewalt am Besuch des sonntäglichen Gottesdienstes hindert, z. B. im Fall von Naturkatastrophen. Wenn uns solche Gründe am Besuch der heiligen Messe hindern, sollten wir dafür in den nächsten Tagen einer Eucharistiefeier beiwohnen.

b) Das unentschuldigte Fernbleiben ist eine Sünde

Nicht wenige Katholiken sind jedoch der Ansicht, das zeitweilige Fernbleiben von der Messe sei keine Sünde. Auch manche Seelsorger, Religionslehrer und katholische Jugendführer beurteilen das Fernbleiben vom Gottesdienst recht locker. Das ändert aber nichts daran, dass das Fernbleiben von der Messe eine Sünde ist. Da uns die Messe die wichtigsten Güter unseres Glaubens vermittelt, handelt es sich dabei um das zentrale und wichtigste Geschehen unseres Glaubens. Das Fernbleiben von der Eucharistiefeier kann also keine Bagatelle sein! Die Messe ist und bleibt das Zentrum unseres katholischen Glaubens. Wenn wir in diesem Punkt nachgeben, kommt es zur Aushöhlung und schließlich zum Ende unserer Glaubenspraxis. Ohne regelmäßigen Messbesuch der Gläubigen kommt es zum allmählichen Zusammenbruch der kirchlichen Gemeinschaft. Der Besuch der Messe am Sonntag ist daher für den eigenen Glauben und für die Kirche unverzichtbar!

6. Sonntagsheiligung

Das dritte Gebot verlangt von uns auch die Sonntagsheiligung. Es geht dabei nicht nur um die Unterbrechung der Arbeit und um eine abwechslungsreiche Freizeitgestaltung. Gemeint ist mit der Sonntagsheiligung, dass der Mensch sich einmal in der Woche auf das Höchste und Eigentliche in seinem Leben, nämlich auf Gott, besinnt. Wir erleben heute, wie der moderne Mensch durch den ständigen Stress bei der Arbeit und durch den (womöglich noch größeren) Freizeitstress seine eigene Mitte verliert. Er hat nicht mehr die innere Ruhe, um sein Leben nach dem Wesentlichen und Ewigen auszurichten. Er ist ein ständig Gehetzter und Getriebener und verliert dabei sich selbst. Meistens braucht es eine Krankheit oder einen Misserfolg, bis der Mensch in diesem Wahnsinn innehält. Erst dann wird ihm bewusst, dass es etwas Höheres gibt, das wichtiger ist als Erfolg, Geld, Karriere und Hobbys: Er spürt, dass er sich mit dem Absoluten, mit Gott, auseinandersetzen muss, damit er sich selbst finden kann. Er begreift nun die tiefere Bedeutung der Sonntagsheiligung und sucht nun die Begegnung mit Gott, der sein Vater und sein letztes Ziel ist.

7. Pflege des geistlichen Lebens

Worin kann nun diese Ausrichtung auf Gott konkret bestehen? Es gibt dazu mehrere Möglichkeiten. Eine erste Möglichkeit ist zunächst eine Zeit der Besinnung, in der der Mensch vor Gott über sein konkretes Leben nachdenkt. Er fragt sich dabei, ob seine Tätigkeiten und seine mitmenschlichen Beziehungen vor Gott in Ordnung sind. Er fragt sich, ob er die Schwerpunkte in seinem Leben vor

Gott richtig setzt. Auf diese Weise merkt er, ob die Ausrichtung in seinem Leben vor Gott stimmt oder ob da manches zu ändern ist. Eine zweite Möglichkeit ist ein tieferes Gespräch über Fragen des Glaubens und andere Belange. Solche Gespräche mit dem Ehepartner, mit den Kindern oder mit Freunden führen zu einer Vertiefung des Glaubens und der zwischenmenschlichen Beziehungen. Eine weitere Möglichkeit bieten gute Bücher und Zeitschriften, die uns über Glaubensfragen und menschliche Fragen informieren. Dann gibt es in unserer Zeit auch die Möglichkeit, einen guten Fernseh- oder Videofilm anzuschauen. Es lassen sich doch immer wieder Filme entdecken, die religiöse Gestalten und Themen zum Inhalt haben. Besonders für Kinder sind solche Medien oft sehr gut geeignet, einen Zugang zu bestimmten christlichen Gestalten und religiösen Ereignissen zu finden. Es ist aber wichtig, dass wir nach so einem Film mit den Kindern darüber reden.

Neben diesen mehr allgemeinen Möglichkeiten gibt es verschiedene Bräuche, die in spezieller Weise die Sonntagsheiligung zum Ziel haben. Dazu gehört in erster Linie das Gebet. Am Sonntag sollten wir uns die Zeit für ein längeres persönliches Gebet nehmen. Am Sonntag haben wir auch die Möglichkeit, in der Familie gemeinsam das Tischgebet und das Abendgebet zu sprechen, das unter der Woche oft zu kurz kommt. Zur speziellen Sonntagsheiligung gehört auch das Lesen der Heiligen Schrift. Wir sollten uns am Sonntag die Zeit nehmen, wenigstens ein kleines Kapitel der Bibel zu lesen. Dabei sollten wir überlegen, was uns die gelesene Stelle für die kommende Woche zu sagen hat. Es besteht auch die Möglichkeit, in der Familie gemeinsam eine Stelle aus der Hausbibel zu lesen und anschließend darüber ein Gespräch zu führen. Zur speziellen Sonntagsheiligung gehört auch, dass wir an besonderen Hochfesten am Nachmittag zu einer Andacht in die Kirche gehen. Vielleicht wäre es möglich, dass zumindest ein Vertreter der Familie bei den sonntäglichen Andachten dabei ist … Alle diese Formen der Sonntagsheiligung verlangen eine gewisse Anstrengung. Aber wenn wir verstanden haben, dass in unserer Zeit nur ein ganzes Christsein bestehen und überleben kann, dann werden wir uns auch zu dieser vertieften Form der Sonntagsheiligung aufraffen. Es gibt kein billiges Christentum, wir müssen heute mehr tun als früher!

8. Das Beisammensein in der Familie

Zum Sonntag gehört auch das Beisammensein mit der eigenen Familie. Da haben wir endlich genügend Zeit für einander: wir können in Ruhe frühstücken, haben ausgiebig Zeit zum Mittagessen, es kommt zu gemeinsamen Gesprächen und Spielen, wir unternehmen miteinander einen Ausflug. Wir freuen uns, dass auch der Vater mit dabei ist, der unter der Woche oft kaum Zeit hat oder über den Besuch von Verwandten und Bekannten. Um die Mutter von der Arbeit zu entlasten, sind wir gerne bereit, im Haushalt mitzuhelfen: Der eine deckt den Tisch, der andere richtet den Salat an, der Dritte serviert das Essen; nach dem Mittagessen lassen wir die Mutter ein wenig ausruhen und spülen für sie das Geschirr in der Küche. Am Nachmittag kochen wir den Kaffee und stellen wir den Kuchen auf den Tisch. Wenn alle helfen, ist es für alle leichter. Auf diese Weise wird der Sonntag für alle zu einem Tag des gemeinsamen Beisammenseins und der Erholung.

9. Die Begegnung mit den Freunden

Der Sonntag ist auch sehr wichtig für die Pflege von Freundschaften. Ob wir uns mit Freunden bei Spiel und Sport treffen, gemeinsam eine Partie Karten spielen oder in einem Kaffeehaus miteinander plaudern, die gemeinsamen Gespräche und Unterhaltungen fördern die Freundschaft. Oft kommt es auch zu einem regen Gedankenaustausch, der uns innerlich bereichert. Wir können mit unseren Freunden auch über unsere persönlichen Probleme und Sorgen sprechen und erhalten von ihnen manchen guten Rat. Unser Herz blüht wieder auf und unsere Seele wird mit neuer Kraft erfüllt. Die Pflege der Freundschaft ist für unser menschliches Wohlbefinden von größter Wichtigkeit.

10. Entspannung und Ausgleich

Der Sonntag dient auch unserer Erholung. Wenn wir die ganze Woche unter Stress stehen, brauchen wir dringend einen Tag, an dem wir uns richtig entspannen. Dazu gehört vor allem, dass wir nicht unter Zeit- und Termindruck stehen und etwas tun, was uns Freude macht: Der eine geht gerne spazieren, der andere liest ein interessantes Buch, der Dritte widmet sich den Blumen im Garten. Der Sonntag soll ein Tag des Ausgleichs sein: Wer die ganze Woche im Büro sitzt, braucht dringend Bewegung und frische Luft; wer ständig mit dem Auto unterwegs ist, ist froh, wenn er einmal nicht herumfahren muss; wer in der Woche ständig zu wenig schläft, muss sich einmal in der Woche ausschlafen können. Die Entspannung und der Ausgleich sind für den modernen Menschen sowohl in körperlicher als auch in psychischer Hinsicht von größter

Bedeutung. Nur wenn wir uns richtig entspannen können und den rechten Ausgleich finden, sind wir für uns selbst und für die anderen genießbar. Nur durch eine echte Entspannung haben wir die Kraft, die neue Woche mit Schwung anzugehen.

11. Tätige Nächstenliebe

Der Sonntag bietet uns auch Gelegenheit, Kranke und Alte zu besuchen. Wir schauen bei einem Freund im Krankenhaus vorbei, der vor Kurzem operiert wurde. Wir besuchen eine alleinstehende Tante, die im Altersheim wohnt. Wir gehen zu einem Freund, der nach einem Schlaganfall in einem Sanatorium für Langzeitkranke untergebracht ist. Wir nützen den billigeren Sonntagstarif zu einem Telefonanruf bei einer Bekannten, die unter Depressionen leidet. Wir nützen ein stilles Stündchen und schreiben einen Brief an einen Gefangenen. Es gibt heute so viele Menschen, die Trost und Hilfe brauchen!

12. Die Gefährdung des Sonntags

Der Sonntag wird heute auf eine vielfache Weise gefährdet. Es gibt in unserer Zeit immer mehr Wochenenddienste: im Krankenhaus, im Gastgewerbe, bei den öffentlichen Verkehrsmitteln, in der Industrie, in der Freizeitbranche sind viele Menschen fast jedes Wochenende im Einsatz. Jetzt kommt auch noch die Gefahr einer ganztägigen Öffnung der Geschäfte auf uns zu: Das Sonntagsshopping rund um die Uhr ist offensichtlich nicht mehr aufzuhalten! Aber auch innerhalb der Familien ist die Sonntagsheiligung bedroht: die berufstätige Frau holt am Sonntag die Arbeit nach, die in der Woche liegengeblieben ist; der Nebenerwerbsbauer erledigt die Feldarbeit, die er in der Woche nicht schafft; der gestresste Schüler muss Aufgaben machen und für die Prüfung am Montag lernen; die jungen Paare treiben den Bau des Eigenheims voran und schleppen den ganzen Sonntag Ziegel …

Angesichts solcher Entwicklungen müssen wir uns fragen, wie wir den Sonntag retten können. Dabei müssen wir zwei Arten von Arbeiten unterscheiden. Es gibt bestimmte Arbeiten, die wir auch am Sonntag verrichten müssen (z. B. öffentliche Dienste, Landwirtschaft). Bei diesen Arbeiten müssen wir versuchen, nach dem Ende unseres Turnus oder nach der Verrichtung unserer Arbeit wenigstens einige Stunden bewusst für die Sonntagsheiligung zu verwenden. Neben diesen Arbeiten gibt es auch andere Tätigkeiten (z. B. Hausarbeiten, Nebenerwerbsbauern), die sich vielleicht durch eine bessere Einteilung und durch die Mithilfe aller Familienmitglieder in wesentlich kürzerer Zeit oder vor dem Sonntag verrichten ließen. In früheren Zeiten wurde der Samstagnachmittag bewusst zur Verrichtung bestimmter Arbeiten verwendet, um am Sonntag wirklich frei zu haben. Wahrscheinlich werden wir in Zukunft wieder darauf zurückkommen müssen. Entscheidend ist aber, dass wir von der absoluten Notwendigkeit des Sonntags für unser religiöses, persönliches, familiäres und soziales Leben überzeugt sind. Und wenn wir Gott an die erste Stelle setzen, werden wir auch die Schwerpunkte so setzen, dass der Sonntag wirklich der Tag des Herrn sein kann.

VIERTES GEBOT: DU SOLLST VATER UND MUTTER EHREN!

Das vierte Gebot fordert die Ehrfurcht der Kinder vor Vater und Mutter und verweist damit auf die rechte Beziehung der Kinder zu den Eltern. Das vierte Gebot bezieht sich auf die Familie als Ganzes: Es fördert die Entfaltung der Familie und schützt sie vor Gefahren. Um nun das vierte Gebot in seiner ganzen Tragweite zu begreifen, ist es notwendig, zunächst das Wesen und die Aufgaben der Familie zu beschreiben.

1. Wesen und Aufgabe der Familie

Das Wesen der Familie besteht in der Gemeinschaft der Ehepartner mit den Kindern. Zur Gemeinschaft der Familie gehören nicht selten auch die Großeltern, Verwandten und Hausgenossen. Die Familie ist auch die Stätte, an der neue Menschen ins Leben treten. Die Familie hat die Aufgabe, die jungen Menschen zu erziehen und auf das Leben vorzubereiten. Die Familie ist die Zelle der Gesellschaft und muss den jungen Menschen jene Haltungen vermitteln, die sie als Mitglieder der Gesellschaft brauchen. Die Familie ist schließlich auch die Zelle der Kirche und bildet als „Hauskirche" die Kirche im Kleinen.

2. Die Gemeinschaft

Die Familie ist zunächst eine Gemeinschaft von Vater, Mutter und Kindern. Es ist nun aber keineswegs selbstverständlich, dass die verschiedenen Familienmitglieder auch schon eine Gemeinschaft bilden. Zur Bildung einer echten Familiengemeinschaft bedarf es einer außergewöhnlichen Liebe und Kraft. Eine solche Gemeinschaft verlangt eine ständige Anstrengung und Bekehrung jedes Einzelnen. Sie ist eine echte Herausforderung für alle Familienmitglieder und lässt sich nur durch den guten Willen aller Beteiligten verwirklichen.

a) Die persönliche Begegnung

Die Bildung einer echten Hausgemeinschaft setzt vor allem eine regelmäßige persönliche Begegnung der Familienmitglieder voraus. Bei den meisten Familien besteht nur am Abend oder am Wochenende die Möglichkeit zu längeren Zusammenkünften. Dann sollte sich jeder bewusst für die Familie Zeit nehmen! Da wird der Fernseher abgeschaltet und die Zeitung beiseite gelegt; da wird bewusst auf Gasthaus und Fitnesscenter verzichtet; es gibt auch keine Computerspiele und keine Lektüre von Krimis und Romanen. Die Familie setzt sich nach dem Abendessen gemütlich zusammen. Es kommt zu gemeinsamen Gesprächen, bei denen jeder von seinen Erlebnissen sowie von seinen Freuden und Sorgen berichtet. Es werden gemeinsame Spiele veranstaltet, die dem Alter der Kinder entsprechen. In manchen Familien wird auch gemeinsam musiziert, gezeichnet und gebastelt. Es werden Pläne geschmiedet, man redet über einen Ausflug und über den Urlaub. Spannend wird es auch, wenn über die Fußballmeisterschaft und über ein Tennismatch diskutiert wird. Bei den Familiengesprächen geht es auch um die Umstellung der Küchenmöbel und des Kinderzimmers, um die Reparatur des Autos und der Waschmaschine. Natürlich wird auch über die „dumme Schule", die „blöden Hausaufgaben" und die „verrückten Schularbeiten" geredet. Manchmal muss auch über die Finanzen gesprochen werden, weil die vielen unvorhergesehenen Extras ein familiäres „Sparpaket" erforderlich machen ... In einer normalen Familie gibt es eigentlich immer Themen, über die man gemeinsam reden kann und reden muss. Freilich gibt es auch Familien, die aus lauter „stummen Fischen" bestehen: keiner macht den Mund auf, jeder brütet vor sich hin, alles ist fad und öde, man findet einander langweilig oder geht sich auf die Nerven. Aber wenn in einer solchen „Stockfisch-Familie" jemand die Themen anspricht, die die einzelnen Familienmitglieder interessieren, kommt plötzlich Leben in die Bude! Der Vater interessiert sich für „Bayern München" und Skifahren, die Mutter für biologisches Gemüse und Aerobic, der Sohn für Roger Federer und den Klettergarten, die Tochter für Brad Pitt und Dynamic Dance. Wenn diese Themen angetippt werden, beginnen die „stummen Fische" plötzlich zu reden und sind oft gar nicht mehr zu stoppen. Und wenn erst einmal das Eis gebrochen ist, kann man auch über andere Themen weiterreden. Und über die diversen Themen kommt man schließlich zum Eigentlichen: nämlich zu den einzelnen Personen der Familie! Durch die verschiedenen Gespräche und Erzählungen erfahren alle in der Familie, wie es den anderen Familienmitgliedern geht. Sie wissen dann um die Freuden und Sorgen und um die Hoffnungen und Ängste der anderen. Auf diese Weise kommen die einzelnen Familienmitglieder einander näher und leben nicht aneinander vorbei. Sie nehmen Anteil am

Leben der anderen, sie freuen sich mit und helfen sich gegenseitig. Sie erleben die anderen als Personen und bilden mit ihnen eine Gemeinschaft von Personen. – Viele Familien haben deshalb eine ganz bestimmte Zeit für ihr Familientreffen reserviert. Gewöhnlich setzen sie sich einmal in der Woche zusammen. Alle freuen sich auf dieses gemeinsame Beisammensein!

b) Das gemeinsame Feiern

Für die Gemeinschaft der Familie ist auch das Feiern von großer Bedeutung. In jeder Familie gibt es immer wieder Anlässe zum Feiern: „Namenstage, Geburtstage, Hochzeitstag, Weihnachten, Advent, Sonntage, das gute Schulzeugnis …" (Madinger, *Welt in der Wende*). Die gemeinsamen Feiern sind zunächst eine Herausforderung für die ganze Familie: Sie mobilisieren die verschiedenen Begabungen und Kräfte in der Familie, die aufeinander abgestimmt werden müssen. Bei der Vorbereitung eines Festes geht es um die Auswahl der Geschenke, um schmackhafte Kochrezepte, um geeignete Spiele, passende Musik, ein prächtiges Plakat, vielleicht sogar um ein paar Verse oder eine kurze Ansprache. In einer christlichen Familie wird auch das geistliche Programm nicht fehlen: ein kurzes Gebet, ein besonderer Dank an Gott, ein religiöses Lied. Weiterhin gilt es, liebe Freunde einzuladen, ein paar Blumen zu besorgen, die Fotokamera und den Videoapparat parat zu halten und die Kleider herzurichten … Alle helfen mit, jeder stellt seine besonderen Begabungen in den Dienst der Familie. Nach den gemeinsamen Vorbereitungen kann dann das Fest in aller Fröhlichkeit und Besinnlichkeit gefeiert werden. Beim gemeinsamen Essen und Trinken, beim gemeinsamen Spielen und Lachen kommen sich alle

Familienmitglieder näher. Die ernsten und heiteren Worte, die Klänge der Musik, die Gespräche mit Verwandten und Freunden – das alles stärkt das Familien- und Gemeinschaftsbewusstsein. Nach dem Fest sollten dann auch alle zusammenhelfen, um alles wieder aufzuräumen. Auch das gemeinsame Geschirrspülen und Aufräumen stärkt das Gemeinschaftsbewusstsein.

c) Gegenseitige Dienstbereitschaft

Neben diesen festlichen Höhepunkten sind es aber vor allem die vielen großen und kleinen Dienste füreinander, die zur Vertiefung des Familienbewusstseins führen. Die Besorgung des Haushalts, die mühevolle Arbeit zur Erhaltung der Familie, die Erziehung der Kinder, die Betreuung der kleineren Geschwister, die Pflege der Alten und Kranken usw. sind auf Dauer nur möglich, wenn jedes Familienmitglied in Liebe an seine Angehörigen denkt. Diese Dienstbereitschaft zeigt sich besonders in kleinen alltäglichen Dingen. Der Vater hat bei der Jacke einen Knopf verloren und bittet die Mutter um das Annähen eines neuen Knopfes. Die Mutter ist mit dem Saubermachen überfordert und ersucht den Vater, dass er mit dem Staubsauger einspringt. Die Tochter liegt mit Fieber im Bett und braucht eine Tablette, der Sohn hat sich beim Fahren mit dem Mountainbike geschrammt und benötigt ein Pflaster. Das Nesthäkchen kommt mit der Mathematikaufgabe nicht zurecht und braucht Hilfe. Der Opa hat kalte Füße und bedarf einer Wärmflasche; die Oma kann nicht mehr die schwere Schachtel aufheben und braucht jemand, der ihr hilft. Nach dem Großeinkauf im Supermarkt müssen alle die Waren in den Keller tragen; nach der Überschwemmung im Badezimmer muss die ganze

Familie beim Aufputzen mithelfen. Diese gegenseitige Hilfe und Dienstbereitschaft wirkt sich sehr positiv auf die Gemeinschaft aus und festigt das Zusammengehörigkeitsgefühl der Familie.

d) Bereitschaft zur Versöhnung

Die Gemeinschaft in der Familie verlangt die ständige Überwindung alles Trennenden. In jeder Familie kommt es immer wieder zu Vorfällen, die die Gemeinschaft infrage stellen: Der eine geht nur seinen eigenen Interessen nach und kümmert sich nicht um die Familie, der andere ist bequem und lässt sich von den anderen bedienen, der Dritte ist eifersüchtig und möchte ständig im Mittelpunkt stehen. Oft kommt es auch zu Vorurteilen und Missverständnissen, gelegentlich rutscht uns ein bissiger Kommentar oder ein böses Wort aus dem Mund! Nicht selten sind es die verschiedenen Schwächen der anderen, die uns auf die Nerven gehen: die ständige Unpünktlichkeit des Mannes, die ewigen Telefonate der Frau, die hoffnungslose Schlampigkeit des Sohnes, die coole Kratzbürstigkeit der Tochter ... All diese Faktoren führen früher oder später zu Konflikten in der Familie! Dann herrscht natürlich dicke Luft und jeder zieht sich in seinen Schmollwinkel zurück. Aber nach einiger Zeit wird uns doch bewusst, dass wir zusammengehören und uns eigentlich gern mögen. Wir gehen auf den anderen zu und bitten ihn um Entschuldigung. Immer wieder müssen wir den ersten Schritt tun und dem anderen signalisieren, dass wir zur Versöhnung bereit sind. Wir sollen uns aber auch fragen, wo wir für die anderen ein Anlass zum Konflikt sind. Und in der Folge müssen wir uns um mehr Altruismus und Hilfsbereitschaft und um mehr Selbstbeherrschung und Geduld bemühen. Wir müssen alles daran setzen, unsere Schwächen und Untugenden zu überwinden. Auf diese Weise ist also auch die Bereitschaft zur Versöhnung und zur eigenen Umkehr eine ganz wesentliche Voraussetzung für die Gemeinschaft der Familie.

e) Der Geist der Liebe

Das tiefste Fundament der Gemeinschaft ist der Geist der Liebe, der von Gott kommt. Alle Mitglieder der Hausgemeinschaft sind dazu aufgerufen, einander so zu lieben, wie Christus selbst die Menschen geliebt hat. Das ist freilich nicht jene menschliche Liebe, die oft so schnell am Ende ist. Der Geist der Liebe bemüht sich, die menschliche Begrenztheit zu überwinden, und orientiert sich an der unendlichen Liebe Gottes. Der hl. Paulus beschreibt diese Liebe mit einmaligen Worten: „Die Liebe ist langmütig, die Liebe ist gütig. Sie ereifert sich nicht, sie prahlt nicht, sie bläht sich nicht auf. Sie handelt nicht ungehörig, sucht nicht ihren Vorteil, lässt sich nicht zum Zorn reizen, trägt das Böse nicht nach. Sie freut sich nicht über das Unrecht, sondern freut sich an der Wahrheit. Sie erträgt alles, glaubt alles, hofft alles, hält allem stand. Die Liebe hört niemals auf" (1 Kor 13,4–8). Eine solche Liebe schützt die Familie vor allen Gefahren der Uneinigkeit: statt Egoismus herrscht dann Altruismus, statt Individualismus Gemeinschaft, statt Streit und Zank herrschen Friede und Eintracht. Die christliche Liebe verliert auch nach Enttäuschungen nicht das Vertrauen in den anderen und gibt nie die Hoffnung auf, dass der andere sich bessert. Sie ist auch bereit, manche Schwächen des anderen zu ertragen, um ihm eine Chance zu geben.

f) Die Quelle des Gebets

Diese Liebe im Geist Christi ist aus rein menschlicher Kraft unmöglich. Sie setzt vielmehr das Gebet voraus, durch das Gott der Familie seinen Geist und seine Liebe schenken kann. Im Gebet kommt es zu einer tiefen Gemeinschaft zwischen Gott und der Familie, die sich dann auch auf die Gemeinschaft der Familienmitglieder auswirkt. Das Gebet führt dazu, dass sich die Familienmitglieder stärker darum bemühen, nach dem Willen Gottes zu leben. Sie spüren in ihrem Inneren, dass sie ihre Angehörigen im Sinne Gottes lieben sollen. Im Gebet erhalten sie die Kraft, manche Schwierigkeiten in der Familie zu überwinden. Weiterhin ist das gemeinsame Gebet für die Familie auch eine Gewissenserforschung: Die einzelnen Familienmitglieder merken in ihrem Gewissen, ob ihr Verhalten in der Familie den Geboten Gottes entspricht oder nicht. Jeder Einzelne muss sich in seinem Gewissen die Frage stellen, ob er vielleicht jemanden gekränkt hat und ihn um Verzeihung bitten muss. Auf diese Weise ist das gemeinsame Gebet auch eine Orientierungshilfe und eine Reinigung für die Familie. Das Gebet lässt die Familienmitglieder spüren, ob sie vor Gott auf dem richtigen Weg sind oder wo eine Umkehr nötig ist.

Das Gebet ist für die Familie die Möglichkeit, sich mit allen Sorgen und Nöten an Gott zu wenden. Die Familie kann Gott im Gebet ihre verschiedenen Bitten vortragen: Sie betet um einen neuen Arbeitsplatz für den Vater, um die baldige Genesung der Mutter, um eine gute Note für den Sohn, um eine glückliche Heimkehr der Tochter, um das gute Gelingen einer Operation, um den vorteilhaften Verkauf eines Hauses. Die Familie soll nicht vergessen, dem himmlischen Vater ihren Dank abzustatten: Sie soll sich stets an die verschiedenen Erhörungen erinnern, die ihr von Gott zuteil geworden sind und ihm für seine väterliche Liebe und Hilfe danken. Das gemeinsame Gebet der Familie soll schließlich auch ein Lobpreis Gottes sein: Mit eigenen Worten soll die Familie Gott loben und preisen. Am besten und einfachsten geht es oft mit einem Lied.

Wir alle wissen, wie schwierig es heute ist, das gemeinsame Gebet in der Familie zu verwirklichen. Aber ohne dieses Gebet geht es nicht, weil uns sonst einfach der geistige Atem fehlt. Wenn uns unsere Familie wirklich etwas bedeutet, werden wir uns zum gemeinsamen Gebet durchringen. Wenn wir unsere gefährdete Familie retten wollen, werden wir zum Gebet unsere Zuflucht nehmen.

Wie wichtig wäre es für junge Ehepaare, sich gleich zu Beginn ihrer Ehe zum gemeinsamen Gebet zu entschließen. Auf diese Weise würde das Familiengebet von Anfang an zu einem festen Bestandteil ihrer Ehe. Sie können mit ganz einfachen Gebeten beginnen, etwa mit einem „Vaterunser" und „Gegrüßt seist du, Maria" sowie mit einem Tischgebet. Sie sollen auch versuchen, für ganz konkrete Dinge zu bitten und zu danken. Mit der Zeit wird es ihnen gelingen, immer tiefer in den Geist des Gebets einzudringen. Ihre Gebete werden immer lebendiger und persönlicher. Allmählich entwickelt sich das Gebet zu einer inneren Haltung, die ihr ganzes Leben und ihre Ehe prägt. Diese Eltern werden dann auch imstande sein, mit ihren Kindern zu beten. Sie werden mit dem nötigen Gespür die richtigen Gebete für ihre Kinder aussuchen.

Wesentlich schwieriger ist es, das gemeinsame Gebet in einer Familie einzuführen, die seit Jahren nicht mehr betet. Entweder ist der Mann dagegen oder es sind die Kinder, die meckern. „Schon wieder beten!", heißt es dann.

Wer kennt nicht den Missmut, die langen Gesichter, die bissigen Kommentare! Da ist es dann verzweifelt schwer, ein solches Anliegen zu verwirklichen. Versuchen wir zuerst noch zu kämpfen, verzweifeln wir vielleicht auf Dauer und resignieren. Es hat doch keinen Sinn, es ist eh umsonst! Auch in solchen Fällen dürfen wir nicht aufgeben. Es genügt am Anfang, wenn wir allein beten und unser stilles und beharrliches Gebet Gott aufopfern. Gott hört unsere verborgenen Seufzer und sieht auch unsere heimlichen Tränen. Durch unser schmerzliches Gebet dringt der Geist Gottes allmählich in unsere Familie ein. Unser einsames Gebet prägt bereits das geistliche Klima in unserer Familie. Und früher oder später kommt die Zeit, da wir nicht mehr allein beten werden. Haben wir Mut und Zuversicht! Gott ist mit uns und mit unserer Familie und will auch in unserer Familie wirken.

3. Die Schule für das Leben

Die zweite Aufgabe der Familie besteht in ihrem Dienst am Leben. Die Eheleute haben die Pflicht, in großherziger Weise neuen Menschen das Leben zu schenken. Sie müssen dafür sorgen, dass die nötigen materiellen, sozialen und gesundheitlichen Voraussetzungen für die neuen Erdenbürger gegeben sind. Sie haben die Aufgabe, für die menschliche, kulturelle, soziale und religiöse Entfaltung ihrer Söhne und Töchter Sorge zu tragen.

Wir wollen uns nun fragen, welche Schwerpunkte und Grundsätze eine christliche Erziehung aufweisen muss, damit sie dem jungen Menschen helfen kann, das Leben richtig zu gestalten und zu meistern.

a) Das Beispiel der Eltern

Die christliche Erziehung beginnt mit dem christlichen Beispiel der Eltern. Das Vorbild der Eltern ist die unmittelbarste und überzeugendste Art, den Kindern eine christliche Lebenseinstellung zu vermitteln. Diese gelebte „Botschaft" prägt das Kleinkind schon lange, bevor es den Gebrauch der Vernunft erlangt: Das Beispiel der Eltern ist in diesem Alter die unbewusste Orientierung, ja das unbewusste Ideal des Kindes. Auch in späteren Jahren ist das Beispiel der Eltern entscheidend. Die junge Generation muss erleben, dass sich die christlichen Haltungen bei der älteren Generation bewähren: sie muss erfahren, dass Liebe, Treue, Wahrhaftigkeit, Gerechtigkeit und Vergebung tragende Säulen eines harmonischen Zusammenlebens sind. Das glückliche und gelungene Leben der Eltern ist der beste Beweis für die Gültigkeit ihrer christlichen Grundsätze.

b) Liebe und Geborgenheit

Die christliche Erziehung baut auf Liebe und Geborgenheit auf. Das Kind kann nur dann in seelischer Gesundheit heranwachsen, wenn es sich angenommen und geliebt weiß. Dabei kommt vor allem „der frühkindlichen Mutter-Kind-Beziehung schicksalhafte Bedeutung" zu (Hörmann, *Lexikon der christlichen Moral*). Aber auch das größere Kind gedeiht nur „im Schoß warmer mütterlicher und väterlicher Güte" (Madinger, *Lebenskunde*). Nur im warmen Nest der Familie lernt das Kind „das Urvertrauen, Vertrauen auf Autorität, Vertrauen in den Sinn des Lebens, Vertrauen in die Gemeinschaft und Fähigkeit zur Liebe" (Madinger, *Welt in der Wende*). Jede Erziehung braucht daher ein ganz persönliches Vertrauensverhältnis zwischen Eltern und Kindern. Ein solches Verhältnis kann aber nur zustande kommen, wenn die Eltern ganz persönlich und Tag für Tag am Leben ihrer Kinder teilnehmen. Nur wenn sie wissen und fühlen, wie es ihren Kindern geht, können sie ihnen beistehen und sie erziehen. Nur wenn die Jugendlichen spüren, dass sie für sie Zeit und Verständnis haben, werden sie den Eltern ihre Freuden und Nöte mitteilen. Dann werden sie von ihnen auch einmal ein „Nein!" akzeptieren: Sie wissen, dass die Eltern in jedem Fall nur ihr Bestes wollen. Auf diese Weise ist also die Liebe der Eltern die Grundvoraussetzung für das gute Verhältnis zu ihren Kindern. Sie ist die Grundvoraussetzung für die Kinder, um zum Leben und seinen Spielregeln ein frohes „Ja" sagen zu können.

c) Grenze und Korrektur

Die Eltern müssen dem Kind und dem Jugendlichen auch klare und eindeutige Grenzen setzen. Betrifft es beim Kleinkind das Spielen und das Schlafengehen, die Zündhölzer und das scharfe Messer, geht es beim Jugendlichen um das Fernsehen, die Schulaufgaben, das Rauchen und die Disko etc. Die vernünftig gesetzten Grenzen bewahren den jungen Menschen vor vielen Schäden und Enttäuschungen und entwickeln in ihm das Empfinden für Gut und Böse. Die Eltern müssen auch ständig als Hüter dieser Grenzen auftreten und die Kraft zum Widerstand aufbringen. Die Kinder werden immer wieder ausprobieren, wie weit sie gehen können. Sie werden die Schwächen der Eltern ausnützen und versuchen, sie gegeneinander auszuspielen. Sie holen nicht zum großen K.o.-Schlag aus, ihre Taktik sind vielmehr die psychologischen „Punktsiege". Die Eltern müssen deshalb viel Wachsamkeit, Beharrlichkeit und Einigkeit aufbringen.

Jede Erziehung muss immer auch mit der nötigen Ermahnung und Korrektur der Jugendlichen verbunden sein. Christliche Eltern sind verpflichtet, in kluger Weise die Fehler ihrer Kinder ernstlich zu bessern. Wenn die Unreife des Kindes es verlangt, dürfen sie auch vor Strafmaßnahmen nicht zurückschrecken, müssen sich dabei freilich auch vor unnötiger Härte hüten. Weichliche „permissive (zu viel erlaubende) Erziehung ist ebenso abzulehnen wie ein starr autoritärer Erziehungsstil" (Hörmann, *Lexikon der christlichen Moral*). Nach Möglichkeit müssen die Eltern auch alles vermeiden, was ihren Kindern „seelisch schaden kann: schlechte Gesellschaft, schlechte Lektüre, Gefahren in Schulen, an Arbeits- und Vergnügungsstätten" (Hörmann, ebd.). Nur wenn die Eltern ständig mit Behutsamkeit und Festigkeit eingreifen, hat der junge Mensch eine Chance, ohne allzu große Schäden aufzuwachsen.

d) Forderung und Pflicht

Zu einer christlichen Erziehung gehört auch wesentlich die Forderung. Die zukünftige Lebenstüchtigkeit eines Menschen hängt weitgehend von den Forderungen ab, die in der Jugendzeit an ihn gestellt wurden. Das Rüstzeug für den zukünftigen Lebenskampf wird durch gesunde Forderungen vermittelt. Das Kind soll schon in den ersten Schuljahren erfahren, dass es der Anstrengung bedarf, um gewisse Ziele zu erreichen. Es soll auch begreifen, dass viele Dinge im Leben nur durch Einsatz erworben und verdient werden können. Deshalb sollen die Eltern den Kindern bestimmte Ziele setzen und sie zur Erfüllung ihrer kleinen Pflichten anhalten. Die Gestaltung der Spiele soll auch gewisse denkerische oder körperliche Anstrengungen vorsehen. Die Schulaufgaben müssen gewissenhaft und ordentlich gemacht werden. Es gibt nicht jederzeit etwas zum Essen und Trinken. Für das Taschengeld werden kleine Hilfen im Haus verlangt ... Solche angemessenen Forderungen fördern die Entwicklung und Lebenstüchtigkeit unserer Kinder. Jedes Verhätscheln aber schadet ihnen und uns.

e) Die Charakterbildung

Entscheidend für eine gute christliche Erziehung ist die Charakterbildung. Das Ziel dieser Bildung ist der grundsatztreue und gefestigte Mensch. Die Charakterbildung muss sich darum bemühen, dem jungen Menschen bestimmte Haltungen zu vermitteln. Der junge Mensch muss lernen, unter allen Umständen wahrhaftig und treu, verlässlich und pflichtbewusst zu sein. Er muss sich darum bemühen, ehrfürchtig, bescheiden und mäßig zu sein. Nur die feste innere Haltung lässt ihn später die großen Prüfungen des Lebens bestehen. Nur der charaktervolle Mensch kann im Kampf mit sich selbst siegreich sein. Ohne einen geläuterten Charakter wird der Mensch nicht lernen, seine Launen und Stimmungen zu beherrschen, ohne eine feste innere Haltung wird er zum Spielball seiner Triebe und Leidenschaften: Die reißenden Wogen der verschiedenen Versuchungen tragen ihn fort, die unsichtbaren Strudel seiner finsteren Leidenschaften ziehen ihn in die Tiefe.

f) Die Herzensbildung

Ein zentrales Anliegen der christlichen Erziehung ist die Herzensbildung, deren Ziel der liebende Mensch ist. Dazu bedarf es großer und langwieriger Anstrengungen. Der junge Mensch muss nämlich erst lernen, was es heißt, zu lieben. Seine Liebe muss erst langsam wachsen. Wirkliche Liebe bedeutet, auf den Mitmenschen einzugehen und ihm zur Verfügung zu stehen. Wahre Liebe heißt, den anderen in seinem Wesen anzuerkennen und ihn zu fördern. Echte Liebe zeigt sich darin, die Sorgen des Nächsten wahrzunehmen und ihm zu helfen, seine Lasten zu tragen. Liebe erfordert Taktgefühl und feinen Anstand; sie weiß die richtigen Worte zu wählen und kann auch schweigen. Liebe zeichnet sich durch besondere Rücksicht und Geduld aus; sie fühlt sich zu Anerkennung und Dankbarkeit verpflichtet. Liebe äußert sich im Einsatz für die Armen und Alten, für die Behinderten und Betrübten. Liebe, das ist rastloser Dienst an allen Menschen, die uns begegnen. Wir können uns leicht vorstellen, wie weit für einen jungen Menschen der Weg bis zum wahrhaft liebenden Menschen ist. Wie viel Egoismus, Gemeinheit und Gleichgültigkeit muss er erst überwinden! Wie viel Gewalt, Brutalität und Grobheit müssen erst gebändigt sein! Überall gibt es Ecken und Kanten. Überall muss man hobeln und feilen. Auf diese Weise ist die Herzensbildung der jungen Leute eine jahrelange erzieherische Schwerarbeit!

g) Die Gewissensbildung

Von entscheidender Wichtigkeit ist auch die Gewissensbildung. Die Eltern müssen ihre Kinder von klein auf zur Beobachtung des Gewissens anleiten. Die Kinder sollen möglichst früh die „innere Stimme" des Gewissens entdecken. Daher werden der Vater und die Mutter ihre Kinder immer wieder fragen, ob ihr Verhalten vor Gott in Ordnung war. So etwa, wenn ein Kind gelogen hat oder frech war, aber ebenso wenn es sich brav verhalten hat und flei-

ßig war. Eine kleine Gewissenserforschung am Abend vor dem Einschlafen erweist sich als besonders wertvoll.
Mit zunehmendem Alter erfordert die Gewissensbildung auch eine entsprechende Begründung der christlichen Gebote. Die Eltern müssen den Kindern klare Richtlinien mitgeben. Die Jugendlichen wollen und sollen wissen, warum sie am Sonntag in die Messe gehen sollen, warum gewisse Filme abzulehnen sind, warum eine Disko auch gefährlich sein kann. Die Burschen und Mädchen sollen erfahren, warum Liebe und Freundschaft an bestimmte moralische Grundsätze gebunden ist, warum die Wahrhaftigkeit auch in schwierigen Augenblicken Gültigkeit hat, warum Alkohol und Nikotin zu meiden sind. Nur wenn die Eltern den jungen Leuten klare und begründete Richtlinien mitgeben, bildet sich das Gewissen der jungen Menschen richtig aus.

h) Gebet und Heilige Schrift

Die christliche Erziehung hat die Aufgabe, die jungen Menschen zur religiösen Praxis anzuleiten. Dazu gehört zunächst die Einführung in das Gebet. Den ersten Zugang zum Gebetsleben bilden die Kindergebete, die meistens ein Gebetsschatz und eine „eiserne Reserve" für das ganze Leben bleiben. Später ist es das gemeinsame Familiengebet, das die Kinder und Jugendlichen daran gewöhnt, regelmäßig mit Gott in Verbindung zu treten. Die Kinder und Jugendlichen sollen lernen, am Morgen und am Abend ihr Herz zu Gott zu erheben und auch bei Tisch zu Gott zu beten. Das gemeinsame Gebet lehrt die Kinder und Jugendlichen, in verschiedenen Anliegen Gott zu bitten und ihm für alles Gute zu danken. Das Gebet in der Familie ist für sie eine Schule für den Lobpreis Got-

tes. Neben dem Gebet zu Gott sollen die Jugendlichen in der Familie auch die Gebete zu Maria, zu den Engeln und Heiligen lernen. Dabei sollte der Rosenkranz einen besonderen Ehrenplatz einnehmen. Aber auch die Gebete zu den Engeln und Heiligen als Beschützer und Fürbitter sind von großer Wichtigkeit.
Zur Einführung in die religiöse Praxis gehört dann auch das Lesen und Erklären der Heiligen Schrift. Für die kleineren Kinder eignet sich eine gut bebilderte Kinderbibel, die es heute in den verschiedensten Ausgaben in jeder Buchhandlung zu kaufen gibt. Jugendliche und Erwachsene beginnen am besten mit dem Neuen Testament oder einer „Auswahlbibel", in der die wichtigsten „biblischen Geschichten" enthalten sind. (Die Praxis zeigt, dass die „Vollbibel" zwar weit verbreitet ist, aber kaum gelesen wird.) Mindestens an einem Abend in der Woche sollte in der Familie eine „biblische Geschichte" aus dem Alten oder Neuen Testament vorgelesen werden. Vor allem die kleinen Kinder sind sehr interessiert an diesen „biblischen Geschichten"! Sie stellen viele Fragen und merken sich die Namen und Ereignisse mit großer Leichtigkeit! Mit den größeren Kindern kann man auch über die Schriftstellen der Sonntagsmesse sprechen. Eine solche Beschäftigung mit der Heiligen Schrift ist oft nicht einfach. Aber es ist die einzige Möglichkeit, den heranwachsenden Kindern eine gewisse Vertrautheit im Umgang mit der Bibel zu vermitteln. Nur so können wir verhindern, dass unsere Kinder „Analphabeten des Evangeliums" bleiben.

i) Die Sakramente

Die religiöse Erziehung muss sich ebenso darum bemühen, den Kindern eine tiefe innere Beziehung zu den Sa-

kramenten zu vermitteln. Christliche Eltern werden ihre Kinder regelmäßig zur heiligen Messe mitnehmen und ihnen allmählich das Geschehen am Altar erklären. Die Kinder müssen nach und nach in die Bedeutung der einzelnen heiligen Handlungen eingeführt und angeleitet werden, die Gebete während der heiligen Messe mitzusprechen. Gleichzeitig soll bei der Messe auch die Erlebnisfähigkeit der Kinder angesprochen werden: Es gilt, ihren Sinn für die feierlichen Ausdrucksformen der liturgischen Feier zu wecken. Sie sollen empfänglich werden für die Symbolik der liturgischen Gaben und Geräte und auch die Schönheit der Gewänder, der Lieder und der Musik wahrnehmen. Die Kinder sollen schließlich auch begreifen, dass die Eucharistie eine Feier der Gemeinschaft ist. Auf diese Weise lernen sie, mit der ganzen Gemeinde mitzubeten, mitzusingen und mitzufeiern.
In einer christlichen Familie wird die Erstkommunion und die Firmung feierlich begangen. Die Eltern tragen die Vorbereitung für den Empfang der Erstkommunion und der Firmung mit und begleiten die jungen Menschen mit ihrem Gebet. Sie weisen die Buben und Mädchen auf das Geschenk und auf die Verpflichtung dieser Sakramente hin. Sie erinnern sie aber auch an den regelmäßigen Empfang des Bußsakraments, das für die Erlösung des Menschen von größter Wichtigkeit ist. Durch diese Einführung in die verschiedenen Sakramente werden diese für die Kinder und Jugendlichen zu echten Heilsmitteln Gottes, die ihnen die Gegenwart und die Kraft Gottes vermitteln.

j) Die Kontinuität

Die Eltern müssen sich schließlich um die Kontinuität der religiösen Erziehung bemühen. Sie dürfen nicht meinen, dass nach der Firmung die religiöse Erziehung abgeschlossen und dass nun der junge Mensch allein für seine religiöse Praxis verantwortlich sei. Die Eltern haben die Pflicht, auch den heranwachsenden Jugendlichen an seine religiösen Pflichten zu erinnern. Die Eltern können und sollen den Jugendlichen nicht an die Leine nehmen, aber sie dürfen auch nicht kampflos aufgeben und sich mit dem „Selbstbestimmungsrecht" des Jugendlichen rechtfertigen. Der Jugendliche braucht oft einen sanften Druck, um zu merken, dass er gewisse religiöse Verpflichtungen hat. In der Zeit der Pubertät ist der junge Mensch oft recht labil und braucht daher eine gewisse Unterstützung für seinen Willen. Die religiöse Praxis erfordert im Allgemeinen eine Einübung und Gewöhnung, die die ganze Jugendzeit andauert. Die religiöse Erziehung muss daher mindestens bis zum Ende der Pubertät weitergehen. Erst wenn der Jugendliche auch in religiöser Hinsicht die Pubertät gut überstanden hat, ist sein Glauben einigermaßen gefestigt. Dann wird die Religion für ihn ein sicheres Fundament für sein zukünftiges Leben.

k) Der selbstständige Mensch

Das Ziel jeder Erziehung ist schließlich der selbstständige Mensch. Der junge Mensch soll lernen, auf eigenen Beinen zu stehen und sein Leben in Freiheit und Verantwortung zu meistern. Daher ist die Erziehung der Eltern „eine abnehmende Größe, die das Kind in einen immer größer werdenden Raum der Freiheit und Eigenverantwortung entlässt, den es seiner Entwicklung gemäß zu bewältigen vermag und wo es in Erfolg und Versagen Erfahrungen sammeln kann. Dazu gehören vonseiten der Eltern Mut zu einem wohlüberlegten Risiko. Das Ziel der Erziehung ist ja der selbstständige Mensch, der fähig ist, in eigener Verantwortung aus einem wohlgebildeten Gewissen heraus das Gute zu erkennen und zu tun" (K. Hörmann).

4. Die Zelle der Gesellschaft

Die Familie trägt maßgeblich zur Entwicklung der Gesellschaft bei. In ihr entfaltet sich jene tiefe Menschlichkeit, die dann auch die ganze Gesellschaft prägt. Die Familie ist die hohe Schule der Liebe, die ununterbrochen für die menschliche Erneuerung der gesamten Gesellschaft sorgt. Ohne die hohe Schule von vielen Millionen Familien wäre unsere Gesellschaft auf die Dauer nicht lebensfähig. Ohne diese Menschlichkeit der Familie würden verschiedene Auswüchse der modernen Gesellschaft nie korrigiert und ausgeglichen werden.

a) Die Rettung der Person

Die Familie trägt entscheidend dazu bei, dass in unserer Gesellschaft der Mensch als Person erhalten bleibt. Die gewaltige Maschinerie der modernen Technik und Verwaltung hätte uns schon längst in mechanische Teilchen und verwaltete Nummern verwandelt, wenn uns nicht die persönliche Liebe unseres Ehegatten und unserer Angehörigen davor bewahrt hätte. Der Programmierer vor dem Computer, der Arbeiter am Fließband, die Näherin in der Fabrik, der Beamte am Bankschalter, die Kassiererin im Supermarkt ähnelten sonst durch ihre Arbeit bald Computern und Automaten; der Tankwart an der Autobahnraststätte, der Pizzaiolo in der Pizzeria, der Kumpel im Bergwerk, der Straßenarbeiter mit dem Presslufthammer, der Lenker des Lastwagens, sie alle würden durch ihre Tätigkeit zu unpersönlichen Maschinen. Für diese Arbeiter und Arbeiterinnen ist die Familie oft die einzige Stätte, an der sie wieder zu Menschen werden. Durch die persönliche Beziehung im Familienkreis wird der entfremdete Mensch wieder eine Person. In der Familie zählt nicht die Leistung und das Tempo, sondern das Menschsein. Da ist der Einzelne nicht mehr das kleine Rädchen des großen Betriebs, sondern eine Person mit menschlicher Würde. Ehe und Familie verhindern „die Entartung der Gesellschaft zum geistlosen Kollektiv" (Häring, *Soziologie der Familie,* S.111). Durch die Ehe und Familie kommt es zu einer ständigen „Entmassung" (Schelsky, *Familie und Gesellschaft,* S. 26) der Gesellschaft und zur Rettung der Person.

b) Die Erneuerung der Herzen

Die Liebe in der Familie gibt uns die Kraft, auch im öffentlichen Leben Menschen mit Herz und Gefühl zu sein. Der harte Lebenskampf, die erbarmungslose Konkurrenz, die gnadenlose Hetze, der ständige Stress würden alle zarteren Regungen unseres Herzens abwürgen, wenn uns nicht die Familie immer wieder zur Liebe zurückriefe. Ohne diese Liebe der Familie wäre unser Inneres schon längst hoffnungslos verhärtet und versteinert. Die Liebe zu unseren Angehörigen lehrt uns, die Menschen mit herzlichen Augen zu sehen. In der Familie sehen wir, dass der andere verstimmt oder niedergedrückt ist. Wir hören ihm zu, wenn er uns sein Leid klagt. Wir bringen ihm eine Tablette, wenn er Kopfweh hat … Diese Übung in der Familie wirkt sich auch im öffentlichen Leben aus: Wir stützen eine alte Frau und begleiten einen Blinden über die Straße, wir haben mehr Geduld im Verkehr und zeigen Verständnis für die gehetzte Verkäuferin. Wir trösten eine Mitarbeiterin im Büro und entschuldigen uns, wenn wir einem Fahrgast in der Straßenbahn auf die Hühneraugen treten. Die Familie erhält unser Herz jung und lässt uns die anderen als Menschen behandeln.

c) Der Einsatz für die Gemeinschaft

Die Familie erzieht den Menschen dazu, sich für die Gemeinschaft einzusetzen. Unsere Gesellschaft bestünde wohl zum größten Teil aus Individualisten, Egoisten und Vereinsamten, wenn uns nicht die Familie immer wieder in die Gemeinschaft zurückholte. In der Familie lernt der Mensch immer wieder neu, sich für die Belange der Gemeinschaft einzusetzen. Ein solcher Mensch kümmert sich dann auch in der Gesellschaft um das Gemeinwohl: Er meldet sich als Kandidat für den Betriebsrat, er wird Mitglied der Freiwilligen Feuerwehr, er arbeitet als ehrenamtlicher Funktionär beim Skiklub und ist freiwilliger Helfer beim Roten Kreuz. Ein solcher Mensch wird sich auch für die Wohngemeinschaft im Haus einsetzen: Er ist gerne bereit, dem Nachbarn eine kaputte Lampe zu reparieren; er leiht der Familie nebenan ein Stück Margarine und ein Kilo Mehl; er versorgt das kranke Mütterchen und ruft den Arzt; er besorgt das Hundefutter für Nachbars Dackel; er betreut den Kanarienvogel und gießt die Blumen, während Maiers verreist sind.

d) Die Vermittlung der Moral

Die Familie ist die sittliche Schule der Gesellschaft. Sie vermittelt den Menschen die moralischen Grundsätze und Werte, die dann auch die Moral der Gesellschaft bestimmen. Angesichts des riesigen moralischen Verfalls unserer Gesellschaft kommt heute der Familie eine enorme Aufgabe zu: Im Schoß der Familie muss es zur Wiederentdeckung der tragenden Grundsätze und Werte kommen, die zur moralischen Erneuerung der Gesellschaft unbedingt erforderlich sind. Zu diesen Grundsätzen und Werten gehören die Achtung vor dem Leben, die Wertschätzung der Ehe, die Ehrlichkeit bei der Arbeit, die Schonung des gemeinsamen Eigentums. Dazu gehören weiterhin die Verteidigung der Wahrheit und der Freiheit sowie die Integrität der Kultur.

Alle diese moralischen Werte können heute fast nur noch von der Familie vermittelt werden. Die Familie ist heute fast das einzige Gegengewicht zum Zeitgeist und zu der öffentlichen Meinung, die alle diese Werte radikal infrage stellen. Nur durch die eindeutige moralische Haltung von vielen christlichen Familien haben wir heute im Kampf gegen die Abtreibung und Euthanasie, die Scheidung und Wiederverheiratung, die Korruption in der Wirtschaft, die Ausnützung der sozialen Einrichtungen, die Manipulation der Medien und die Verseuchung der Kultur eine Chance. Die Familien müssen den jungen Leuten ein so klares christliches Wertebewusstsein mitgeben, dass sie der perversen Unmoral unserer Zeit widerstehen können.

e) Die Grundlegung der Kultur

Die Familie ist auch die Keimzelle der Kultur unserer Gesellschaft. In der Familie werden jene Lebensformen gepflegt, die später weitgehend die gesellschaftlichen Lebensformen bestimmen. So werden Ess- und Trinkkultur, Kleidungs- und Wohnkultur sowie Sprach- und Geisteskultur einer Gesellschaft zunächst im Bereich der Familie gepflegt und vermittelt. Die meisten der gesellschaftlichen Umgangsformen wie Benehmen, Anstand und Höflichkeit lernen wir in der Familie. Hier wird auch der Grund für viele kulturelle Interessen gelegt: Da wird musiziert und gespielt, gezeichnet und gemalt, gelesen und geschrieben, gehandarbeitet und gebastelt, erklärt und diskutiert ... Die Familienkultur ist der Nährboden der Gesellschaftskultur. Wir erleben heute immer wieder, dass die öffentliche Kultur ohne die Kultur in der Familie kaum etwas erreicht. Ohne Familienkultur bleibt das kulturelle Bemühen vonseiten der Schule und der Vereine meistens an der Oberfläche. Der Mensch erhält dann wohl einen Anstrich von Kultur, Bildung und Benehmen, aber seine tieferen Schichten sind davon kaum berührt. Er isst dann die feinsten Speisen, hat aber keine Tischmanieren. Er kleidet sich nach der neuesten Mode, bewegt sich aber wie ein Trampeltier. Er besucht das Theater, spricht aber eine vulgäre Umgangssprache. Er wohnt in einem Haus mit Stilmöbeln, hat aber überall eine chaotische Unordnung. Er besitzt die *Gesammelten Werke* der Weltliteratur, nimmt aber nie ein Buch zur Hand. Er ist Direktor und Hofrat, hat aber keine Umgangsformen. Er verfügt über ein großes Wissen, hat aber keine Herzensbildung ... Ohne eine entsprechende Grundlegung der Kultur in der Familie ist es kaum möglich, die Kultur in der Gesellschaft zu heben. Ohne eine Erneuerung der Kultur in der Familie riskieren wir, in die Barbarei zurückzufallen.

f) Die Heilung des Menschen

In der Familie kommt es auch zur Heilung des Menschen. Die Familie gleicht oft einem großen Spital, in dem die seelischen Krankheiten der Gesellschaft kuriert werden. Die moderne Gesellschaft fügt dem Einzelnen ständig innere Verwundungen zu. Schauen wir uns dazu eine ganz normale Familie an: Der Mann arbeitet schon seit siebzehn Jahren im Büro bei den E-Werken, und doch hat man einen viel jüngeren Kollegen zum Abteilungsleiter ernannt. Die Frau hat das Bügeleisen in Reparatur gegeben und nun ärgert sie sich, weil der Elektriker so viel für die Reparatur verlangt. Sohn Martin kommt frustriert nach Hause, weil ihn der Lehrer vor der ganzen Klasse einen „Obertrottel" geheißen hat. Die kleine Agnes klagt weinend, dass ihr Lena im Kindergarten das Pausenbrot mit der guten Salami weggenommen hat … So ähnlich ergeht es auch uns. Jeder von uns wird in der Gesellschaft gekränkt und verwundet. Für uns alle ist dann die Familie oft die einzige Rettung. Unsere Angehörigen hören uns an und versuchen dann mit vereinten Kräften, unser angeschlagenes Gleichgewicht wiederherzustellen. So geschieht es auch in der ganz normalen Familie von oben: Die Frau versucht, die Lebensgeister ihres Mannes wieder in Schwung zu bringen und brät ihm ein gutes Schnitzel. Der Mann zieht ein verstecktes Kuvert aus der Schublade, um die gesalzene Rechnung zu bezahlen. Die Mutter tröstet ihren Martin und geht am nächsten Tag in die Schule, um mit dem Lehrer zu reden. Der Vater ruft die Kindergartentante an und bittet sie, in Zukunft mehr auf die Pausenbrote mit Salami zu achten … So wird jeder aufgerichtet und gestärkt. Die Seele wird verbunden und das Herz verpflastert. Bald ist jeder wieder seelisch gesund und kann erneut in die Gesellschaft entlassen werden. Durch die Familie bleibt die ganze Gesellschaft gesund.

g) Die staatsbürgerliche Erziehung

Die Familie vermittelt den jungen Menschen ebenso die staatsbürgerlichen Grundhaltungen. Es ist eine altbekannte Tatsache, dass die Familie der Staat im Kleinen ist. In einer intakten Familie begreift der junge Mensch auf ganz natürliche Weise, dass es in einer Gemeinschaft bestimmte Spielregeln geben muss. In der Familie erfährt der heranwachsende Mensch die Bedeutung der Ordnung und Autorität, des Gemeinwohls und der Solidarität, der Moral und der Normen, der Achtung und der Toleranz. Auf diese Weise begreift er auch die Notwendigkeit der staatlichen Ordnung, der nationalen Solidarität, der öffentlichen Moral und der politischen Toleranz. In der Familie lernt der junge Mensch, dass jeder seinen Beitrag für das Allgemeinwohl leisten muss. Er wird dann später auch seinen Beitrag für das staatliche Allgemeinwohl leisten. Im Kreis der Familie begreift er, dass er sich mit den diversen Angelegenheiten der Gemeinschaft auseinandersetzen muss. Er wird sich dann später auch mit der politischen Entwicklung in seinem Land auseinandersetzen: Er wird sich fragen, ob die Entscheidungen der Politiker richtig oder falsch sind und ob ihre Programme zielführend sind oder nicht. Ein solcher Bürger fühlt sich persönlich für den Staat verantwortlich.

Ganz anders ist die staatsbürgerliche Einstellung eines Menschen, dem die Familie diese Grundhaltungen nicht vermittelt. Für diesen Menschen gelten keine Gesetze und keine Ordnung. Für ihn gibt es auch keine Autorität und keine Verpflichtung. Er hat keinen Sinn für das Allgemeinwohl und drückt sich vor jeder Verantwortung. Er sieht im Staat nur ein Sozialleistungsunternehmen, das es auszunützen gilt. Er kennt auch keine Achtung und Toleranz gegenüber den Vertretern anderer Ideologien und Parteien. Auf diese Weise zeigt sich, dass die Familie in entscheidender Weise das staatsbürgerliche Verhalten der

Menschen prägt. Auch die parteipolitische Einstellung wird meistens in der Familie grundgelegt. Ein Großteil der Menschen übernimmt die politische Einstellung des Elternhauses.

h) Der soziale Einsatz der Familie

Die Familie ist die wichtigste soziale Institution der Gesellschaft. Sie übernimmt in der heutigen Gesellschaft eine Vielfalt sozialer Aufgaben. Die Familie interessiert sich für den Kindergarten und die Schule, die ihre Kinder besuchen: Sie engagiert sich im Kindergarten und gestaltet das Leben in der Schule mit. Die Familie nimmt auch fremde Kinder auf und adoptiert sie als ihre eigenen Söhne und Töchter: Auf diese Weise erhalten viele Kinder eine Chance, sich in einer normalen Familie zu entfalten. Die Familie macht sich Gedanken über die Freizeitgestaltung der jungen Leute: sie bemüht sich um eine gute und vernünftige Gestaltung der Freizeit und verhindert oft, dass skrupellose Profitmacher die Jugend verderben. Die Familie pflegt normalerweise die Kranken und Behinderten: Wenn jemand in der Familie erkrankt und behindert ist, setzt sie alles daran, diesen Mitgliedern zu helfen. Die Familie fängt auch Alkoholiker und Drogensüchtige auf und bemüht sich um ihre Rehabilitierung. Sie kümmert sich um die Mitglieder, die vom rechten Weg abkommen: Wenn jemand aus der Familie im Gefängnis landet, dann besucht sie ihn und steht zu ihm. Die Familie öffnet auch ihre Türen für Menschen, die Probleme haben: Sie lädt eine Gastarbeiterfamilie ein, die sonst keinen gesellschaftlichen Anschluss hat; sie nimmt sich einer Person an, die unter Depressionen leidet; sie hilft einer geschiedenen Frau, die von ihrem Ehemann verlassen wurde; sie tröstet ein Ehepaar, dessen Kind an Leukämie gestorben ist. Die Familie kümmert sich um die Alten und Alleinstehenden: Sie schaut, wie es den alten Eltern geht und sorgt sich um die alleinstehende Tante. Sie kümmert sich um die verwitwete Nachbarin und betreut sie, wenn es ihr nicht gut geht. Die Familie steht schließlich auch den Sterbenden bei und harrt bei ihnen aus bis zum letzten Atemzug. Die Familie leistet also in sozialer Hinsicht oft Unglaubliches! Ihr vielfältiger Einsatz kann durch keine öffentlichen Institutionen ersetzt werden. Das zeigt sich vor allem dann, wenn eine Familie aus verschiedenen Gründen ihre sozialen Aufgaben und Verpflichtungen nicht wahrnimmt. Dann kommen die Gesellschaft und der Staat sehr rasch in Schwierigkeiten, weil es an Personal, an Einrichtungen und Geld, vor allem aber am persönlichen Interesse und Einsatz fehlt, um die Familie zu ersetzen. Die Familie ist und bleibt die wichtigste soziale Institution in Gesellschaft und Staat. Es ist deshalb höchst kurzsichtig, wenn der Staat die Familie nicht entsprechend fördert. Es ist in vielerlei Hinsicht vorteilhafter, die Familie zu unterstützen, statt sie ersetzen zu müssen.

i) Die Gefährdungen der Familie

Die vielfältigen Wechselwirkungen zwischen Familie und Gesellschaft bringen jedoch verschiedene Gefährdungen der Familie mit sich. Beginnen wir mit der Arbeit: Die weit entfernten Arbeitsplätze zwingen viele Männer und Frauen zum Pendeln, die Wochenend- und Schichtdienste vieler Berufe stimmen nicht mit dem Rhythmus der Familie überein, viele Saisonarbeiten erlauben kein Familienleben mehr. Das bedeutet, dass sich die Familie in der Frühe und zu Mittag kaum sieht und bestenfalls am Abend zusammenkommt. Dann sind aber alle erschöpft und starren oft nur noch in den Fernseher. Wir können feststellen, dass vor allem die Erwerbsarbeit der Frau in vielen Fällen zu einer Vernachlässigung der Kinder führt. Vor allem in den ersten Lebensjahren der Kinder wirkt sich die lange Abwesenheit der Mutter sehr negativ aus. Aufgrund der Doppelbelastung haben Mütter zu wenig Zeit für die Kinder, sind oft nervös und gereizt. Es fehlt die Zeit zum Gespräch, es fehlt die Ruhe und die Geborgenheit. Wenn die Frau ständig aus dem Haus ist, fehlt das menschliche Zentrum der Familie. Eine weitere Gefährdung der Familie ist das ständige Fernsehen, das jedes Gespräch in der Familie blockiert. Das Fernsehen unterbindet gemeinsame Tätigkeiten und Spiele und verhindert nicht selten das Familiengebet. Eine große Gefahr für die Familie ist heute auch das Überangebot im Unterhaltungs- und Freizeitbereich. Der Vater ist ein begeisterter Bergsteiger, Skifahrer und Tennisspieler, die Mutter geht ins Fitnesscenter und fährt mit dem Mountainbike, der Sohn spielt Fußball und in einer Band, die Tochter betreibt Judo und hört stundenlang ihre Pop- und Rockstars: jeder geht seinen eigenen Hobbys nach und hat keine Zeit mehr für die Familie. Die große Gefahr besteht darin, dass die Familie immer weniger eigenständige und gemeinsame Tätigkeiten entfaltet: Statt des gekochten Essens gibt es Dosenmenüs und *Fast Food,* statt des Gespräches gibt es den Fernseher, statt der Spiele die Videogames. Das Musizieren wird durch Kassetten ersetzt, das Wandern wird durch Autofahrten verdrängt, an die Stelle der selbstgemachten Geschenke treten Supermarktgeschenke. Die Familie ist also nicht mehr selbst aktiv, sondern nur noch ein Konsumverein ohne Eigeninitiative.

j) Die Aufsplitterung der Familie

Wir können heute feststellen, dass die Familie immer mehr auseinanderbricht: Die meisten Eltern sind durch ihre Arbeit von der Frühe bis zum späten Nachmittag außer Haus. Die Kinder kommen bereits mit einigen Monaten in die Kinderkrippe, ab dem dritten Lebensjahr gehen sie in den Kindergarten, ab dem sechsten Lebensjahr besuchen sie die Grundschule und anschließend die weiterführenden Schulen. Immer mehr Kinder und Jugendliche verbringen auch den Nachmittag als Tagesheimschüler außerhalb der Familie. Viele Kleinkinder werden von den Großeltern betreut, die als Gratis-Babysitter die berufstätigen Eltern vertreten. Am Abend ist die Familie häufig durch verschiedene Interessen und Freizeittätigkeiten getrennt. Am Wochenende sind die Kinder und Jugendlichen oft mit Vereinen unterwegs, im Sommer werden sie in ein Ferienlager geschickt. Die Spaltung der Familie zeigt sich auch bei den Alten und Kranken: Wenn die Alten nicht mehr selbstständig sind, werden sie in ein Altersheim abgeschoben. Wenn jemand ein wenig krank oder behindert ist, kommt er ins Krankenhaus oder in eine Spezialanstalt. Auf diese Weise führen die Berufstätigkeit der Eltern, die verschiedenen Interessen der einzelnen Familienmitglieder und die immer weiterreichenden Bildungs- und Sozialeinrichtungen zu einer zunehmenden Aufsplitterung der Familie. Was auf den ersten Blick wie eine Unterstützung der Familie aussieht, erweist sich bei näherem Hinsehen oft als eine Gefährdung der Familie.

k) Der familienfeindliche Zeitgeist

Neben den praktischen Gefährdungen erleben wir heute einen ausgesprochen familienfeindlichen Zeitgeist, der die verschiedenen Voraussetzungen der Familie radikal infrage stellt. Die egozentrische Philosophie der Selbstverwirklichung, das persönliche Genussleben, die Überbetonung der Karriere, das freie Zusammenleben von Mann und Frau, Scheidung und Wiederverheiratung, Kinderfeindlichkeit, Abtreibung, Verhütungsmittel, die Anerkennung homosexueller Verbindungen, die mangelnde Unterstützung durch den Staat: all diese Faktoren führen zu einer kolossalen Abwertung der Familie. Letztlich bewirkt dieser Zeitgeist eine regelrechte Demontage der Familie. Diese Demontage erfolgt nicht rein zufällig. Hinter ihr steckt vielmehr eine gezielte Strategie: die Demontage der Familie erleichtert nämlich die Gleichschaltung der Gesellschaft. Durch die Zerstörung der Familie kommt es nicht mehr zum kritischen Gespräch im kleinen Kreis, durch die Zerschlagung der Familie wird der Einzelne entwurzelt und kann leichter in das Kollektiv integriert werden. Und wenn erst alle die gleichen Fernsehprogramme anschauen, kann man mit einem einzigen Satelliten 300 Millionen Menschen geistig fernsteuern!

l) Die Wiederentdeckung der Familie

Inzwischen sehen wir deutlich, wie die Zerstörung der Familie die Zerstörung der Gesellschaft nach sich zieht. Durch die Single-Mentalität gibt es immer weniger Eheschließungen. Kinderfeindlichkeit und Abtreibung bewirken einen katastrophalen Geburtenrückgang. Scheidungen lassen Ehen und Familien auseinanderbrechen. Die kaputten Ehen und Familien stürzten Millionen Menschen in eine unheimliche Einsamkeit und Haltlosigkeit. Die Selbstverwirklichung der Frauen führte zu einem erschreckenden Erziehungsdefizit. Der individuelle Egoismus und der Egoismus der Paare erfordert neue Sozialinstitutionen für Kinder, Behinderte, Kranke und Alte, die gigantische Summen verschlingen. Die Defizite in menschlicher, sozialer, kultureller und wirtschaftlicher Hinsicht sind bereits so spürbar, dass sich allmählich die Erkenntnis durchsetzt, dass es so nicht weitergehen kann. Das Bewusstsein steigt, dass es ohne Familie kein Überleben unserer Gesellschaft geben kann. Und so wachen jetzt immer mehr Menschen auf und erkennen, dass sie sich für die Erneuerung der Familie einsetzen müssen.

Alle diese Überlegungen über die Beziehung von Familie und Gesellschaft lassen uns erkennen, wie entscheidend die Familie für die Entwicklung der Gesellschaft ist. Die Familie ist und bleibt das Fundament der Gesellschaft! Alle anderen Initiativen sind nur die Fortsetzung und Ergänzung dessen, was in der Familie grundgelegt ist. Die Familie kann durch nichts ersetzt werden. Mit der Familie steht und fällt die Gesellschaft.

5. Die Zelle der Kirche

Die christliche Familie hat die Aufgabe, an Leben und Sendung der Kirche teilzunehmen. Sie kann diesen Auftrag sowohl innerhalb der Familie als auch in der Pfarrei und in der Diözese erfüllen.

a) Das Mitfeiern des Kirchenjahres

Jede christliche Familie wird sich zunächst darum bemühen, auch zu Hause das Kirchenjahr mitzufeiern. Advent und Weihnachten, Fasten- und Osterzeit, Pfingsten und Fronleichnam prägen jeweils den Geist und die Atmosphäre in der Familie. Auch die Marien- und Heiligenfeste sowie die Feste der Diözesan- und Pfarrpatrone sind für die christliche Familie feierliche Gedenktage. Auf diese Weise wird das Kirchenjahr auch in der Familie spürbar und erfahrbar.

b) Die Verbundenheit mit Papst und Bischof

Eine katholische Familie wird sich in besonderer Weise mit dem Heiligen Vater verbunden fühlen. Sie ist daran interessiert, an Weihnachten und Ostern seine Fernsehansprachen an die Gläubigen in aller Welt zu hören. Sie verfolgt auch mit Interesse die verschiedenen Reisen des Papstes. Sie bemüht sich, aus den kirchlichen Zeitungen seine Stellungnahmen zu den verschiedenen Problemen zu erfahren. Sie ist schließlich auch gerne bereit, für den Papst und seine Anliegen zu beten.

Weiterhin fühlt sich eine katholische Familie dem Bischof der eigenen Diözese verbunden. Sie interessiert sich für seine Hirtenbriefe und liest seine Stellungnahmen in der Kirchenzeitung. Sie freut sich, wenn der Bischof zur Firmung in die eigene Pfarrei kommt. Sie wird auch den Bischof in ihr Gebet einschließen.

c) Die Veranstaltung von Haustreffen

Eine katholische Familie wird auch bereit sein, im eigenen Haus einen Gebetsabend oder eine Bibelrunde zu veranstalten. Sie kann ihr Haus für eine Familienrunde oder für eine Jugendgruppe zur Verfügung stellen. Zu diesen Treffen kann sie interessierte Freunde und Nachbarn einladen. Durch ihre „offene Tür" und ihre Gastfreundschaft werden diese Familien zu kleinen Zentren der Evangelisierung. Auf diese Weise kommt es zum Aufbau von kirchlichen Zellen, die über das ganze Pfarrgebiet verstreut sind.

d) Die Dienste in der Pfarrei

Die Familie hat auch die Möglichkeit, verschiedene Dienste in der Pfarrei zu übernehmen. Zu diesen Diensten zählt der Einsatz als Ministrant, Tischmutter, Firmhelfer, Lektor und Pfarrgemeinderat oder das Mitwirken im Kirchenchor, Wohnblockapostolat, Pfarrbrief, Pfarrcafé und bei der Kirchenreinigung ... Da ist bestimmt für jedes Familienmitglied etwas dabei! Wichtig ist, dass jedes Familienmitglied nur einen Dienst übernimmt, den es dann ordentlich und verlässlich ausführt. Die Dienste in der Pfarrei müssen so ausgewählt werden, dass das Familienleben nicht darunter leidet. Es gibt nämlich nichts Schlimmeres als Väter und Mütter, die ständig irgendwo für die Pfarrei unterwegs sind, dabei aber ihre Kinder vernachlässigen. Zuerst kommt die Familie und dann erst die Pfarrei!

e) Die Teilnahme an Pfarrveranstaltungen

Die katholische Familie ist dazu aufgerufen, an den verschiedenen geistlichen und weltlichen Feiern der Pfarrei teilzunehmen. Eine solche Familie wird sich darum bemühen, am „Rorate" oder an der „Maiandacht" teilzunehmen. Sie wird bei der Fronleichnamsprozession und bei der Familienwallfahrt mitgehen. Sie besucht wenigstens fallweise die Vorträge des „Katholischen Bildungswerks". Sie erscheint natürlich beim Weihnachtsbazar und hilft auch bei der Organisation des Pfarrballs. Die Familien sind die lebendigen Steine einer Pfarrei. Überall dort, wo die Familien mitmachen, ist Leben!

f) Die Mitarbeit in den Laienbewegungen

Viele Familien sind heute auch in den kirchlichen Laienbewegungen im Einsatz: Bei der „Fokolare-Bewegung", bei der „Charismatischen Erneuerung", im „Katholischen Familienverband". Manchmal sind die einzelnen Familienmitglieder auch bei verschiedenen Gruppen aktiv: Der Vater ist bei der „Katholischen Männerbewegung" oder beim „Cursillo", die Mutter bei der „Marianischen Kongregation" oder bei der „Legio Mariae", die Jugendlichen bei der „Katholischen Jugend". Alle diese Menschen tragen dazu bei, dass die einzelnen Bewegungen mithilfe der Familien lebendig bleiben und die Sendung der Kirche mittragen.

g) Der Einsatz im Sozialbereich

Für die Familie gibt es auch im kirchlichen Sozialbereich viele Aufgaben zu erfüllen. Da erfährt der Vater im Pfarrgemeinderat, dass ein Mitglied der Pfarrgemeinde eine Arbeit sucht. Nun wird die Familie gemeinsam überlegen, ob sie nicht einen Betrieb kennt, der diese Person anstellen könnte. Dann erfährt die Mutter in der „Marianischen Frauenkongregation", dass eine Frau eine Wohnung sucht. Wieder wird in der Familie gemeinsam nachgedacht, wo diese Frau eine Wohnung finden könnte. Der Pfarrer bittet die Eheleute, ob sie nicht mit einem jungen Ehepaar in Krise sprechen könnten, das sich scheiden lassen möchte. Der pfarrliche Arbeitskreis für Soziales ersucht die Familie, sich um eine Flüchtlingsfamilie zu kümmern, die von der Pfarrei aufgenommen wurde. Die Caritas bittet um gebrauchte Kleider für arme Leute, und die Familie bringt gut erhaltene Kleidungsstücke zur Sammelstelle. Der Vinzenzverein sammelt für bedürftige Mitbürger, und die Familie gibt gerne eine großzügige Spende ... Auf diese Weise hat also die Familie viele Möglichkeiten, auch im Sozialbereich tätig zu sein.

h) Die Unterstützung der Mission und der Dritten Welt

Eine christliche Familie wird sich schließlich auch für die Mission und die Entwicklungshilfe interessieren. Die meisten christlichen Familien kennen persönlich einen Missionar oder eine Missionsschwester. Viele kennen auch einen Entwicklungshelfer. Manche Familien schreiben sogar regelmäßig an einen Missionar oder einen Entwicklungshelfer. Andere Familien erklären sich bereit, jeden Monat die Missionszeitschriften auszutragen. Wieder andere organisieren einen Bazar mit Waren aus der Dritten Welt oder beteiligen sich an einer Selbstbesteuerungsgruppe zugunsten der Entwicklungsländer … Auf diese Weise können die Familien entscheidend dazu beitragen, unsere Missionare und Entwicklungshelfer geistig und materiell zu unterstützen.

i) Die Förderung von geistlichen Berufungen

Die christliche Familie ist schließlich auch die Stätte, in der geistliche Berufungen gedeihen können. Die meisten Priester und Ordensleute kommen aus Familien, in denen ein konsequenter Glaube praktiziert wurde. Die Erfahrung im Elternhaus vermittelt den jungen Menschen, wie schön und erfüllend ein gelebter Glaube ist. Sie werden so für eine Berufung empfänglich und sind bereit, dem Ruf Gottes zu folgen. Meistens werden solche junge Menschen von den eigenen Eltern auf ihrem geistlichen Weg unterstützt und mit viel Gebet begleitet. Häufig stehen auch die Geschwister diesen berufenen Menschen zur Seite und helfen ihnen in den schwierigen Momenten ihres Lebens. Auf diese Weise sind die christlichen Familien auch in unserer Zeit das wichtigste Reservoir der geistlichen Berufungen und eine wesentliche Stütze der Priester und Ordensleute.

Diese wenigen Hinweise haben uns sicher schon bewusst machen können, dass die Familien für das Leben und die Sendung der Kirche unentbehrlich sind.

6. Die Ehrfurcht vor den Eltern

Für die Ehrfurcht der Kinder gegenüber den Eltern gibt es mehrere gewichtige Gründe: Die Eltern haben den Kindern das Leben geschenkt, sie haben sie mit vielen Mühen und Opfern erzogen und haben vor Gott und der Gesellschaft auch die Verantwortung für sie.

a) Die Eltern haben den Kindern das Leben geschenkt

Der erste Grund für die Ehrfurcht der Kinder vor den Eltern ist darin zu sehen, dass die Eltern ihren Söhnen und Töchtern das Leben geschenkt haben. Die Eltern sind der menschliche Ursprung der Kinder, die Mutter hat sie neun Monate unter ihrem Herzen getragen und sie unter Schmerzen zur Welt gebracht. Vater und Mutter sind die wichtigsten Bezugspersonen für die Identität der Kinder.

b) Die Eltern haben die Kinder mit vielen Opfern erzogen

Ein zweiter Grund für die Ehrfurcht der Kinder vor den Eltern ist darin zu erblicken, dass die Eltern die Kinder mit vielen Mühen und Opfern erzogen haben. Die Eltern haben das kleine Kind Tag und Nacht gehegt und gepflegt, sie haben das heranwachsende Kind umsorgt und erzogen und den Jugendlichen geführt und begleitet. Sie haben dieses Kind geliebt und getragen, sie haben ihm Geborgenheit und Sicherheit geschenkt und ihm bleibende Grundwerte vermittelt. Die Eltern haben für dieses Kind gearbeitet und auf vieles verzichtet, sie haben es ermahnt und getröstet, sie haben sich mit ihm gefreut und seine Leiden geteilt. Das Kind verdankt sich selbst zum größten Teil seinen Eltern.

c) Die Eltern haben für die Kinder die Verantwortung vor Gott und der Gesellschaft
Ein weiterer Grund für die Ehrfurcht der Kinder ist die Verantwortung der Eltern für ihre Kinder. Den Eltern wurden die Kinder von Gott anvertraut und deshalb tragen sie vor Gott die Verantwortung für ihre Kinder. Die Eltern tragen aber auch vor der Gesellschaft die Verantwortung für ihre Kinder, solange diese nicht volljährig sind. Aus dieser Verantwortung ergibt sich, dass die Eltern von Gott und von der Gesellschaft her eine bestimmte Autorität gegenüber ihren Kindern haben. Und diese Autorität verlangt wiederum eine bestimmte Ehrfurcht der Kinder gegenüber ihren Eltern.

7. Formen der Ehrfurcht

Die Ehrfurcht der Kinder gegenüber den Eltern zeigt sich in verschiedenen Formen: Sie kommt in der Achtung, im Gehorsam und in der Unterstützung der Eltern zum Ausdruck.

a) Die Achtung gegenüber den Eltern
Die Ehrfurcht gegenüber den Eltern zeigt sich zunächst in einem achtungsvollen Ton und in einem achtungsvollen Umgang. Das Kind sollte gegenüber seinen Eltern nicht ausfällig und frech sein. Es darf seine Eltern nicht beschimpfen und beleidigen. Auch bei Meinungsverschiedenheiten ist es einem Kind nicht erlaubt, Eltern persönlich anzugreifen und zu kränken. Das Kind darf also auch in einem kritischen

Augenblick den Eltern nicht den Respekt versagen. (Die Eltern müssen allerdings wissen, dass das Kind seine Gefühle und seine Sprache oft noch nicht unter Kontrolle hat. Vor allem in der Pubertät reagieren Jugendliche oft recht heftig und temperamentvoll. Dennoch müssen die Eltern ihre heranwachsenden Söhne und Töchter nach einer Entgleisung darauf aufmerksam machen und von ihnen verlangen, dass sie sich zusammennehmen.)

b) Der Gehorsam gegenüber den Eltern

Die Ehrfurcht gegenüber den Eltern kommt auch im Gehorsam zum Ausdruck. Da das Kind zunächst noch nicht imstande ist, sein Leben selbst zu gestalten, braucht es klare Anweisungen und Grenzen. Diese Anweisungen haben aber nur dann einen Sinn, wenn sie vom Kind befolgt werden. Zur Befolgung dieser Anweisungen braucht es den Gehorsam des Kindes. Je älter das Kind wird, desto mehr Freiheiten können ihm gewährt werden. Dennoch braucht auch der heranwachsende Jugendliche noch ganz klare Grenzen. Diese Grenzen müssen aber von den Eltern einsichtig gemacht werden, weil es dadurch dem Jugendlichen leichter fällt, sie anzunehmen. Der Jugendliche ist seinerseits verpflichtet, den Anordnungen der Eltern zu gehorchen. Der Jugendliche sollte auch dann seinen Eltern gehorchen, wenn er einmal nicht mit ihren Anordnungen einverstanden ist: Wenn er merkt, dass die Eltern auch nach einer Aussprache, bei der sie seine Gründe angehört haben, auf ihrer Forderung bestehen, dann muss er die Demut haben, dieser Anordnung zu gehorchen. Der Jugendliche sollte das Vertrauen haben, dass die Eltern nur sein Bestes wollen und in seinem Interesse entscheiden. (Die Eltern müssen sich natürlich fragen, ob ihre Anordnungen im Interesse des Kindes sind.

Sie müssen sich als Christen auch fragen, ob ihre Forderungen vor Gott gerechtfertigt sind.)

c) Die Unterstützung der alten Eltern

Die Ehrfurcht der Kinder zeigt sich auch in der Unterstützung der alten Eltern. Die erwachsenen Kinder sind verpflichtet, ihren Eltern in schwierigen Situationen beizustehen. Das kann bei einer Krankheit der Fall sein oder auch bei finanziellen Schwierigkeiten. Bei manchen Eltern stellen sich körperliche Gebrechen und psychische Verwirrungen ein, die eine ständige Hilfe vonseiten der Kinder verlangen. Die Ehrfurcht gebietet, dass Kinder ihre Eltern trotz einer geistigen Verwirrung und körperlicher Gebrechen und Fehlfunktionen achten und lieben. Durch ihre Liebe und Unterstützung können die Kinder ihren Eltern einen kleinen Teil von dem zurückgeben, was sie im Verlauf ihres Lebens von den Eltern erhalten haben.

8. Konflikte zwischen Eltern und Kindern

Zu allen Zeiten gab es schon Konflikte zwischen Eltern und Kindern. Solchen Konflikten können verschiedene Ursachen zugrunde liegen: Meistens sind es bestimmte Fehlhaltungen der Kinder und Jugendlichen; manchmal sind es aber auch falsche Verhaltensweisen der Erwachsenen. Die Bewältigung der Konflikte erfordert zunächst eine klare Erkenntnis der Ursachen. Dann müssen die Beteiligten gemeinsam überlegen, wie sie die aufgetretenen Konflikte beilegen können.

a) Die Fehlhaltungen der Jugend

Die meisten Konflikte kommen dadurch zustande, dass Jugendliche einen Weg gehen, der sie menschlich und moralisch gefährdet: Wenn die Eltern merken, dass ihre Kinder einen falschen Umgang haben, ihre Pflichten in der Schule nicht erfüllen, maßlos rauchen und trinken, sich in der Nacht herumtreiben und in verrufenen Lokalen und Diskotheken verkehren, dann müssen sie eingreifen und ihre Kinder ermahnen und rügen. Wenn die Eltern feststellen, dass ihre Söhne und Töchter die religiöse Praxis aufgeben und extremen Ideologien oder okkulten Praktiken anhängen, dann müssen sie ihre Kinder zur Rede stellen.

b) Die Fehlhaltungen der Eltern

Es gibt aber auch Fehlhaltungen der Eltern, die zu Konflikten führen können. Wenn Eltern ganz bestimmte Schwächen haben (z. B. Alkoholismus, Jähzorn, Gewalttätigkeit, Geiz, Pedanterie, Zynismus, unmoralischer Lebenswandel) und sich nicht bemühen, ihre Fehler abzulegen, dann werden diese Schwächen zu einem Ärgernis für die Kinder. Wenn Eltern allzu autoritär ihre Forderungen stellen, kann es zum Protest der Kinder kommen. Manche Eltern sind wiederum zu nachgiebig in ihrer Erziehung und dürfen sich dann nicht wundern, wenn sich die Kinder später alles erlauben und frech sind. Alle diese Fehlhaltungen können zu großen Spannungen und Konflikten führen.

c) Möglichkeiten der Konfliktbewältigung

Zur Bewältigung der Konflikte braucht es zunächst ein offenes Gespräch. Dabei darf es bei großen Meinungsverschiedenheiten nicht zu persönlichen Angriffen und Beleidigungen kommen. Das Gespräch muss trotz aller Deutlichkeit der Aussagen von Wohlwollen bestimmt sein. Dabei müssen vernünftige Argumente vorgebracht und die Gefühle des anderen berücksichtigt werden. Schließlich darf ein Gespräch auch nach einem großen Fehler nicht zu einer Bloßstellung des Jugendlichen führen. Zur Konfliktbewältigung brauchen die Eltern die nötige Festigkeit und die Kraft zum Widerstand. Sie dürfen sich durch das Aufbegehren ihrer Kinder nicht in ihrer erzieherischen Linie beirren lassen. Sie müssen sich mit viel Geduld wappnen und dürfen hoffen, dass die Krisenzeit früher oder später zu Ende geht. Wichtig ist auch, dass es die Eltern trotz schwerer Fehler ihrer Kinder nie zu einem völligen Bruch kommen lassen, denn dann haben sie überhaupt keine Chance mehr! Für die Eltern gilt in besonderer Weise das Gleichnis vom verlorenen Sohn: So wie Gott auch den größten Sünder aufnimmt, so müssen auch die Eltern ihre gefallenen Söhne und Töchter immer wieder aufnehmen. Wenn Eltern ihre Kinder fallen lassen, dann fallen diese meistens ins Bodenlose! Die Eltern müssen alles tun, was in ihrer Macht steht, um die Kinder auf den rechten Weg zu führen. Wenn Kinder trotzdem einen anderen und falschen Weg gehen, können sich die Eltern ruhigen Gewissens sagen, dass sie alles zur Rettung ihrer Kinder unternommen haben. In vielen Fällen aber erhört Gott das unablässige Gebet der Eltern für ihre Kinder. Ein Beispiel dafür ist der hl. Augustinus: Dieser Mann war in seiner Jugend das große Sorgenkind seiner Mutter, der hl. Monika. Diese große Mutter betete Tag und Nacht für ihren Sohn. In ihrer Verzweiflung wandte sie sich einmal an den Bischof ihrer Diözese, der sie mit folgenden Worten tröstete: „Ein Sohn so vieler Tränen kann nicht verloren gehen." Das Gebet der Mutter trug entscheidend dazu bei, dass aus dem Lebemann Augustinus einer der größten Heiligen wurde.

FÜNFTES GEBOT: DU SOLLST NICHT TÖTEN!

Ein zentrales Gebot ist das fünfte Gebot: es verbietet die Tötung des Menschen und schützt das Leben gegen verschiedenste Angriffe. Da Gefahren in vielfacher Weise das menschliche Leben bedrohen, umfasst dieses Gebot sehr viele Bereiche.

1. *Unantastbarkeit des Lebens*

Das fünfte Gebot schützt die Unantastbarkeit des Lebens. Für die Unantastbarkeit des Lebens sprechen mehrere Gründe:

a) Das Leben ist ein Geschenk Gottes; Gott ist der Herr über Leben und Tod

Das Leben ist ein Geschenk Gottes, der den Menschen geschaffen hat. Gott hat dem Menschen das Leben geschenkt, damit er es entfalte und damit er sich bewähre. Das Leben ist eine Gabe Gottes, die der Mensch nicht antasten darf. Er darf daher auch keinen Menschen morden. Nur Gott ist der Herr über Leben und Tod. Gott ist der Hüter des Lebens, der jeden Mörder zur Rechenschaft zieht (vgl. Kain und Abel im Buch Genesis 4,9–12).

b) Die Unantastbarkeit des Lebens ist die Grundvoraussetzung für das Menschsein

Die Unantastbarkeit des Lebens ist auch die wichtigste

Voraussetzung für jedes Menschsein. Sie sichert grundsätzlich die Ehrfurcht und Verantwortung gegenüber dem Mitmenschen. Nur wenn das Leben des Menschen unantastbar ist, ist der Mensch Subjekt und wird nicht zum Objekt, das man beliebig beseitigen kann. Die Unantastbarkeit des Lebens ist für die Freiheit und Sicherheit des Menschen entscheidend. Nur wenn der Mensch nicht befürchten muss, dass man ihm nach dem Leben trachtet, kann er sich frei bewegen und sicher fühlen. Die Unantastbarkeit des menschlichen Lebens ist schließlich auch die Voraussetzung für die grundsätzliche Gleichheit aller Menschen. Nur wenn grundsätzlich kein Mensch das Recht hat, einen anderen Menschen zu töten, kann es eine grundsätzliche Gleichheit unter den Menschen geben.

2. Mord und Tötung

Das fünfte Gebot bezieht sich auf die Tötung von Menschen. Dabei gilt es zu unterscheiden:

a) Mord aus Absicht

Wenn ein Mensch bewusst einen anderen Menschen tötet, so spricht man von einem Mord aus Absicht oder von einem „vorsätzlichen Mord". In diesem Fall trifft den Mörder die volle Verantwortung für seine Tat. Ein solcher Mord ist ohne Zweifel eine schwere Sünde und bedeutet eine schwere Schuld.

b) Mord im Affekt

Geschieht ein Mord in leidenschaftlicher Erregung – etwa bei einem Streit im Gasthaus, bei einer Provokation oder aus Eifersucht – so spricht man von einem Mord im

Affekt. Auch dieser Mord ist eine schwerwiegende Handlung, deren Schuldhaftigkeit aber durch den Umstand der leidenschaftlichen Erregung gemildert wird. Es gibt manchmal auch Morde, die aus Verzweiflung geschehen. So kann es z. B. vorkommen, dass eine verzweifelte Frau ihren Mann umbringt, weil er sie seit vielen Jahren brutal behandelt. Es kann auch passieren, dass eine Tochter ihren Vater tötet, weil er sie seit langer Zeit sexuell missbraucht. Ein solcher Mord ist zwar ein Verbrechen, wird aber aufgrund der Verzweiflung des Täters milder beurteilt.

c) Totschlag bzw. unbeabsichtigte Tötung

Wenn durch einen Verkehrsunfall, einen ärztlichen Eingriff oder einen sportlichen Wettkampf ein Mensch zu Tode kommt, so spricht man von einem Totschlag bzw. einer unbeabsichtigten Tötung. Wenn der Totschlag nicht durch widrige Umstände, sondern durch Fahrlässigkeit (z. B. abgenützte Reifen, ärztliche Kunstfehler, mangelnde Ausrüstung beim Klettern) verursacht wird, kann der Verantwortliche auch schuldig sein.

d) Tötung in Notwehr

Wenn sich ein Mensch in größter Bedrängnis befindet und aus Notwehr einen Angreifer tötet, so spricht man von einer Tötung in Notwehr. Eine solche Tötung ist erlaubt, wenn es keine andere Möglichkeit der Verteidigung gibt. Eine Tötung in Notwehr kann also nur das allerletzte Mittel sein.

e) Tötung im Krieg

Im Kriegsfall hat ein Soldat kaum die Möglichkeit, sich frei zu entscheiden: Er muss sich verteidigen, um nicht selbst

getötet zu werden; er kann sich nicht dem Kampf entziehen, da er sonst erschossen wird. Der Soldat darf sich aber nicht an verbrecherischen Aktionen gegenüber wehrlosen Menschen (Zivilbevölkerung, Gefangenen) beteiligen.
Ein Volk darf nur im Verteidigungsfall zur Waffe greifen. Es muss zuvor versuchen, alle Möglichkeiten auszuschöpfen, den Konflikt friedlich beizulegen. Im Extremfall kann ein Volk zu einem Präventivschlag (zuvorkommender bzw. vorbeugender Angriff) gezwungen sein, um seine Chancen bei der Verteidigung des eigenen Landes zu erhöhen.

f) Tötung eines Tyrannen
Wenn ein Tyrann bzw. Diktator ein Volk in seiner Existenz bedroht, so ist als letzte Möglichkeit für die Befreiung dieses Volkes die Beseitigung des Tyrannen moralisch erlaubt. Es muss dabei jedoch überlegt werden, ob der Schaden durch eine Revolte gegen den Tyrannen nicht größer ist als die Fortsetzung der Diktatur.

g) Tötung durch Todesstrafe
In einem demokratischen Land sollte es keine Todesstrafe geben. Eine Demokratie kann auf andere Weise für die Sühne von Verbrechen sorgen, die eine Besserung des Schuldigen ermöglicht. Der Schutz des Gemeinwohls der Gesellschaft erfordert jedoch, entsprechend der Schwere des Verbrechens angemessene Strafen zu verhängen, ohne in schwerwiegendsten Fällen die Todesstrafe auszuschließen. In diesen Fällen muss aber ein sicherer Beweis für die Schuldigkeit des Täters vorliegen.

3. Selbstmord

Es gibt eindeutige Gründe, die gegen die Erlaubtheit des Selbstmords sprechen. Verschiedene Umstände sind bei der Beurteilung eines Selbstmords zu berücksichtigen.

a) Gründe gegen den Selbstmord

Gegen den Lebensauftrag Gottes

Ein Selbstmord bedeutet zunächst, dass sich der Mensch dem Lebensauftrag Gottes entzieht und seine irdische Sendung im Hinblick auf die Ewigkeit nicht erfüllt. Der Mensch darf sich nicht dem Auftrag Gottes entziehen und hat die Aufgabe, sich im Laufe seines Lebens auch in manchen Prüfungen zu bewähren. Der Mensch verliert durch den Selbstmord die Möglichkeit, zu einer tieferen Reife zu gelangen und geht so vieler Verdienste für die Ewigkeit verlustig.

Mitleidenschaft und Verlust für die Mitmenschen

Jeder Selbstmord zieht immer auch Mitmenschen in Mitleidenschaft. Ein Selbstmord bedeutet einen schweren Verlust für die Angehörigen und Freunde, denn er zerreißt zu Unrecht die Solidarität mit ihnen, zu der wir immer verpflichtet sind: er nimmt vielen Menschen den geliebten Partner, den Vater, die Mutter, den Sohn, die Tochter, den Freund, die Freundin. Er führt zu vielen Selbstanklagen bei jenen Menschen, die dem Selbstmörder nahestanden.

Zunehmende Lebensunfähigkeit

Jeder Selbstmord bedeutet eine Kapitulation gegenüber bestimmten Anforderungen des Lebens. Wenn in einer Gesellschaft immer mehr Menschen bei größeren Belastungen Selbstmord begehen, so wird diese Gesellschaft auf die Dauer in einem zunehmenden Ausmaß lebensunfähig. Es entsteht zudem ein fataler „Sog", der vor allem labilere Typen in den Selbstmord hineinzieht.

Der Selbstmord ist keine Lösung

Der Selbstmord ist keine Lösung der Probleme. Mit seinem Ausstieg aus dem Leben hinterlässt der Selbstmörder seine ungelösten Probleme den Angehörigen, die sie unter größten Schwierigkeiten lösen müssen. Im Hinblick auf die ewige Bestimmung stellt sich die Frage, ob der Mensch nach einem Selbstmord die ewige Ruhe findet. Es ist eher anzunehmen, dass er bei einem (nicht schwer schuldhaften) Selbstmord den Reife- und Läuterungsprozess im Jenseits nachholen muss.

b) Subjektive Umstände bei einem Selbstmord

Bei jedem Selbstmord gilt auch, die verschiedenen subjektiven Umstände zu berücksichtigen, die zu diesem verhängnisvollen Schritt führen.

Selbstmord als bewusste Absage an das Leben

Wenn ein Selbstmord ganz bewusst geschieht, obwohl keine schwerwiegenden Umstände gegeben sind, so liegt eindeutig eine schwere Schuld vor. Besonders schwerwiegend ist ein Selbstmord, mit dem ein Mensch einen anderen belasten will (z. B. wenn sich ein junger Mann das Leben nimmt, um sich damit an einem Mädchen zu rächen, das ihn verlassen hat).

Selbstmord infolge von Depressionen

Wenn ein Selbstmord infolge von Depressionen erfolgt, so

ist dabei sicher mit einer eingeschränkten Entscheidungsfreiheit und damit auch mit einer eingeschränkten Schuld zu rechnen. Es stellt sich in diesem Fall allerdings die Frage, ob die Depressionen durch eigenes Verschulden zustande gekommen sind (z. B. durch einen unmoralischen Lebenswandel).

Selbstmord in ausweglosen Situationen
Vielfach kommen Selbstmorde infolge von (scheinbar) ausweglosen Situationen vor: unheilbare Krankheiten, unerträgliche Schmerzen, wirtschaftlicher Bankrott, das Scheitern einer persönlichen Beziehung, der Verlust von nahestehenden Personen, die Last einer großen Schuld, schulischer Misserfolg, Erpressungen, Kriegssituationen, totale Sinnlosigkeit – solche und andere Situationen können Menschen zum Selbstmord führen. In solchen Fällen muss die psychische Belastbarkeit und die Schwere der Situation berücksichtigt werden. Dennoch darf der Mensch nicht einfach als das bloße Opfer einer Situation hingestellt werden. Es gibt auch in schwierigsten Situationen die innere Freiheit, das eigene Leben zu bejahen und bis zum letzten Augenblick auszuhalten. Dazu ist allerdings notwendig, dass der Mensch in solchen Augenblicken einen inneren Halt (Glauben!) hat und die Liebe seiner Mitmenschen erfährt.

4. Gesundheit

Das fünfte Gebot verpflichtet auch zur Pflege des eigenen Körpers und zur Erhaltung der Gesundheit.

a) Die Annahme des eigenen Körpers

Die Pflege des Körpers setzt zunächst voraus, dass wir unseren Körper annehmen. Wer wünschte sich nicht, perfekt zu sein? Aber fast jeder von uns stellt an sich gewisse Mängel fest: der eine ist zu groß, der andere zu klein; der Dritte zu dick, der Vierte zu dünn usw. Manche Menschen haben auch körperliche Gebrechen zu ertragen: Es gibt viele Menschen, die an Kurzsichtigkeit, Schwerhörigkeit, Gehbehinderungen, Lähmungen oder Entstellungen leiden. Trotz dieser verschiedenen Mängel und Gebrechlichkeit können wir uns selbst annehmen, weil Gott uns so annimmt, wie wir sind. Und wenn Gott uns genauso liebt, wie wir sind, dann können auch wir uns so lieben, wie wir sind. (Das heißt natürlich nicht, dass wir nicht etwas gegen unsere Gebrechen unternehmen sollen!) Die körperlichen Mängel können uns sogar zum Segen werden: Wir werden dadurch oft zu reiferen Menschen, die das Wesentliche des Menschen besser begreifen. Durch unsere eigenen Mängel sind wir barmherziger gegenüber den Mängeln anderer Menschen. Gewisse körperliche Mängel lassen uns schließlich auch begreifen, dass der Körper und das Äußere nicht von letzter Wichtigkeit sind.

b) Die Pflege des Körpers

Es gibt mehrere Gründe, die für die Pflege des Körpers sprechen. Ein gepflegter Körper gehört zunächst zur Würde des Menschen. Die Sauberkeit und Gepflegtheit unseres Körpers soll die Schönheit und Gepflegtheit des inneren

Menschen wiedergeben. Weiterhin gibt uns ein gesunder Körper die Kraft, das Leben leichter zu bewältigen: Wenn wir unseren Körper trainieren und gesund erhalten, kann er bis ins hohe Alter agil bleiben. Ein gesunder Körper kann eine Quelle der Freude sein: Wenn wir beim Sport oder Tanz erleben, zu welchen Leistungen und welchen Ausdrucksformen der Mensch fähig ist, erfüllt uns das mit Freude und Genugtuung.

c) Die Bereiche der Körperpflege

Die Körperpflege umfasst mehrere Bereiche. Zunächst verlangt die Körperpflege eine vernünftige Ernährung. Wir sollten nicht zu viel, aber auch nicht zu wenig essen. Wir sollten darauf achten, dass das Essen nicht nur gut schmeckt, sondern auch gesund ist. Ein zeitweiliger Verzicht auf gewisse Leckerbissen kann nicht schaden. Die Körperpflege verlangt auch genügend Schlaf. Wir sollten versuchen, nicht zu spät ins Bett zu gehen und rechtzeitig aufzustehen. Einmal in der Woche sollten wir etwas länger schlafen, dafür können wir in der Woche auch einmal etwas weniger schlafen. Zur Pflege des Körpers gehört auch eine entsprechende Pflege des Äußeren. Wir sollen uns ruhig um ein ordentliches und gewinnendes Aussehen bemühen, ohne aber der Eitelkeit zu verfallen und jeden modischen Schnickschnack mitzumachen.

d) Die Bedeutung des Sports

Von besonderer Bedeutung für unsere Gesundheit ist der Sport. Er führt zu einer allgemeinen Kräftigung unseres Körpers und fördert die Gesundheit. Sport ist heute ein wichtiger Ausgleich zur einseitigen Sitzkultur und trägt zu körperlicher und seelischer Entspannung bei. Der Sport ist dann auch – wie bereits gesagt – eine Quelle der Freude durch unsere Leistungsfähigkeit in verschiedenen Bereichen. Wir sollten aber beim Sport nicht übertreiben: Wir können nach sportlichen Höchstleistungen streben, ohne aber dabei den Körper und die Gesundheit zu ruinieren. Der Sport ist schließlich auch eine wertvolle Charakterschulung: Er stärkt die Willenskraft, Ausdauer und Disziplin; er fördert die Kameradschaftlichkeit und lehrt das richtige Siegen und Verlieren. Auf diese Weise verbindet sich das Training des Körpers mit dem charakterlichen Training.

5. Alkohol

Das fünfte Gebot verlangt, Unmäßigkeit aller Art zu meiden – also auch einen maßvollen Umgang mit dem Alkohol. Gerade in unserer Wohlstandsgesellschaft kommt diesem Gebot eine große Bedeutung zu.

a) Die Hauptgründe für übermäßigen Alkoholkonsum

Die Zahl der Alkoholiker steigt ständig. In verschiedenen Ländern steht Alkoholismus bei den Volkskrankheiten an erster Stelle. Trotz großer Anstrengungen von staatlicher und von privater Seite scheint der Kampf gegen den Alkoholismus fast aussichtslos zu sein. Welche Gründe führen nun zu diesem übermäßigen Alkoholkonsum? Ein erster Grund ist zunächst die Konsumgesellschaft, in der Alkohol in jeder Art und Menge zu haben ist. Es gibt heute kaum ernsthafte Hindernisse, um an Alkohol heranzukommen. Auch Jugendliche werden gerne und ausgiebig bedient. Ein zweiter Grund ist die schlechte Gesellschaft: Es wird heute überall und bei jeder Gelegenheit getrunken, und so geraten schwächere Charaktere und vor allem junge Leute sehr leicht in einen unwiderstehlichen Sog, der sie zum Alkoholkonsum hinzieht. Ein weiterer Grund ist die oftmals perverse „Feierkultur" unserer Gesellschaft, zu der Alkohol (und der Rausch!) einfach dazugehört. Es gibt heute kaum ein Fest und eine Party, bei der nicht (übermäßig) Alkohol getrunken wird („Koma-Saufen!"). Schließlich ist der Alkoholkonsum häufig ein Ausdruck von unbewältigten Problemen. („Wer Sorgen hat, hat auch Likör!") Vor allem Frauen greifen immer mehr zur Flasche, wenn sie mit ihren Sorgen nicht fertig werden. Der Alkoholkonsum ist also auch ein Ausdruck für die psychischen Probleme unserer Gesellschaft.

b) Die negativen Auswirkungen

Der übermäßige Konsum von Alkohol führt zu den verschiedensten negativen Auswirkungen. Diese Auswirkungen zeigen sich im körperlichen, seelischen und sozialen Bereich. Wir wollen versuchen, in knappen Zügen die wichtigsten Schäden aufzuzeigen.

Die körperlichen Schäden

Der übermäßige Alkoholkonsum bewirkt zunächst verschiedene körperliche Schäden. Er wirkt sich negativ auf das Gehirn aus: Jeder Vollrausch zerstört unzählige Gehirnzellen, die sich nicht mehr regenerieren. Der maßlose Alkoholgenuss greift die Leber (Leberzirrhose) an und trifft damit eines der wichtigsten Organe des Körpers. Der Alkohol ist für das Herz und den Magen schädlich.

Die seelischen Schäden

Der übermäßige Alkoholkonsum wirkt sich auch im seelischen Bereich verheerend aus. Er führt zu herabgesetzter Kritikfähigkeit, vergröbertem Gefühlsleben, Willensschwäche, gesteigerter Instinktivität und Aggressivität sowie zu sexueller Enthemmung. Er schwächt also die geistige und seelische Kapazität des Menschen und enthemmt gleichzeitig seine Triebe.

Die sozialen Schäden
Der unkontrollierte Genuss von Alkohol beeinträchtigt auch den sozialen Bereich. Es kommt zu gestörten mitmenschlichen Beziehungen (Ehe, Familie), wirtschaftlichen Schwierigkeiten, Versagen im Beruf, Neigung zur Kriminalität und zum Verlust des gesellschaftlichen Ansehens. Auf diese Weise stellt der Alkoholismus eine massive Gefährdung für alle zwischenmenschlichen und gesellschaftlichen Beziehungen dar.

Auswirkungen im Verkehr
Alkohol wirkt sich auch am Steuer verhängnisvoll aus. Schon weit weniger als 0,8 Promille bewirken eine messbare Verlangsamung der Reaktion. Subjektiv fühlt sich der Autofahrer zwar „in Form“, aber objektiv gesehen reagiert er mit Verzögerungen. (Wenn man daran denkt, dass ein Auto bei einer Geschwindigkeit von 120 km/h in der Sekunde 33 m zurücklegt, kann man sich vorstellen, welche Folgen eine verlangsamte Reaktion nach sich zieht!) Aus diesem Grund ist es ratsam, dass bei einer längeren Feier bzw. bei einem Diskobesuch immer einer in der Runde keinen Alkohol trinkt, der die anderen dann sicher nach Hause bringen kann. Wenn alle unter Alkoholeinfluss stehen, ist es besser, ein Taxi für die Heimfahrt zu bestellen. Viele Jugendliche, aber auch viele Erwachsene wären noch am Leben, wenn sie sich an diese Regel gehalten hätten!

Vorsicht beim Gebrauch von Medikamenten!
Besondere Vorsicht ist nötig, wenn jemand bestimmte Medikamente einnehmen muss. So kann z. B. die Verbindung von Alkohol und Aspirin oder Psychopharmaka (Medikamente mit beruhigender Wirkung auf die Psyche) zu verstärkten chemischen Reaktionen führen, die sich sehr unangenehm auswirken. Auch nach dem Absetzen des Medikaments sollte man noch einige Zeit bis zum Konsum von Alkohol warten.

c) Maßnahmen gegen den Alkoholismus
Was lässt sich gegen den Alkoholismus tun? Entscheidend ist, dass die Jugendlichen in vernünftiger und konsequenter Weise den Alkohol meiden. Man braucht nicht einen Rausch zu haben, um ein Mann zu sein (eher beweist man dadurch das Gegenteil!). Man kann auch ohne Alkohol feiern. Auch Erwachsene sollten Alkohol nur sehr maßvoll genießen und Bier nicht mit Wasser verwechseln. Entscheidend ist auch, dass die Familie intakt ist: Dann kommt es von vorneherein kaum zu Saufgelagen und auch die Problemtrinker sind viel seltener. Alkoholabhängige brauchen außer der Familie und Freunden die Unterstützung von anonymen Solidaritätsgruppen, die für viele eine echte Hilfe bedeuten. Schwere Fälle müssen vom Arzt und vom Psychiater behandelt werden.

6. Rauchen
Das fünfte Gebot verlangt von uns ebenso die Mäßigung im Umgang mit Nikotin. Nach den vielen eindringlichen Informationen über die Schädlichkeit des Rauchens sollte sich ein Christ ernstlich fragen, ob er das Rauchen gegen-

über der eigenen Person, den Mitmenschen und Gott verantworten kann.

a) Die Hauptgründe für das Rauchen

Die meisten Jugendlichen beginnen mit dem Rauchen durch das Vorbild ihrer Eltern. Wenn daheim Zigarettenschachteln herumliegen, ist es fast unvermeidlich, dass sie auch einmal zur Zigarette greifen – zunächst aus Neugierde: Sie wollen selbst mal ausprobieren, wie das Zeug schmeckt. Am Anfang wird ihnen vielleicht davon übel, aber viele kommen schon bald nicht mehr von der Zigarette los. Bei vielen Jugendlichen ist das Rauchen Angeberei: Sie wollen damit sich selbst und anderen bestätigen, dass sie schon erwachsen sind. Ein häufiger Grund für das Rauchen ist die Gesellschaft: Wer in ständigem Umgang mit Rauchern lebt, kann nur schwer der Versuchung widerstehen. Bieten ihm Freunde und Kollegen immer wieder eine Zigarette an, greift er meistens irgendwann zu. Besonders groß ist diese Gefahr an den Schulen, in den Diskos, an der Uni, beim Militär und im Büro. Bei den Erwachsenen kommt als weiterer Grund hinzu, dass sie vor allem in Stresssituationen zur Zigarette greifen. Für viele ist die Zigarette ein Aufputschmittel, das sie in Schwung hält. Eine raffinierte Werbung gaukelt einem schließlich vor, auch mit milden Sorten zu den coolen, smarten und cleveren Typen zu gehören. Eigenartig ist, dass der Staat erst an den Tabakwaren verdient, um dann ein Vielfaches in das Gesundheitswesen für die Behandlung der durch das Rauchen Erkrankten zu investieren.

b) Die negativen Folgen des Rauchens

Rauchen hat eine Menge negativer Folgen. Es führt zunächst zu Beschwerden an Lunge und Herz. Bei einem starken Raucher wird die Lunge regelrecht „geteert", sodass die Lungenbläschen verstopfen und es zu ernsthaften Atembeschwerden kommt. Rauchen fördert außerdem den Herzinfarkt: die Blutgefäße verengen sich durch Ablagerungen des Nikotins, bis schließlich ein Gefäßverschluss den Herzinfarkt auslöst. Rauchen erhöht das Krebsrisiko für Lunge, Gaumen, Kehlkopf, Luftröhre und Lippen erheblich. (Gerade diese Krebsarten sind oft mit einem langsamen und qualvollen Sterben verbunden.) Das Rauchen verkürzt die Lebenserwartung. Es erhöht die Gefahr einer Frühgeburt. Nicht zuletzt ist das Rauchen ein erheblicher Kostenfaktor: Ein stärkerer Raucher gibt pro Jahr etwa einen mittleren Monatslohn für sein Laster aus!

c) Maßnahmen gegen das Rauchen

Auch beim Rauchen müssen wir uns ernsthaft fragen, wie wir die Tugend der Mäßigung leben. Eine erste Maßnahme besteht sicher darin, dass die Eltern den Kindern kein schlechtes Beispiel geben sollten. Dasselbe gilt auch für die Lehrer und Ärzte, die leider oft zu den größten Rauchern gehören. Bei den Jugendlichen ist es wichtig, dass sie nie probieren sollten zu rauchen (auch nicht zum Spaß!). Wir sollten den Mut haben, Angebote konsequent abzulehnen (unser Ansehen wird dadurch nur steigen!). Wir sollten vorsichtig sein, damit wir nicht in kritischen Phasen (höhere Schulen, Universität, Militär, Arbeitsstress) mit dem Rauchen anfangen. Wer bis zu einem gewissen Alter ohne Zigaretten ausgekommen ist, wird selten noch zum Raucher. Eine gute Maßnahme gegen das Nikotin ist auch der Sport: Wer regelmäßig Sport betreibt, greift kaum zum Glimmstängel, weil er sich seine Leistungsfähigkeit erhal-

ten will. Schließlich sollte uns eine vernünftige Liebe zu uns selbst und zu unseren Mitmenschen vor dem Rauchen bewahren: Wir können uns selbst einen qualvollen Tod ersparen und unseren Kindern den Vater oder die Mutter länger erhalten.
Neben den privaten Initiativen müsste auch der Staat mehr gegen dieses Volkslaster unternehmen. Es gibt zwar heute gute Informationskampagnen oder weitreichende Rauchverbote in der Öffentlichkeit, aber vor allem bei der Jugend wird viel zu wenig getan, um sie vom Rauchen abzuhalten: die meisten von ihnen sind ab 13–14 Jahren Sklaven für ihr ganzes Leben!

7. Drogen

Das fünfte Gebot verbietet weiterhin den Missbrauch von Drogen. Jeder weiß, dass der Genuss von Drogen letztlich ein Selbstmord auf Raten ist und damit eindeutig gegen das Gebot Gottes verstößt.

a) Wesen und Arten der Drogen

Bei den Drogen handelt es sich um Wirkstoffe, die die Funktionen eines Organismus verändern. Es lassen sich drei grundsätzliche Arten von Drogen unterscheiden: die Drogen in Form von Rauschmitteln, Medikamenten und Giftstoffen. Entscheidend ist bei allen Drogen, in welcher Form, in welcher Menge und zu welchem Zweck sie verwendet werden. Bestimmte Drogen können als Medikamente eingesetzt werden. Werden Drogen missbraucht, werden sie zu einem tödlichen Mittel.

b) Die Hauptgründe für den Drogenkonsum

Ein erster Schritt zur Drogensucht sind häufig gestörte Familienverhältnisse: Wenn es in der Familie nicht stimmt, kommt es viel leichter zum Drogenkonsum als bei geordneten und stabilen Familienverhältnissen. Wenn den Menschen Liebe und Geborgenheit fehlt (z. B. wenn Eltern nie für ihre Kinder Zeit haben), suchen sie oft nach dem Ersatz in einer Scheinwelt, die ihnen die Drogen vorgaukeln. Bemerkenswert ist auch die Tatsache, dass der Drogenkonsum oft auch in reichen, intellektuellen und künstlerischen Familien zu beobachten ist. Offensichtlich gibt es auch in Familien mit einer höheren Kultur die Bereitschaft zum Drogenkonsum. Wie beim Alkohol oder Nikotin ist Neugierde ein Einstieg: Es sind vor allem junge Leute, die irgendwann eine sogenannte leichte Droge ausprobieren und dann nicht mehr von dem Stoff loskommen. Ein dritter Grund für den steigenden Drogenkonsum ist in der tiefen Frustration und Sinnlosigkeit zu suchen, von denen heute viele Menschen befallen sind. Viele unserer Zeitgenossen sind von einer derartigen Leere und Resignation erfüllt, dass sie in den Drogen den einzigen Ausweg sehen, um ihrem inneren Elend zu entrinnen. Viele suchen ihre „bewusstseinserweiternden" Wirkungen, die Verstärkung der optischen und akustischen Wahrnehmungsfähigkeit und die Intensivierung der Emotionen. Viele Künstler und Musiker benutzen Drogen als Anregungsmittel für ihr künstlerisches Schaffen. Ein entscheidender Grund für die Verbreitung der Drogen ist auch die ständige Anpreisung von Drogen durch Dealer und Drogenabhängige, die ihre Ware anbringen müssen, um so ihren eigenen Drogenkonsum zu finanzieren.

c) Drogen

Zu den leichten Drogen gehören die Weckmittel bzw. Stimulanzien (medizinische Bezeichnung: Amphetamine). Diese Mittel werden zur Leistungssteigerung und gegen die Müdigkeit verwendet. Zu den leichten Drogen werden auch die Beruhigungsmittel bzw. *Tranquilizers* (medizinische Bezeichnung: Barbiturate) gezählt. Diese werden gegen Schlaflosigkeit, Nervosität und Schmerzen (Kopfweh, Zahnschmerzen) eingenommen. Davon zu unterscheiden sind die sogenannten weichen Drogen, Haschisch und Marihuana (Cannabis), die mittels Joints (selbstgedrehte Zigaretten), Pfeife, Räucherkerzen und Räucherstäbchen konsumiert werden. Die künstlich hergestellte Droge LSD wird als Flüssigkeit, Tablette oder Kapsel verabreicht. Die bekannteste „Designerdroge" heißt Ecstasy, die besonders in Diskotheken ihre aufputschende Wirkung zeigt, weil sie die Jugendlichen keine Müdigkeit spüren lässt. Zu den harten Drogen zählen vor allem Opium, Heroin und Kokain. Diese Drogen werden aus Pflanzen gewonnen und dann in spezifischer Weise weiterverarbeitet. In neuerer Zeit ist eine künstliche harte Droge, nämlich Crack, dazugekommen. Die harten Drogen werden entweder eingenommen oder gespritzt.

d) Die Auswirkungen der Drogen

Drogen unterscheiden sich von Alkohol oder Nikotin durch ihre stärkere, in den Folgen unüberschaubare Wirkung: Die angeblich so harmlosen weichen Drogen Haschisch und Marihuana können wie *LSD* noch drei bis vier Wochen nach einer einmaligen Einnahme einen „Echorausch" (in Wellen wiederkehrender Rauschzustand) hervorrufen – und schon nach dem ersten Mal zur Drogenabhängigkeit führen.

Drogen greifen das Nervensystem an und führen zu Vergiftungen. Sie haben verschiedene psychische Auswirkungen: Halluzinationen, Angstzustände („Horrortrip") und Geisteskrankheiten. Auch die leichten Drogen können schließlich zur Schädigung des Erbgutes führen.
Die harten Drogen führen in kürzester Zeit zu einer völligen Abhängigkeit, zur Zerrüttung des Körpers, zu Wahnvorstellungen und schließlich zum Tod durch die Lähmung der Atemorgane nach dem „goldenen Schuss" (letzte tödliche Injektion).
Die Drogen sind auch für die Angehörigen eine riesige Belastung. In vielen Familien beginnt durch die Droge ein wahres Martyrium. Und schließlich sind die Drogen auch für die Gesellschaft eine menschliche, gesundheitliche und finanzielle Katastrophe.

e) Maßnahmen gegen die Drogen

Wenn Jugendliche beim Konsum von Drogen erwischt werden, ist es notwendig, durch ein klares Gespräch auf die Folgen (Gesundheit, Mitmenschen, Gesetz) hinzuweisen. Wichtig ist es, die Eltern in das Gespräch einzubeziehen. Wenn die Jugendlichen in einer Schule beim Drogenkonsum erwischt werden, muss die Schulleitung verständigt werden, damit nicht noch weitere Jugendliche hineingezogen werden. Geschieht der Drogenkonsum in einer Diskothek, muss die Polizei alarmiert werden.
Wenn Jugendliche oder Erwachsene zu Drogen greifen, müssen unbedingt kompetente Stellen (Beratungsstelle für Drogensüchtige) konsultiert werden. Benötigt werden dann Fachleute (Arzt, Psychologe) und spezielle Einrichtungen (Entwöhnungszentren).
Eines muss aber von vorneherein klar sein: Das Dro-

genproblem kann nur dann bewältigt werden, wenn wir bedingungslos für die Menschen und gegen die Drogen kämpfen! Jede Freigabe der Droge ist absolut tödlich!

8. Abtreibung

In ganz besonderer Weise stellt das fünfte Gebot das menschliche Leben vom Augenblick der Empfängnis an unter Schutz. Die Abtreibung, d.h. Tötung des Kindes vor der Geburt, hat unvorstellbare Ausmaße angenommen: Viele Jahre lang wurden laut Weltgesundheitsorganisation jedes Jahr weltweit etwa 55 Millionen Abtreibungen vorgenommen! (Zum Vergleich: Der Zweite Weltkrieg forderte in sechs Jahren 55 Millionen Menschenleben.) In den letzten Jahren ist ein Rückgang der Abtreibungen auf 46 Millionen Abtreibungen festzustellen. (Das bedeutet, dass täglich etwa 125 000 ungeborene Kinder getötet werden. Das entspricht etwa der Einwohnerzahl von Innsbruck.)

a) Die Arten der Abtreibung

Es gibt verschiedene Arten der Abtreibung. Die bekannteste Methode ist die Absaugmethode: Dabei wird ein Rohr in die Gebärmutter eingeführt, durch das das Kind dann abgesaugt wird. Eine zweite Art der Abtreibung ist die *Curettage:* Das Kind wird mithilfe einer Curette (Messer für operativen Eingriff) zerstückelt und dann aus der Gebärmutter entfernt. Die Abtreibung kann auch durch eine Salzvergiftung vorgenommen werden: Dabei wird eine konzentrierte Salzlösung in die Fruchtblase gespritzt, das Baby schluckt die Salzlösung und wird so vergiftet. Die Abtreibung ist auch durch die Einleitung einer Frühgeburt möglich: Durch die Verabreichung von Prostaglandin wird das ungeborene Kind aus dem Mutterleib ausgestoßen; zwei von drei Kindern sterben dabei, aber nicht alle (z.B. das Oldenburger Baby). Eine weitere Form der Abtreibung ist die sogenannte *partial-birth abortion* im fünften und sechsten Schwangerschaftsmonat. Das ungeborene Kind wird bei dieser Methode zum Teil aus der Vagina herausgezogen, dann wird eine Schere tief in den Schädel gestoßen und daraufhin der Inhalt des Kopfes aus dem entstehenden Loch ausgesaugt. Schließlich besteht auch die Möglichkeit, ein Kind durch Kaiserschnitt abzutreiben. In neuerer Zeit hat das „Medikament" *Mifegyne* (RU 486) zu einer neuen subtilen Art der Abtreibung geführt. Die „Pille danach" verhindert die Einnistung der befruchteten Eizelle in der Gebärmutter und bewirkt dadurch das Absterben des menschlichen Lebens im Mutterleib.

b) Für die Abtreibung angeführte Gründe (Indikationen)

Für die Rechtfertigung der Abtreibung werden mehrere Gründe angeführt. Diese Gründe werden als „Indikationen" (Hinweise; Angezeigtsein eines Schwangerschaftsabbruches) bezeichnet. Die bekanntesten Begründungen sind die soziale, die medizinische, die ethische und die eugenische Indikation.

Die soziale Indikation

Die soziale Indikation bezieht sich auf finanzielle Schwierigkeiten und/oder auf den Mangel einer entsprechenden Wohnung.

Die medizinische Indikation

Die medizinische Indikation bezieht sich auf die gesundheitliche Gefährdung der Mutter durch eine Schwangerschaft und durch Komplikationen bei der Geburt.

Die ethische oder kriminologische Indikation

Die ethische oder kriminologische Indikation führt moralische Gründe für die Berechtigung einer Abtreibung an. Demnach darf ein Kind abgetrieben werden, wenn es bei einer Vergewaltigung oder bei einem Ehebruch gezeugt wurde.

Die eugenische oder embryopathische Indikation

Die eugenische oder embryopathische Indikation beruft sich auf eine ernste Gefährdung der körperlichen und geistigen Gesundheit des ungeborenen Kindes.

c) „Indikationenlösung" und „Fristenlösung"

Im Zusammenhang mit der Straffreistellung der Abtreibung spricht man von „Indikationenlösung" und von „Fristenlösung". Die „Indikationenlösung" lässt Abtreibung bei bestimmten Indikationen (Gründen) zu, bei der „Fristenlösung" ist Abtreibung ohne Angabe von Gründen innerhalb einer bestimmten Frist straffrei: meistens bis zu drei Monaten nach der Zeugung. Eine Abtreibung mit „medizinischer Indikation" ist bis zur Geburt zulässig! Viele Staaten haben sich für die Indikationenlösung, andere für die Fristenlösung entschieden. Manche Staaten haben eine Mischform zwischen der Indikationenlösung und der Fristenlösung eingeführt.

d) Alternativen zur Abtreibung

Angesichts der sozialen, medizinischen, ethischen und sozialen Indikation und der staatlichen Gesetzgebung, die die Abtreibung befürwortet und erlaubt, stellt sich nun die Frage, wie sich ein Christ im Hinblick auf die Abtreibung verhalten soll. Es ist zunächst klar, dass das fünfte Gebot die Tötung eines Menschen eindeutig verbietet. Es ist daher klar, dass auch die Abtreibung eines ungeborenen Kindes nicht erlaubt ist. Es muss daher eine moralische Verpflichtung jedes Einzelnen und der ganzen Gesellschaft sein, nach Lösungen zu suchen, die es ermöglichen, die Abtreibung zu verhindern. Dabei wollen wir ganz offen zugeben, dass es bei Schwangerschaften die genannten sozialen, medizinischen, ethischen und eugenischen Schwierigkeiten geben kann. Aber wir müssen uns doch fragen, ob es nicht Lösungen gibt, die es erlauben, die verschiedenen Schwierigkeiten ohne die Tötung eines ungeborenen Kindes zu meistern. Es sollte doch angesichts der fortschreitenden wissenschaftlichen und sozialen Möglichkeiten zumindest versucht werden, die anstehenden Probleme ohne Abtreibung zu lösen. Es sollte für uns doch ein heiliges Anliegen und eine heilige Verpflichtung sein, dass das ungeborene Menschenkind eine echte Chance bekommt, geboren zu werden.

Die soziale Indikation

Im Falle einer sozialen Indikation, bei der die mangelnden Finanzen oder die zu kleine Wohnung als Gründe für die Abtreibung angeführt werden, ist es durch entsprechende öffentliche Unterstützungen sicher möglich, eine Abtreibung zu vermeiden. So können z. B. eine entsprechende Kinderbeihilfe oder Mietzuschüsse für größere Wohnungen Abtreibungen verhindern. Private Initiativen helfen: Wenn z.B. vermögende alleinstehende Personen eine größere Familie unterstützen, kann auch ein weiteres Kind seinen Platz finden.

Die medizinische Indikation

Im Falle einer medizinischen Indikation, bei der gesundheitliche Risiken für die Mutter als Gründe für die Abtreibung angeführt werden, ist festzustellen, dass die moderne Gynäkologie auch in schwerwiegenden Fällen helfen kann. Kritische Fälle sind nach wie vor Schwangerschaften bei Frauen mit akuter Nierenschwäche: in solchen Fällen lässt sich jedoch durch die Einleitung einer Frühgeburt die Belastung in Grenzen halten. Besonders schwerwiegend sind die Fälle, bei denen während einer Schwangerschaft ein Tumor in der Gebärmutter auftritt: Aber auch in solchen Fällen muss der Arzt bei einer Operation versuchen, das Leben des Kindes zu retten. Er darf nicht bewusst und direkt das Kind töten, um das Leben der Mutter zu erhalten. Wenn das Kind bei einer Operation der Mutter trotz des Bemühens des Arztes stirbt, so handelt es sich dabei um eine indirekte Tötung und nicht um eine beabsichtigte Abtreibung. In manchen Fällen bietet die Einleitung einer Frühgeburt die Möglichkeit, die Mutter noch rechtzeitig zu operieren. Es kommt vor, dass Frauen in solchen Fällen lieber ihr eigenes Leben hingeben als das Leben ihres Kindes zu gefährden. Das Beispiel solcher heroischer Frauen erinnert uns daran, wie groß wahre Mutterliebe sein kann!

Die ethische oder kriminologische Indikation

Im Falle der ethischen oder kriminologischen Indikation, die die Abtreibung bei einer Vergewaltigung oder einem Ehebruch befürwortet, ließe sich das Problem durch eine Freigabe des Kindes zur Adoption lösen. Es ist für eine Frau sicher schwierig, ein Kind auszutragen, dessen Zeugung bei einer Vergewaltigung zustande kam. Aber diese Frau sollte auch daran denken, dass dem Kind keine Schuld zufällt, dass es auf diese Weise entstand. Es ist auch schwierig für eine Frau, ihrem Ehemann einzugestehen, dass sie ein Kind von einem anderen Mann erwartet. Aber diese Frau muss wissen, dass sie für das Kind, das sie unter ihrem Herzen trägt, verantwortlich ist. Oft kann in einem solchen Fall die Vermittlung gemeinsamer Freunde oder einer Beratungsstelle weiterhelfen. Entscheidend ist das Bewusstsein, dass das Kind völlig unschuldig ist und nicht für das unverantwortliche Verhalten gewisser Personen mit seinem Leben büßen soll.

Die eugenische oder embryopathische Indikation

Im Falle der eugenischen oder embryopathischen Indikation, die eine körperliche oder geistige Behinderung des ungeborenen Kindes als Begründung für die Abtreibung anführt, ist anzumerken, dass in keinem anderen Verfahren so vage Diagnosen zu einem Urteilsspruch ausreichen. Im Falle von Behinderungen gibt es viele Möglichkeiten zu helfen. Verschiedene Behinderungen lassen sich heute durch spezielle Therapien beheben oder zumindest mildern; für viele Behinderte gibt es spezielle Schulen und geschützte Werkstätten, für Schwerstbehinderte stehen eigene Heime zur Verfügung. Entscheidend ist aber immer die Bereitschaft der betroffenen Familien, sich für das behinderte Kind einzusetzen. Wichtig ist auch, dass in einer Gesellschaft das Bewusstsein vorhanden ist, dass behinderte Menschen als Person die gleiche Würde besitzen wie die Gesunden. Der Umgang mit behinderten Menschen ist immer ein Maßstab für die menschliche und soziale Kultur einer Gesellschaft. Wenn es in dieser Kultur des Lebens an Großmut, Wohlwollen und Teilen fehlt, ist die Barbarei meistens nicht mehr fern.

e) Überbevölkerung als Rechtfertigung der Abtreibung?
Viele Zeitgenossen rechtfertigen die Abtreibung auch mit dem Argument der Überbevölkerung. Die Abtreibung ist aber kein Mittel zur Geburtenregelung! Geburtenregelung muss durch verantwortungsbewusste Familienplanung zustande kommen, darf aber niemals durch Abtreibung angestrebt werden. Sobald ein menschliches Wesen gezeugt wird, hat es ein eigenes Lebensrecht, das von niemandem angetastet werden darf! Weiterhin lässt sich feststellen, dass es in den europäischen Ländern keine Überbevölkerung gibt. Europa weist im Gegenteil einen Bevölkerungsschwund auf. In den meisten europäischen Ländern beträgt die Fruchtbarkeitsrate zur Zeit 1,2–1,4 Kinder pro Paar (Statistik 2002). Zum Erhalt eines Volkes braucht es aber eine Fruchtbarkeitsrate von 2,1 Kinder pro Paar! In den europäischen Ländern fehlt mehr als ein Drittel der Geburten. Das bedeutet, dass die Bevölkerungsanzahl in jeder Generation um ein Drittel zurückgeht! Laut Prognosen wird die Bevölkerung Deutschlands bei gleicher Fruchtbarkeitsrate bis 2100 von derzeit 80 Millionen auf 32 Millionen zurückgehen. Weltweit gibt es derzeit 60 Länder mit einer Geburtenrate unter der Bestandserhaltungsquote. Dabei geht ein großer Teil der fehlenden Geburten auf die Abtreibungen zurück. Die Abtreibungen tragen also in vielen Ländern bereits zur Unterbevölkerung bei. Die Folgen der fehlenden Geburten sind Überalterung, fehlende Pensionen, Zuwanderung von fremden Völkern mit hohen Geburtenraten, mittel- bis langfristige Ablösung der europäischen Völker.

f) Sind Föten keine Menschen?
Die Befürworter der Abtreibung behaupten, Föten seien

noch keine Menschen und können daher abgetrieben werden. Die moderne Wissenschaft lehrt uns aber das Gegenteil: Das neue Wesen weist 46 Chromosomen auf und ist eindeutig ein menschliches Lebewesen. Vom Augenblick der Befruchtung an handelt es sich um ein eigenständiges Lebewesen, das genetisch von der Mutter verschieden und deshalb auch nie ein Teil des Bauches seiner Mutter ist. Bereits ab der Zeugung sind alle körperlichen, geistigen und seelischen Anlagen eines Menschen festgelegt. Das ungeborene Wesen entwickelt sich nicht erst zum Menschen, sondern immer schon als Mensch! Am achtzehnten Tag beginnt des Herz zu schlagen, in der sechsten Woche ist die Tätigkeit des Gehirns feststellbar, in der achten Woche kann der Fötus nach Dingen greifen, ab der elften Woche arbeiten alle Organsysteme, das Kind schluckt, verdaut, uriniert. Der Fötus ist von Anfang an sehr schmerzempfindlich. Manche behaupten auch, das Kind im Mutterleib weise noch keine Intelligenz auf und dürfe deshalb abgetrieben werden. Die Intelligenz ist aber auch bei der Geburt nicht ausgebildet. Die Intelligenz des Menschen ist als Anlage von Anfang an vorhanden, erreicht jedoch ihre volle Entwicklung erst Jahrzehnte nach der Geburt. Die Intelligenz kann daher nie ein Maßstab für die Erlaubtheit der Abtreibung sein.

g) Auswirkungen der Abtreibung

Abtreibung hat auch verschiedene negative Auswirkungen für die Mütter, die oft unterschätzt werden. 11–15 Prozent leiden an sofortigen Komplikationen wie Blutungen, Verletzungen der Gebärmutter (Curettage), Entzündungen der Gebärmutter, der Eileiter und Eierstöcke, in manchen Fällen kommt es zu einem septischen Schock (ein durch

Krankheitserreger im Blut verursachter Kreislaufzusammenbruch). Jede dritte Frau leidet nach der Abtreibung an Spätfolgen, bei acht Prozent wurde eine dauernde Sterilität festgestellt. Es kommt zur Zunahme von Eileiterschwangerschaften, Frühgeburten und von Kindern mit körperlichen und geistigen Defekten.

Bei der „Pille danach“ (RU 486) kommt es zu einem sehr schmerzhaften Ausstoßungsprozess, der in vielen Fällen eine Schmerzbekämpfung mit Narkosemitteln erforderlich macht. Zum Abschluss sei noch darauf hingewiesen, dass es auch noch heute Fälle gibt, in denen die Abtreibung zum Tod der Mutter führt.

Durch die Abtreibung kann es aber auch zu schwerwiegenden psychischen Auswirkungen bei der Frau kommen: Die plötzliche, künstlich herbeigeführte Umstellung des Hormonhaushalts führt nicht selten zu Psychosen und Hysterie. In vielen Fällen kommt es auch zum sogenannten *Post-Abortion-Syndrom:* Frauen können mit der Abtreibung seelisch nicht fertig werden und verfallen in tiefe Depressionen. Sie merken nun erst die volle Tragweite ihrer falschen Entscheidung und werden von Schuldgefühlen heimgesucht.

h) Maßnahmen gegen die Abtreibung

Die Abtreibung hat heute solche Ausmaße angenommen, dass man von einem „Weltkrieg gegen das Leben“ sprechen kann. Was lässt sich gegen die Abtreibung unternehmen? Die erste Forderung besteht darin, dass wir unbedingt mehr Ordnung in das Sexualverhalten hineinbringen müssen. Solange Sexualität ohne Bindung und Verantwortungsbewusstsein propagiert und praktiziert wird, dürfen wir uns nicht wundern, wenn es ständig zu unerwünschten

Schwangerschaften und Abtreibungen kommt. Deshalb ist die erste und beste Maßnahme gegen Abtreibung eine größere Verantwortung und Selbstbeherrschung auf dem Gebiet der Sexualität. In diesem Zusammenhang sei darauf hingewiesen, dass die Verhütungsmittel keine Maßnahme gegen die Abtreibung sind: Die Verwendung von Verhütungsmitteln führt nachgewiesenermaßen zu einer Zunahme von Abtreibungen. Der Grund dafür ist einsichtig: Verwenden die Partner Verhütungsmittel, rechnen sie nicht mit einer Schwangerschaft und sind bei einer trotzdem eintretenden Schwangerschaft völlig unvorbereitet; trennen sie Sexualität von ihrem Zweck der Weitergabe des Lebens, ist der Schritt zur Abtreibung des gezeugten Kindes nicht weit. Eine Maßnahme gegen die Abtreibung wäre eine bessere Vermittlung der Beratungsstellen: Es gibt nämlich genügend Hilfseinrichtungen, aber die Frauen finden nicht den Weg zu ihnen. Entscheidend wäre eine Ethik der Ärzte, die sich ihrem Beruf entsprechend ganz dem Schutz der Ungeborenen verpflichtet weiß. Von größter Wichtigkeit wäre schließlich, dass sich Mütter in Not zur Freigabe ihrer Kinder zur Adoption entschließen.

9. Euthanasie

Das Wort *Euthanasie* heißt aus dem Griechischen direkt übersetzt „guter Tod". Die Kirche kennt Sterbehilfe – im Gegensatz zur Euthanasie als Sterbenachhilfe. Im Sinne der Kirche handelt es sich bei Sterbehilfe um die Hilfe, die einem sterbenden Menschen durch den Arzt und den Priester neben der allgemeinen Pflege zuteil wird. Die Betreuung des Sterbenden ist eine vorbildliche Form selbstloser Nächstenliebe; sie soll aus diesem Grund gefördert werden. Ganz anderer Art ist die „aktive Sterbehilfe", bei der Menschen bewusst getötet werden. Diese Art von Sterbehilfe ist grundsätzlich und entschieden abzulehnen.

a) Die Arten der Euthanasie

Zu unterscheiden sind vier verschiedene Arten des Verständnisses von Sterbehilfe:

a) Verzicht auf künstliche Lebensverlängerung (passive Euthanasie);
b) Behandlung mit schmerzstillenden Mitteln (indirekte Euthanasie);
c) keine Verhinderung der Selbsttötung (Beihilfe) und
d) die absichtliche Tötung eines Patienten (aktive Euthanasie).

Verzicht auf künstliche Lebensverlängerung (passive Euthanasie)

Die erste Form der Euthanasie sieht vor, dass das Leben des Menschen nicht künstlich verlängert werden soll. Wenn der Arzt feststellt, dass ein Mensch in unwiderruflicher Weise in die Sterbephase eingetreten ist, dann wird der Patient nicht mehr an alle möglichen Maschinen angeschlossen, die sein Leben künstlich erhalten. Dieser Mensch bekommt zwar alles, was er zum Leben braucht (Ernährung, Medikamente, Beatmung), aber er wird nicht durch spezielle Apparaturen am Leben erhalten. Es kommt also zu keiner Förderung, aber auch zu keiner Verzögerung des Sterbeprozesses. Aus christlicher Sicht ist dieser Sterbehilfe sicher zuzustimmen. Es muss dabei allerdings gewährleistet sein, dass der Sterbeprozess tatsächlich unwiderruflich eingesetzt hat.

Ganz anders verhält es sich bei Koma-Zuständen nach einem Unfall, bei denen die übrigen körperlichen Funktionen noch stabil sind. In solchen Fällen ist eine künstliche Verlängerung des Lebens angebracht. Es kommt immer wieder vor, dass Menschen auch nach langer Zeit aus dem Koma aufwachen.

Behandlung mit schmerzstillenden Mitteln (indirekte Euthanasie)
Die Behandlung von sterbenden Patienten mit schmerzlindernden Medikamenten entspricht der menschlichen Würde, auch wenn dadurch die Gefahr einer unbeabsichtigten Lebensverkürzung in Kauf genommen werden muss *(KKK,* § 2279). Es handelt sich in diesem Fall nicht um eine bewusste Tötung des Patienten, sondern um eine Nebenwirkung des Medikaments, die sich nicht ausschließen lässt. (Eine beabsichtigte gleiche Handlung hat die gleiche Wirkung, ist aber unethisch!) Schmerzlinderung als Sterbehilfe ist aus christlicher Sicht selbstverständlich gutzuheißen. Es soll alles unternommen werden, um solchen Menschen ein möglichst schmerzfreies Sterben zu ermöglichen.

Keine Verhinderung der Selbsttötung (Beihilfe)
Eine weitere Form der Euthanasie betrifft die „Nichthinderung der Selbsttötung" bzw. die „Beihilfe zur Selbsttötung" von schwerkranken Personen. Damit ist gemeint, dass man einen schwerkranken Mensch nicht am Selbstmord hindert bzw. dass man ihm auf sein Verlangen beim Selbstmord hilft. Als Rechtfertigung für diese Form der Euthanasie wird das Recht des Menschen angeführt, frei über sein Leben verfügen zu können. Oft heißt es auch, dass das Mitleid mit einem schwerkranken Menschen eine

Beihilfe zur Selbsttötung rechtfertige. Die Euthanasie sei in diesem Fall ein „Akt der Humanität". Dazu ist prinzipiell zu sagen, dass der Mensch kein freies Verfügungsrecht über sein eigenes Leben hat. Im *Katechismus der Katholischen Kirche* heißt es dazu: „Wir sind nur Verwalter, nicht Eigentümer des Lebens, das Gott uns anvertraut hat. Wir dürfen darüber nicht verfügen" *(KKK,* § 2280*)*. Wir dürfen deshalb auch nicht passiv zuschauen, wenn sich ein anderer Mensch töten will. Wir müssen vielmehr alles tun, um ihn von seinem Vorhaben abzubringen und ihm in seinem Leid zu helfen. Es ist auch nicht erlaubt, einem schwerkranken Mitmenschen aus Gründen des „Mitleids" und der „Humanität" bei der Selbsttötung behilflich zu sein. Papst Johannes Paul II. schreibt dazu: „Die Selbstmordabsicht eines anderen zu teilen und ihm bei der Ausführung durch die sogenannte „Beihilfe zum Selbstmord" behilflich zu sein, heißt Mithelfer und manchmal höchstpersönlicher Täter eines Unrechts zu werden, das niemals, auch nicht, wenn darum gebeten worden sein sollte, gerechtfertigt werden kann (...). Auch wenn sie nicht durch die egoistische Weigerung motiviert ist, sich mit der Existenz des leidenden Menschen zu belasten, muss die Euthanasie als falsches Mitleid, ja als eine bedenkliche „Perversion" desselben bezeichnet werden: denn echtes „Mitleid" solidarisiert sich mit dem Schmerz des anderen, tötet nicht den, dessen Leiden unerträglich ist" *(Enzyklika Evangelium vitae, 66)*.

Die absichtliche Tötung eines Patienten (aktive Euthanasie)
„Die direkte Euthanasie besteht darin, dass man, aus welchen Gründen und mit welchen Mitteln auch immer, dem Leben behinderter, kranker oder sterbender Menschen ein

Ende setzt. Sie ist sittlich unannehmbar" *(KKK, § 2277)*. „Eine Handlung oder eine Unterlassung, die von sich aus oder der Absicht nach den Tod herbeiführt, um dem Schmerz ein Ende zu machen, ist ein Mord, ein schweres Verbrechen gegen die Menschenwürde und gegen die Achtung, die man dem lebendigen Gott, dem Schöpfer, schuldet" *(KKK, § 2277)*.

In einzelnen Ländern wie den Niederlanden gibt es heute schon Gesetze zur Regelung statt zur Verhinderung der aktiven Euthanasie. Es gibt Vereinigungen, deren Mitglieder sich im Falle von schweren Leiden zur Euthanasie entschlossen haben.

Aus christlicher Sicht ist das Leben ein Geschenk Gottes, zu dem auch die Bewährung im Leiden gehört. Oft ist gerade diese Zeit des Leidens, das selbstverständlich mit allen verfügbaren Mitteln gelindert werden soll, eine wichtige Zeit der Besinnung und der Reifung. Diese Zeit des Leidens ist oft auch eine letzte Chance der Umkehr und eine Zeit der Buße. Das Leiden hat also aus christlicher Sicht eine wichtige Funktion!

Ein Arzt hat kein Recht, das Leben eines Menschen zu beenden – denn dies ist nicht Hilfe beim Sterben, sondern Tötung, die der ärztlichen Ethik völlig widerspricht, die zum Schutz des Lebens in allen seinen Phasen verpflichtet ist. Die aktive Euthanasie erschüttert das Vertrauen zu den Ärzten, die nach den Seelsorgern die wichtigsten Vertrauenspersonen eines Menschen sein können. Alte und gebrechliche Menschen müssten dann befürchten, dass die Einlieferung in bestimmte Abteilungen von Krankenhäusern für sie das nahe Ende bedeutet.

Auch die Angehörigen haben kein Recht, eine aktive Euthanasie für ihre schwerkranken und pflegebedürftigen

Verwandten zu verlangen. Nur allzu leicht handelt es sich dabei um die Entledigung eines lästigen Pflegefalles oder es können sogar recht materielle Interessen, wie z. B. eine Erbschaft, im Spiel sein.

Dem Staat steht erst recht kein Recht zu, die aktive Euthanasie gesetzlich zu erlauben. Der Staat hat kein Verfügungsrecht über das Leben seiner Bürger. Sonst könnten sich schnell utilitaristische Überlegungen, d. h. Nützlichkeitserwägungen einschleichen, um beim Pflegegeld und bei klinischen Einrichtungen zu sparen.

Die aktive Euthanasie stellt grundlegende Werte infrage und führt zu einer Gefährdung des Lebens. Was im ersten Augenblick wie ein Akt der Humanität aussieht, erweist sich bei genauer Betrachtung als ein subtiler Angriff auf das Leben. Durch die aktive Euthanasie werden Tür und Tor zu einer weitreichenden Ermächtigung zum Töten aufgestoßen. Bei einer Aufweichung des Tötungsverbotes, egal mit wie vielen Klauseln, würde Tötung auf Verlangen zu einer denkbaren, realen Alternative. Wäre sie erlaubt, fänden die Menschen dann ständig neue Gründe oder Indikationen für ihre Anwendung. Es ist daher notwendig, dass wir sehr klar die unheimlichen Möglichkeiten erkennen, die sich durch die Freigabe dieser sogenannten „Sterbehilfe" ergeben würden.

b) Maßnahmen gegen Fehlformen der Euthanasie

Welche Maßnahmen können wir gegen falsche Formen der Euthanasie ergreifen? Die beste Hilfe ist eine umfassende positive Sterbebegleitung. Wir dürfen Menschen in der Endphase ihres Lebens nicht allein lassen, sondern müssen sie in medizinischer, menschlicher und seelsorgerlicher Hinsicht optimal betreuen. Wir dürfen in ihnen keine medizinischen Fälle sehen, sondern müssen ihnen als Menschen mit ganz speziellen Nöten und Bedürfnissen begegnen. Oft ist die menschliche und seelsorgerliche Begleitung in dieser Endphase des Lebens noch wichtiger als die medizinische Betreuung.

Eine zweite Maßnahme ist eine entsprechende Ausbildung der Ärzte und des Pflegepersonals in Krankenhäusern und Altersheimen. Viele Mediziner und Krankenpfleger stehen dem Sterben völlig hilflos gegenüber. Sie brauchen eine entsprechende Schulung, um sie als unmittelbare Ansprechpartner der Sterbenden auf ihre schwere und bedeutungsvolle Aufgabe vorzubereiten. Denn bisher kommt es immer wieder vor, dass Sterbende in ein Zimmer abgeschoben werden, in dem sie dann ohne Betreuung „ausgeistern".

Eine weitere Maßnahme ist auch die rechte Einstellung vonseiten der Angehörigen. Die Betreuung von Schwerkranken und Sterbenden ist fast immer ein sehr schwerer Dienst, der oft bis an die Grenzen der Belastbarkeit geht. Wenn sich die Angehörigen daran erinnern, dass dieser Dienst auch ein Akt der Dankbarkeit gegenüber ihren nächsten Angehörigen ist, werden sie die nötige Motivation und Kraft dazu finden. Wenn die schwerkranken Menschen den Wunsch äußern, daheim zu sterben und dies vom Arzt als möglich erachtet wird, sollten die Angehörigen diesem Wunsch entsprechen.

Eine entscheidende Maßnahme ist schließlich die Vermittlung einer völlig neuen Einstellung gegenüber dem Leid und dem Tod. Die aktive Euthanasie wird überall dort überwunden und zurückgedrängt, wo es möglich ist, dem Leid einen tieferen Sinn zu geben. Hier kommt es wesentlich auf die Kirche an, die durch ihr tieferes Wissen um das jenseitige Schicksal des Menschen ganz andere Perspektiven eröffnet als jede rein diesseitige Philosophie.

10. Medizin

In das fünfte Gebot fallen schließlich auch verschiedene medizinische Fragen, die z. B. die Genmedizin und die Organverpflanzung betreffen. Durch die rasante Entwicklung der wissenschaftlichen Erkenntnisse und der operativen Techniken kommt es zu immer neuen Grenzfragen, die eine klare ethische oder kriminologische Stellungnahme erfordern.

a) Die Genmedizin

Die medizinische Forschung hat in den vergangenen Jahrzehnten auf dem Gebiet der Genetik zu erstaunlichen Erkenntnissen geführt. Die Medizin hat in der Genetik gewissermaßen den Schlüssel für das Leben entdeckt und dringt auf diese Weise immer mehr in die Geheimnisse des Lebens ein. Das bedeutet, dass die Medizin immer mehr die Informationsträger und die Steuermechanismen des Lebens in den Griff bekommt. Es stellt sich nun die entscheidende Frage, ob und wie die Medizin diese Kenntnisse verwenden darf.

Genmedizin im Dienst des Menschen

Die christliche Morallehre vertritt den Standpunkt, dass die Genmedizin wie jede Wissenschaft und Technik ein wertvolles Mittel ist, wenn sie ihre Erkenntnisse in den Dienst des Menschen stellt und dessen ganzheitliche Entwicklung zum Wohl aller fördert. Sie darf diese Erkenntnisse dazu verwenden, verschiedene Krankheiten zu heilen. Sie kann die Strukturen der DNS untersuchen, um gewisse Krankheiten festzustellen, um sie zu heilen oder zu lindern; aber sie steht in schwerwiegender Weise im Gegensatz zum Moralgesetz, falls sie – je nachdem wie die Ergebnisse ausfallen – die Möglichkeit in Erwägung zieht, eine Abtreibung durchzuführen. Eingriffe, die im Dienst der menschlichen Gesundheit stehen, sind dagegen zu rechtfertigen.

Genmanipulation und Klonierung

Zu meinen, „die wissenschaftliche Forschung und ihre Anwendungen seien wertfrei, ist eine Illusion. Kriterien für die Orientierung der Forschung lassen sich weder einfach aus der technischen Wirksamkeit noch aus dem Nutzen ableiten, den sie für die einen zum Schaden der anderen haben kann, und erst recht nicht aus den herrschenden Ideologien. Wissenschaft und Technik erfordern ihrem inneren Sinn gemäß die unbedingte Achtung der sittlichen Grundwerte. Sie müssen im Dienst der menschlichen Person, ihrer unveräußerlichen Rechte, ihres wahren, ganzheitlichen Wohls stehen, wie das dem Plan und dem Willen Gottes entspricht" *(KKK,* § 2294). Die Genmedizin steht heute auch an der Schwelle der Klonung des Menschen: das heißt, es wäre prinzipiell möglich, einen Menschen gentechnisch zu reproduzieren, ihn beliebig oft zu „kopieren". Die Genmedizin darf aber nicht zur Manipulation oder Züchtung des Menschen führen. Denn Forschungen und Experimente, die am Menschen vorgenommen werden, können keine Handlungen rechtfertigen, die in sich der Menschenwürde und dem sittlichen Gesetz widersprechen. Die Menschenwürde verbietet es, das Leben der Willkür irgendwelcher Interessen oder Vorstellungen von Forschern unterzuordnen; sie würden dazu führen, dass der Mensch sich zum absoluten Herrn über andere Menschen erhebt. Eine solche Entwicklung ist aus christlicher Sicht radikal abzulehnen. Sie widerspricht völlig der Eigenständigkeit des Menschen, die nicht durch andere Menschen manipuliert und infrage gestellt werden darf.

Ein neuer Sündenfall?

Bei einer tieferen Betrachtung der Möglichkeiten der Genmedizin stellt sich die Frage, ob sich hier ein neuer Sündenfall anbahnt. Im Buch Genesis im Alten Testament heißt es, dass Gott nach dem Sündenfall im Paradies verhindern wollte, dass der Mensch auch vom „Baum des Lebens" aß. Deshalb ließ er den „Baum des Lebens" durch Engel bewachen (vgl. Gen 3,22–24). Wenn wir diese biblische Stelle mit modernen Augen betrachten, so entdecken wir in ihr auch eine dringende Warnung, mit der Genmedizin äußerst gewissenhaft umzugehen!

b) Die Verpflanzung von Organen

Seit einigen Jahrzehnten ist es möglich, menschliche Organe zu verpflanzen. Die Verpflanzungen von Herz, Lunge, Leber, Niere usw. sind heute schon fast Routineoperationen geworden. Transplantationen können vielen Menschen das Leben retten. Aus christlicher Sicht ist daher eine lebensrettende Transplantation gutzuheißen. Es stellt sich allerdings die schwierige und heikle Frage, wann einem Menschen ein Organ entnommen werden darf.

Wann darf ein Organ entnommen werden?

Eine Organverpflanzung entspricht dem sittlichen Gesetz und kann verdienstvoll sein, wenn die physischen und psychischen Gefahren und Risiken, die der Spender eingeht, dem Nutzen, der beim Empfänger zu erwarten ist, entsprechen. Probleme wirft die Organtransplantation auf, wenn der Spender eines lebenswichtigen Organs vor der Entnahme des Organs gestorben ist; vom medizinischen Standpunkt darf das Organ, das verpflanzt werden soll, nicht tot sein. Es geht dann also um die genaue Feststellung des Todeszeitpunktes, ohne dass es schon zum Aussetzen bzw. zum Tod der betreffenden Organe kommt.

Neue medizinische Maßstäbe für den Tod des Menschen?

Die Erfindung der Herz-Lungen-Maschine sowie die Möglichkeit der Organtransplantation erforderten neue Kriterien, um den Tod des Menschen zu definieren: Während man früher einen Menschen medizinisch für tot erklärte, wenn seine vegetativen Funktionen wie Atmung und Herzschlag aufgehört hatten, genügen diese Kriterien nicht mehr bei einem Menschen, der an einer Herz-Lungen-Maschine angeschlossen ist: Dessen Tod wird festgestellt, wenn der „Gehirntod" eingetreten ist. Das bedeutet, dass bei einem hirntoten Menschen die vegetativen Funktionen durch künstliche Unterstützung noch aufrechterhalten werden können. Auf diese Weise bleiben die Organe, die transplantiert werden sollen, am Leben.

Die medizinische Feststellung des Gehirntods

Zur Feststellung des Gehirntods werden verschiedene Methoden herangezogen: Die Überprüfung der Hirnstammreflexe (z. B. Pupillenreflexe), die Messung der Gehirnströme (Enzephalogramm), die Messung der Blutzufuhr (Angiographie) usw. Diese Messungen müssen bei Erwachsenen gewöhnlich über einen Zeitraum von sechs Stunden, bei Kindern über einen Zeitraum von vierundzwanzig Stunden vorgenommen werden. Wenn nach diesem Zeitraum keine Reflexe und Vorgänge im Gehirn festgestellt werden können, gilt das Gehirn als irreversibel tot, d. h. die Gehirnfunktionen können auch durch eine Reanimation (Wiederbelebung) nicht mehr in Gang gesetzt werden. Entscheidend ist dabei vor allem der Tod des Stammhirns, welches die vegetativen Vorgänge des menschlichen Körpers steuert, der zur Folge hat, dass der Körper nicht mehr aus eigenem Antrieb die Tätigkeit der Atmung und des Herzens aufrechterhalten kann, die vegetativen Funktionen werden also nur noch mithilfe von Maschinen aufrechterhalten.

Ist der Hirntod wirklich der Tod des Menschen?
Die entscheidende Frage ist aber, ob der Hirntod wirklich der Tod des Menschen ist. Diese Frage lässt sich nur beantworten, wenn wir dabei auch das geistige Prinzip des Menschen, nämlich seine Seele, berücksichtigen. Papst Johannes Paul II. hat bei einer Ansprache an die Mitglieder der „Päpstlichen Akademie der Wissenschaften" den Tod in diesem Sinn definiert: „Er erfolgt, wenn das geistige Prinzip, das die Einheit des Individuums sichert, seine Funktionen für den Organismus und in ihm nicht mehr erfüllen kann, und seine sich selbst überlassenen Elemente sich auflösen" *(L'Osservatore Romano, dt. Ausgabe, Bestimmung des genauen Zeitpunktes des Todes,* 16.2.1990, S. 10). Diese Definition des Todes bedeutet, dass die fehlende Einheit des Individuums und die fehlende Koordinierung der verschiedenen bewussten und vegetativen Funktionen des Organismus darauf schließen lassen, dass das geistige Prinzip bzw. die Seele im Menschen nicht mehr wirksam

ist. Es darf deshalb angenommen werden, dass die Seele den menschlichen Körper bereits verlassen hat und der Mensch daher tot ist. Die meisten Fachleute vertreten deshalb die Auffassung, dass der mit Sicherheit eingetretene Tod des gesamten Gehirns ein sicherer Maßstab für den schon erfolgten Tod des Menschen ist. Es gibt allerdings auch eine kleine Gruppe von Fachleuten, die mit der Definition des Hirntodes des Menschen nicht einverstanden sind. Sie begründen ihren Standpunkt damit, dass auch die vegetativen Funktionen zum menschlichen Leben gehören. Daher könne man erst nach dem endgültigen Herzstillstand vom Tod des Menschen sprechen.

Weitere Maßstäbe für eine Organtransplantation

Eine weitere Voraussetzung für die Transplantation ist die Zustimmung des Spenders oder seiner Angehörigen. Es ist moralisch nicht erlaubt, eine Organverpflanzung ohne die Einwilligung des Spenders oder seiner Angehörigen vorzunehmen. Im *Katechismus der Katholischen Kirche* steht ausdrücklich: „Organverpflanzung ist sittlich unannehmbar, wenn der Spender oder die für ihn Verantwortlichen nicht im vollen Wissen ihre Zustimmung gegeben haben" (*KKK*, § 2296). Weiterhin muss bei einer Organverpflanzung die berechtigte Aussicht bestehen, dass der Patient durch die Organspende eine wirkliche Besserung des Gesundheitszustandes erfährt. Eine Organverpflanzung wäre also moralisch nicht vertretbar, wenn die Aussichten auf eine Besserung des Gesundheitszustandes nur sehr gering sind.

Die große Verantwortung der Ärzte

Diese wenigen Überlegungen zeigen bereits, wie schwierig es für einen Arzt ist, im Falle einer Organverpflanzung die richtigen Entscheidungen zu treffen. Auf der einen Seite soll der Spender eindeutig tot sein, auf der anderen Seite soll das Organ noch leben. Einerseits hat der Patient ohne eine Organverpflanzung kaum eine Überlebenschance, andererseits muss eine Organverpflanzung auch eine gewisse Aussicht auf Erfolg haben. Diese Umstände führen in vielen Fällen zu einer „Gratwanderung", die vom Arzt ein hohes Maß an Ethik und Verantwortung erfordert.

SECHSTES GEBOT: DU SOLLST NICHT DIE EHE BRECHEN!

Das sechste Gebot schützt die Liebe und Ehe und wendet sich gegen Einstellungen und Verhaltensweisen, die die Liebe und Ehe gefährden. Es verteidigt bestimmte Werte, die für das Gelingen der Liebe notwendig sind.

1. Die Liebe von Mann und Frau

Um die Bedeutung des sechsten Gebotes tiefer zu begreifen, wollen wir zunächst versuchen, einige Grundzüge der christlichen Liebe aufzuzeigen.

a) Mann und Frau sind von Gott erschaffen

Gleich zu Beginn des Alten Testaments finden sich wesentliche Grundaussagen über Mann und Frau. Im Buch Genesis heißt es: „Gott schuf den Menschen nach seinem Bilde … Als Mann und Frau schuf er sie" (Gen 1,27). Diese Stelle ist ein Hinweis darauf, dass Mann und Frau einander ebenbürtig und gleichwertig sind. Der zweite Schöpfungsbericht beschreibt, wie Gott die Frau aus der Rippe des Mannes bildet (vgl. Gen 2,21–23). Diese Aussage weist darauf hin, dass Mann und Frau aus demselben „Fleisch" (derselben Natur) sind und einander so nahe sein sollen wie eine Rippe dem Herzen nahe ist. Mann und Frau erhalten von Gott den Auftrag, fruchtbar zu sein und sich zu vermehren (vgl. Gen 1,28). Die Bibel berichtet, dass die Schöpfung des Menschen, von

Mann und Frau in den Augen Gottes „sehr gut" war (vgl. Gen 1,31).

b) Die gefallene Natur des Menschen

Das Buch Genesis fährt fort, wie der Sündenfall von Mann und Frau die „sehr gute" Schöpfung in Mitleidenschaft zieht. Die Trennung des Menschen von Gott schwächt auch die Liebe zwischen Mann und Frau. Gott sagte zu Eva, dass sie Verlangen nach ihrem Mann haben, dass er aber über sie herrschen werde; Gott kündigte Eva auch an, dass sie ihre Kinder unter Schmerzen gebären werde (vgl. Gen 3,16). Diese Aussagen der Bibel bringen zum Ausdruck, dass die Liebe zwischen Mann und Frau durch die Sünde gefährdet und die Beziehung zwischen den Geschlechtern oftmals gestört ist. Durch die Sünde ist die Ehe nicht mehr „ein Stück Paradies auf Erden", sondern eine Stätte vieler Konflikte. So ist die Liebe in besonderer Weise auf die Erlösung und auf die Heilung durch Gott angewiesen.

2. Zielsetzungen der Liebe

Die christliche Moral hat eine hohe Vorstellung von der Liebe und Ehe. Sie strebt eine Liebe an, die den Menschen wirklich glücklich macht. Sie weiß, dass eine solche Liebe nur durch echtes Bemühen und durch Opfer möglich ist. Wir wollen nun versuchen, einige Grundzüge und Zielsetzungen der christlichen Liebe aufzuzeigen.

a) Eine Liebe, die auf das Du ausgerichtet ist

Jede wahre Liebe ist auf das Du ausgerichtet. Sie sieht das Du des Partners, sie freut sich mit dem anderen und nimmt an seinem Leben Anteil. Sie denkt stets an den Partner, sie sehnt sich nach ihm und sorgt sich um ihn. Sie kennt seine geheimen Wünsche und verzeiht seine Fehler und Schwächen. Sie tritt selbst zurück, damit sich das Du des anderen entfalten kann und hat das Glück des anderen zum Ziel. Der andere ist nicht ein Mittel, um selbst glücklich zu sein („ich liebe mich und dazu brauche ich dich"), also nicht ein Mittel für die eigene Selbstverwirklichung.

b) Eine personale Liebe

Jede wahre Liebe ist eine personale Liebe. Der Liebende wendet sich einer bestimmten Person zu. Es geht also bei der Liebe nicht nur um das andere Geschlecht und um ein männliches oder weibliches Wesen. Die Liebe meint nicht nur einen Mann oder eine Frau, sondern einen bestimmten Mann oder eine bestimmte Frau. Solange die Liebe nur an der Gattung „Mann" und an der Gattung „Frau" interessiert ist, geht es ihr um die Männer und die Frauen, aber noch nicht um die Liebe zu einer Person. Die personale Liebe meint einen ganzen Menschen mit seinem Geist und seinem Körper. Sie liebt nicht nur das Äußerliche, sondern vor allem das Innere dieses Menschen. Solange eine Liebe auf das rein Äußerliche konzentriert ist, vergisst sie das Geistige dieses Menschen und ist somit nicht zu einer personalen Liebe fähig.

c) Eine ungeteilte Liebe

Zum Wesen einer echten Liebe gehört auch die Unteilbarkeit. Der Liebende schenkt seine ganze Zuneigung ausschließlich einem Menschen. Diese Ausschließlichkeit führt zu einer Bündelung aller Kräfte auf eine einzige Person und fördert damit diese Person in einzigartiger Weise. Diese Ausschließlichkeit erhöht die Würde des geliebten

Menschen, da er für den anderen einen so großen Wert darstellt, dass er um seinetwillen alle anderen als Partner ausschließt. Die Ausschließlichkeit, die in der Treue zu einem Partner zum Ausdruck kommt, schützt die Liebe vor Eifersucht und Misstrauen und bewahrt sie vor vielem Herzeleid.

d) Eine dauerhafte Liebe

Echte Liebe meint Dauerhaftigkeit. Wenn zwei Menschen sich wirklich lieben, dann meinen sie eine Liebe ohne Ende. Diese Liebe ist nicht nur auf Zeit und auf Probe, sondern eine Liebe für immer. Diese Liebe hört nicht auf, wenn es zu Schwierigkeiten kommt, sondern bewährt sich gerade in schwierigen Momenten. Diese Liebe lässt den anderen nicht im Stich, wenn er seine äußere Attraktivität verliert, sondern liebt ihn ein ganzes Leben lang. Diese Liebe lässt den anderen nicht fallen, wenn er einen größeren Fehler begeht, sondern hilft ihm, wieder neu zu beginnen. Eine solche Liebe gibt dem anderen die Sicherheit, dass er „in guten und bösen Tagen" mit der Zuneigung und Hilfe des Partners rechnen kann.

e) Eine ergänzende Liebe

Die echte Liebe ist zur Ergänzung berufen. Mann und Frau sind von ihrer Würde her gleichwertig, aber von ihrem Wesen her verschiedenartig. Sie unterscheiden sich in körperlicher, geistiger und seelischer Hinsicht. Mann und Frau verfügen über eine verschiedene Sichtweise, über verschiedene Empfindungen, Begabungen und Fähigkeiten. Sie haben verschiedene Schwerpunkte und Berufungen. Der Sinn dieser Unterschiedlichkeit von Mann und Frau ist in der gegenseitigen Ergänzung zu sehen. Durch das Zusammenwirken dieser verschiedenen Ausrichtungen kommt es zu einer gegenseitigen Bereicherung und Vollendung der beiden Partner. Durch die Ergänzung von zwei verschiedenartigen Wesen kommt es zu einer viel tieferen Einswerdung als bei der Begegnung von gleichartigen Wesen.

f) Eine fruchtbare Liebe

Echte Liebe in der Ehe strebt nach Fruchtbarkeit. Die Ehegatten sind dazu berufen, Kindern das Leben zu schenken. Sie sollen diese Kinder mit ihrer Liebe begleiten, ihnen eine gute Erziehung vermitteln und sie auf das Leben vorbereiten. Sie sollen sie in richtiger Weise fördern und fordern, damit sie sich als eigenständige Persönlichkeiten entfalten und später ebenfalls in rechter Weise den Mitmenschen und der Gesellschaft dienen können. Die Liebe der Ehegatten geht über den Familienkreis hinaus. Ihre Liebe soll auch Verwandte und Freunde sowie Menschen in Not mittragen. Ihr Haus soll ein Haus der Gastfreundschaft sein, in dem jeder Liebe, Verständnis und Geborgenheit erfahren kann.

g) Eine vollendende Liebe

Die wahre Liebe bemüht sich schließlich um die Vollendung des Partners. Sie strebt danach, die guten Seiten des Partners zu fördern, sie versucht, seine Fehler zu beheben und auszugleichen. Die Liebe muss manchmal sogar versuchen, den Partner vor sich und seinen selbstzerstörerischen Kräften zu schützen. Viele Menschen sind durch die aufopfernde Liebe ihres Partners gerettet worden. Viele Personen sind durch die veredelnde Kraft der Liebe zu guten Menschen geworden. Die Liebe des Partners hat sie dazu befähigt, ihre besten menschlichen Eigenschaften voll zu entfalten.

3. *Die Liebe als Sakrament*

Christus hat die Ehe zur Würde eines Sakraments erhoben. Dadurch wird die Ehe zu einem besonderen Heilsmittel Gottes, das den Ehegatten die Kraft und den Schutz Gottes schenkt. Gott bedient sich dabei der beiden Ehepartner und lässt den einen für den anderen zu einem Sakrament, also zu einem Mittel des Heils werden. Die Ehepartner sind daher füreinander ein Sakrament und sollen sich helfen, ganze Christen zu werden. Durch den sakramentalen Ehebund übernehmen beide Partner von Gott den Auftrag, den anderen zum ewigen Heil zu begleiten. Die sakramentale Liebe beschränkt sich also nicht auf das Irdische, sondern strebt nach dem Ewigen. Eine solche Ehe orientiert sich nicht an einer irdischen Liebe, sondern an der Liebe Gottes. In einer solchen Liebe ist Gott selbst das Fundament und der Dritte im Bunde. Durch die ständige Anwesenheit Gottes kommt es in dieser Ehe zur Heilung und Heiligung der Liebe. Eine solche Ehe verlangt aber, dass beide Ehepartner Gott durch ihr Gebet immer wieder in ihre Mitte rufen und ihn um die Gnade seiner Liebe bitten.

4. *Keuschheit als Schutz der Liebe*

a) Die Sehnsucht nach einer echten Liebe

Die bisherigen Betrachtungen haben uns begreifen lassen, dass das Christentum eine sehr hohe Vorstellung von der Liebe vertritt. Es strebt nach einer Liebe, die auf das Du

ausgerichtet ist und setzt sich für eine personale, ungeteilte und dauerhafte Liebe ein; es verkündet, dass die Liebe zur Ergänzung, Fruchtbarkeit und Vollendung der Partner berufen ist. Die Ehe ist in der katholischen Kirche ein Sakrament und damit ein göttliches Heilsmittel, welches mit der Hilfe Gottes zur Heiligung und Vollendung der Liebenden führen soll.
Im Grunde seines Herzens wird sich jeder Mensch nach einer solchen Liebe sehnen. Wer von uns möchte nicht ganz persönlich, ungeteilt und dauerhaft geliebt werden? Und wer von uns ist nicht für eine Liebe, in der er durch einen Partner zur Ergänzung, Fruchtbarkeit und Vollendung gelangt? Und schließlich wird auch jeder dafür dankbar sein, wenn seine Liebe durch den Beistand Gottes geschützt und gestärkt wird.

b) Die Bedeutung der Keuschheit

Wenn wir uns darüber im Klaren sind, dass die christliche Vorstellung der Liebe im Grunde genommen die tiefsten Sehnsüchte des Menschen erfüllt, dann werden wir auch begreifen, warum das Christentum versucht, diese Werte der Liebe zu schützen. Und genau darum geht es bei der Keuschheit: Keuschheit ist nämlich jene Haltung, die bereit ist, die Werte der Liebe zu schützen. Die Keuschheit bemüht sich, all das zu vermeiden, was die Liebe gefährdet und infrage stellt. Der keusche Mensch ist also ein Mensch, der um die Werte der Liebe weiß und sich darum bemüht, diese Werte zu schützen.
Wenn wir heute die Liebe wieder neu zur Entfaltung bringen wollen, dann müssen wir zunächst die Bedeutung der Keuschheit begreifen. Ohne Keuschheit ist keine wahre Liebe möglich.

5. Gefährdungen der Liebe

Die echte Liebe ist heute in vielfacher Weise gefährdet und bedroht. Der liberale Zeitgeist und die Konsumideologie haben die Liebe bzw. die Sexualität weitgehend zu einem persönlichen Vergnügen erklärt, das man ohne Verantwortung und Bindung genießen könne. Eine solche Einstellung stellt aber weitgehend jene Werte infrage, die die wahre Liebe kennzeichnen. Aus diesem Grund muss also jeder, der an einer echten Liebe interessiert ist, sich gegen den liberalen Zeitgeist und gegen die Konsumideologie stellen und die Liebe vor den heimtückischen Gefährdungen schützen, die sich aus diesem Ungeist ergeben.

6. Selbstbefriedigung

a) Keine Ausrichtung auf das Du

Ein erstes Fehlverhalten gegen die Liebe ist die Selbstbefriedigung: Da die Liebe auf das Du ausgerichtet ist, steht die Selbstbefriedigung im Gegensatz zur Liebe. Bei der Selbstbefriedigung geht es nämlich um das eigene Ich! Wenn der Mensch sich nicht um die Beherrschung seiner Geschlechtskraft bemüht, kommt es leicht zu einer sexuellen Fixierung auf die eigene Person. Er wird dann zum Sklaven dieses Triebes und wird auch gegenüber dem anderen Geschlecht zum „Getriebenen". Er ist nicht auf das Du des anderen ausgerichtet, sondern sieht im anderen ein Objekt, um sich selbst zu befriedigen.

b) Die Beherrschung der Geschlechtskraft

Es ist bestimmt nicht leicht, die Geschlechtskraft zu beherrschen. Vor allem der junge Mensch wird sich oft schwer tun, diese Kraft zu zügeln. Aber er muss sich zumindest darum bemühen. Er darf sich nicht gehen lassen und muss bestimmte Versuchungen, wie geile Filme und Bücher sowie Pornohefte, bewusst meiden. Der junge Mensch soll nicht glauben, dass die Selbstbefriedigung „ganz natürlich" sei. Er sollte vielmehr daran denken, dass die Selbstbefriedigung ihn auf sein eigenes Ich fixiert und damit die spätere Hinwendung zu einem Partner erschwert. Wer sich in jungen Jahren um die Beherrschung der Sexualität bemüht, wird sich später bei der Wahl des Partners nicht vorwiegend von der Erotik leiten lassen. Er wird auch leichter imstande sein, ein treuer Partner zu sein. Das Bemühen um die Beherrschung der Sexualität in jungen Jahren entscheidet weitgehend über das Gelingen der Liebe in späteren Jahren.

7. Freie Partnerschaft

a) Keine Bindung, Dauerhaftigkeit und Fruchtbarkeit

Viele jungen Paare leben heute in einer freien Partnerschaft zusammen und verstoßen damit gegen verschiedene Grundwerte der Liebe: Sie leben wie Mann und Frau zusammen, jedoch ohne Bindung, ohne Dauerhaftigkeit und ohne Bereitschaft zur Fruchtbarkeit. Hier werden also die wesentlichen Elemente der Liebe ausgeklammert: Die Partner lieben sich auf Zeit, obwohl echte Liebe auf Dauerhaftigkeit angelegt ist; sie sehen in der Sexualität nur die partnerschaftliche Beziehung, obwohl die Sexualität den Auftrag zu neuem Leben beinhaltet. Die Partner probieren sich gegenseitig aus und erniedrigen dadurch den Partner zu einem Versuchsobjekt.

b) Gefühl und subjektives Gewissen genügen nicht

Das freie Zusammenleben junger Paare ist heute schon so selbstverständlich, dass die wenigen Ausnahmen als „abnormal" und „verklemmt" abgestempelt werden. Auch in christlichen Kreisen ist diese Praxis fast schon selbstverständlich. Man beruft sich auf das tiefe Gefühl der Liebe, das man füreinander empfindet oder auf die „persönliche Gewissensentscheidung". Wir müssen hier aber ganz klar festhalten, dass Liebe nicht nur von einem Gefühl und einer subjektiven Gewissensentscheidung abhängt. Die wahre Liebe hängt von ganz bestimmten objektiven Bedingungen und Verpflichtungen ab, die erfüllt werden müssen. Und dazu gehören eben eine feste Bindung, die Dauerhaftigkeit und die Möglichkeit, Kindern das Leben zu schenken. Diese objektiven Bedingungen und Verpflichtungen der Liebe waren zu allen Zeiten gültig und gelten auch in unserer heutigen Zeit.

c) Die „freie Partnerschaft" hat sich nicht bewährt

Inzwischen ist eindeutig nachgewiesen, dass sich die „freie Partnerschaft" nicht bewährt. Jahrzehntelange Behauptungen, die „freie Partnerschaft" diene dem besseren Kennenlernen der Partner, sind widerlegt; denn trotz einer jahrelangen „Probe-Ehe" lassen sich gerade diese Paare später besonders häufig scheiden.

Wer die Dinge etwas kritischer betrachtet, stellt fest, dass das freie Zusammenleben zu verschiedenen problematischen Entwicklungen führt: Viele „freie Partnerschaften" treffen keine bewusste Entscheidung, sondern schlittern nach den ersten sexuellen Begegnungen in ein Zusammenleben hinein; diese Paare sind nicht frei, sondern von ihrer Sexualität getrieben. Die intimen Beziehungen führen zu starken unbewussten Bindungen, die die Trennung von einem unpassenden Partner sehr erschweren. Die intimen Beziehungen erschweren eine freie und objektive Einschätzung des Partners: Durch die erotische Anziehung fehlt jener innere Abstand, der zur ausgewogenen Beurteilung eines Partners einfach notwendig ist. Zu großen Problemen kommt es bei ungewollten Schwangerschaften: Manche Paare schließen dann eine überstürzte „Muss-Ehe"; in vielen Fällen werden die Kinder zu den Großeltern abgeschoben; oft stellt sie die Ausbildung der Frau infrage. In vielen Fällen kommt es leider zur Abtreibung des Kindes. Viele „freie Partnerschaften" denken auch zu wenig an bestimmte berufliche und materielle Voraussetzungen für eine dauerhafte Liebe: Viele Frauen schließen ihre berufliche Ausbildung nicht ab; oft fehlt es an einer passenden Wohnung; häufig gibt es keine Ersparnisse. Viele Paare treffen jahrelang keine Entscheidung; und wenn sie dann auseinander gehen, sind vor allem für die Frau die besten Jahre der Partnersuche vorbei ... Die „freie Partnerschaft" ist die Ursache von viel Herzeleid und vielen gescheiterten Ehen.

d) Der Anfang vom Ende

Wir müssen dann aber auch sehr nüchtern feststellen, dass die „freie Partnerschaft" dazu führt, dass in unseren westlichen Ländern erschreckend wenig Menschen heiraten. Wenn die Entwicklung in dieser Weise weitergeht, werden in Zukunft die Ehen eine seltene Angelegenheit sein. Der Trend, der heute immer deutlicher sichtbar wird, ist die Liebe von Singles, die für einige Zeit mit einem „Lebensabschnittspartner" zusammenleben. Das Ziel dieser freien Liebe ist ein ständiger Wechsel von unverbindlichen

Liebschaften. Das bedeutet aber, dass es in Zukunft kaum noch Partnerschaften im Sinne einer ehelichen Verbindung geben wird. Das bedeutet weiter, dass keine Familien mehr gegründet werden und dass es keine Kinder mehr gibt. Wenn es trotzdem zu Schwangerschaften kommt, dann wird das Problem durch Abtreibung gelöst. Es wird also keine Ehen und Familien mehr geben, die Stabilität und Geborgenheit vermitteln; es gibt dann keine Kinder, es gibt dann keine Jugend; es kommt zur Vergreisung der Gesellschaft, die Alten werden mehr und mehr der Einsamkeit ausgeliefert sein; es gibt keine Pensionen, da der „Vertrag zwischen den Generationen" nicht mehr möglich ist. Es entwickelt sich allmählich ein sterbendes Volk, dessen Land von fremden und gesünderen Völkern übernommen wird, die noch um die vitale Bedeutung der Ehe und Familie wissen und diese schützen und verteidigen.

e) Ein gezieltes Projekt

Diese Entwicklung in Richtung „freie Partnerschaft" ist keine zufällige Entwicklung. Hinter dieser Entwicklung steckt vielmehr eine gezielte ideologische Strategie. Die liberale Lebensphilosophie verkündet den autonomen Single-Menschen, der sich in seiner maßlosen Freiheit an niemanden mehr bindet, um völlig frei über sich verfügen zu können. Auf diese Weise kommt es aber auch zu „freien Partnerschaften" ohne Bindung. Die liberale Politik will einen bindungslosen Single-Menschen, der vonseiten des Staates leichter gelenkt und manipuliert werden kann. Deshalb versucht der liberale Staat, die Ehe und Familie zu schwächen und zu unterhöhlen. Die liberale Wirtschaft braucht einen ökonomischen Single-Menschen, weil auf diese Weise viel mehr verbraucht und konsumiert wird, als wenn der Mensch in kleineren und größeren Gemeinschaften lebt. Deshalb versucht die liberale Wirtschaft vor allem die Bedürfnisse des Einzelnen anzusprechen. Diese liberale Lebensphilosophie, diese liberale Politik und diese liberale Wirtschaft kümmert es wenig, dass dabei der Mensch, die Liebe, die Ehe, die Familie, die Gesellschaft und die Umwelt langfristig vor die Hunde gehen.

f) Ehe und Familie statt „freie Partnerschaft"

Wenn unsere westlichen Völker eine Zukunft haben sollen, dann braucht es dringend einen Kurswechsel! Anstelle der „freien Partnerschaften" müssen wir uns um stabile Ehen und gute Familien bemühen. Anstelle der unverbindlichen Liebes-Beziehungen brauchen wir wieder einen festen Liebes-Bund. Wir müssen wieder entdecken, wie schön es ist, wenn Mann und Frau zueinander sagen: Ich liebe dich für immer, ich stehe zu dir in guten und bösen Tagen, in Gesundheit und Krankheit. Durch einen Ehe-Bund bekommt unser Liebe einen festen Halt, wir haben Zuversicht und Hoffnung. Wir können uns dann auf Kinder freuen. Wir haben immer jemanden, der für uns da ist. Wir werden auch im Alter nicht allein sein. Und auch unser Volk wird eine Zukunft haben. Alle diese Dinge entsprechen dem wunderbaren Plan, den Gott hatte, als er die Liebe zwischen Mann und Frau erdachte. Versuchen wir doch mit ganzem Herzen, diesem wunderbaren Plan Gottes mit der Liebe zu entsprechen. Dann werden wir durch die Liebe unsere persönliche Erfüllung finden, aber auch unsere Gesellschaft wird sich durch die echte Liebe von Mann und Frau in glücklicher Weise entfalten und fruchtbar sein.

8. Ehebruch

a) Gegen die Ausschließlichkeit der Liebe

Ein schwerer Verstoß gegen die eheliche Liebe ist der Ehebruch. Dieser wendet sich gegen die Unteilbarkeit und Ausschließlichkeit der Liebe und verletzt in schwerwiegender Weise die versprochene Treue. Durch den Ehebruch entsteht ein Zwiespalt im Inneren des Menschen: Er steht dann zwischen zwei Personen und fühlt sich hin- und hergerissen. Er wird oft von einem schlechten Gewissen gequält und spürt, dass er schuldig ist. Meistens beginnt der Ehebrecher ein Versteckspiel gegenüber dem Ehegatten, führt ein Doppelleben und lebt ständig mit der Angst, entdeckt zu werden. Und wenn der Ehepartner tatsächlich das heimliche Verhältnis entdeckt, gibt es oft hässliche Szenen und Streitereien. Das Schrecklichste aber ist der Verlust des Vertrauens gegenüber dem Ehebrecher. Nicht selten ist der Ehebruch der erste Schritt in Richtung Scheidung.

b) Die „offene Ehe"

Immer mehr Paare führen heute eine „offene Ehe". Das bedeutet, dass sie sich gegenseitig die Möglichkeit einräumen, auch mit anderen Partnern ein Verhältnis einzugehen: so soll z. B. im Urlaub, im Fasching oder bei einem Betriebsausflug ein „Seitensprung" drin sein. Sie meinen, ein „Seitensprung" sorge für Abwechslung und halte die Ehe jung. Nicht wenige Paare betreiben Partnertausch und suchen sogar durch Zeitungsanzeigen nach anderen Paaren. Alle diese Praktiken sind in höchstem Maß verwerflich! Sie erniedrigen die Liebe zu einem Spiel, das ständige Abwechslung erfordert. Diese „offenen Ehen" sind auch eine psychische Überforderung: Ein normaler Mensch leidet unter dem Gedanken, dass der Partner mit anderen Männern oder Frauen intime Beziehungen eingeht. Diese Möglichkeit, sich beliebig mit anderen Partnern einzulassen, führt häufig zu tieferen Bindungen und endet nicht selten mit der Scheidung. Problematisch wird es auch, wenn bei solchen Beziehungen Kinder gezeugt werden; manchmal kommt es vor, dass die Frau nicht weiß, ob das Kind von ihrem Mann stammt oder von einer Safari-Bekanntschaft.

c) Korrektheit und Zurückhaltung

Um die Liebe und die Ehe zu pflegen und zu schützen, sollte sich jeder korrekt verhalten. Verheiratete Personen müssen bemüht sein, gegenüber anderen Männern und Frauen eine gewisse Distanz zu wahren. Besonders wenn sie mit einem anderen Mann oder einer anderen Frau enger zusammenarbeiten, braucht es einen gewissen inneren und äußeren Abstand. Das gilt für den Chef und die Sekretärin, für den Arzt und die Krankenschwester, für den Arbeitskollegen und die Arbeitskollegin, für den Bergkameraden und die Bergkameradin. Auch bei Betriebsausflügen und Partys soll es trotz der fröhlichen Stimmung nicht zu Grenzüberschreitungen kommen. Die Zehn Gebote gelten auch im Urlaub und im Fasching! Genauso müssen sich auch Unverheiratete gegenüber verheirateten Männern und Frauen korrekt verhalten. Es darf nicht sein, dass sich junge Frauen bewusst verheiratete Männer angeln und dass ledige Männer verheirateten Frauen nachstellen. Vorsicht geboten ist auch, wenn sich verheiratete Männer und Frauen während einer Ehekrise von anderen Männern und Frauen „trösten" lassen. Meistens führen solche „Tröstungen" nicht zur Bewältigung einer Ehekrise, sondern zu zusätzlichen Problemen.

d) Radikale Schritte

Es kann nun aber trotz korrekten Verhaltens geschehen, dass eine verheiratete Person für einen anderen Mann und eine andere Frau eine tiefe Zuneigung und Liebe empfindet. Es ist durchaus möglich, sich trotz des ehrlichen Bemühens um die eheliche Treue in eine andere Person zu verlieben. Vielleicht erschrickt er sogar darüber, dass in seinem Herzen plötzlich starke Gefühle für eine andere Person aufbrechen. In einem solchen Fall ist es wichtig, sich klug zu verhalten. Zunächst gilt es, sich diese Gefühle ehrlich einzugestehen; es hat keinen Sinn, sich selbst etwas vorzumachen oder die Dinge zu verdrängen. Dann sollte man in seinem Herzen ganz bewusst das Eheversprechen erneuern, das man dem Ehegatten vor Gott gegeben hat. Auf diese Weise wird in der Tiefe des Herzens der Geist der Liebe gestärkt! Weiterhin sollte man unbedingt den Kontakt mit dieser „faszinierenden" Person meiden, bis man das seelische Gleichgewicht wiedergefunden hat. Wenn der Kontakt sich nicht vermeiden lässt und die Beziehung leidenschaftliche Züge annimmt, ist es notwendig, klare Entscheidungen zu treffen, um die eigene Ehe zu retten. Manchmal braucht es dazu sogar einen Wechsel des Arbeitsplatzes oder einen Ortswechsel. Um die Ehe zu erhalten, muss man auch zu radikalen Schritten bereit sein! Wichtig ist in solchen Momenten das Gebet, das einem die Kraft gibt, mit gewissen inneren Versuchungen fertig zu werden. Auch ein guter Seelenführer ist eine sehr wertvolle Hilfe.

9. Scheidung

a) Die Brüchigkeit vieler Ehen

Wir stellen fest, dass heute viele Ehen geschieden werden. Im Durchschnitt geht jede dritte Ehe in die Brüche, in den Großstädten ist es sogar jede zweite Ehe, die mit einer Scheidung endet. Es gibt heute bereits Hunderttausende von Menschen, die eine zerbrochene Ehe hinter sich haben. Freilich muss nun unterschieden werden zwischen Personen, die ihrerseits den Ehepartner im Stich gelassen haben, um sich einem anderen Partner zuzuwenden, und Menschen, die gegen ihren Willen von ihrem Ehegatten verlassen wurden und nun in schwerster Weise unter der Scheidung leiden. Es gilt also zwischen schuldig Geschiedenen und unschuldig Geschiedenen zu unterscheiden. In den meisten Fällen wird man aber davon ausgehen können, dass die Scheidung durch das Verschulden beider Seiten zustande gekommen ist. Häufig sind Scheidungen auf den Zeitgeist mit seinen falschen Wertvorstellungen zurückzuführen: Wenn zwei junge Menschen mehr auf das Äußere, den Wohlstand, die Erotik, das Vergnügen usw. schauen und sich dabei zu wenig um den Charakter und die moralischen und religiösen Werte bemühen, fehlt einer solchen Ehe einfach das Fundament für eine dauerhafte Beziehung. Die Scheidungsrate verursacht schon fast eine nationale Katastrophe und in jedem Fall große Leiden. Es muss uns klar sein, dass die Scheidung weder für den Einzelnen noch für das Volk oder den Staat eine Lösung sein kann. Wir wollen nun versuchen, ganz konkret auf die schwerwiegenden Folgen hinzuweisen, die die Scheidung für den Einzelnen und die Gesellschaft mit sich bringt. Wir wollen uns auch fragen, wie wir den

Menschen helfen können, die von einer Scheidung betroffen sind.

b) Gegen die Dauerhaftigkeit der Liebe

Bei der Scheidung ist zunächst zu bedenken, dass sie sich gegen die Dauerhaftigkeit der Liebe wendet, die für die Partner einen lebenslangen Schutz und eine ständige Geborgenheit gewähren soll. Sie stellt jene dauerhafte Liebe infrage, die die Partner in „guten und bösen Tagen" tragen und stützen soll. Eine Scheidung ist meistens eine sehr massive existentielle Erschütterung: Sie führt zu Einsamkeit und Verlassenheit, zu mangelnder Motivation und oft auch zu Depressionen. Ohne den Partner fehlt der wichtigste Mensch im Leben, ohne den Partner fehlen das Du, die Aussprache und die Geborgenheit.

c) Die Folgen für Mann und Frau

Die Scheidung wirkt sich bei beiden Geschlechtern unheilvoll aus. Den Frauen fehlt oft der Rückhalt im Leben und in der Gesellschaft. Sie können ihre Rechte in der Gesellschaft oft kaum durchsetzen. Sie werden meistens bei der Erziehung der Kinder allein gelassen. Aber auch alleinstehende Männer erwartet meistens ein trauriges Los. Sie werden oft mit dem Leben nicht mehr fertig, sie können sich selbst nicht versorgen und ergeben sich manchmal den verschiedensten Lastern. Der menschliche Abstieg ist oft unvermeidlich! Dieser beklagenswerte Zustand wird mit zunehmendem Alter immer ärger. Am Ende bleibt meistens nur eine grenzenlose Enttäuschung und Resignation.

d) Die Folgen für die Kinder

Die Scheidung trifft aber auch die Kinder. Für Kinder und

Jugendliche ist es schrecklich, wenn das Fundament ihrer Existenz, nämlich das Elternhaus, auseinanderbricht. Sie müssen dann erleben, wie gerade bei ihren wichtigsten Bezugspersonen die Liebe und Einheit verloren gehen. Diese Kinder sind dann innerlich zerrissen: sie lieben den Vater und die Mutter und wissen nun nicht mehr, wo sie hingehören. Diese Kinder haben kein eigentliches Zuhause und Daheim mehr. Ihnen fehlt entweder die Figur des Vaters oder der Mutter. Oft verlieren diese Kinder auch den Glauben an die Ehe und an die Familie und sind später oft nicht imstande, eine stabile Ehe und Familie aufzubauen.

e) Die Folgen für die Gesellschaft

Die Scheidung wirkt sich auch auf die Gesellschaft negativ aus. Durch die Scheidung kommt es zur Auflösung der stärksten zwischenmenschlichen Bindung in der Gesellschaft. Eine solche Auflösung bedeutet aber immer auch eine Schwächung für die Gesellschaft: Die Zerstörung einer Ehe bedeutet das Ende einer Familie; das Ende einer Familie bedeutet den Tod einer Zelle des gesellschaftlichen Organismus. Wenn nun in manchen Ländern ein Drittel aller Ehen geschieden wird und in manchen Großstädten schon die Hälfte aller Ehen auseinandergegangen sind, so kann sich jeder vorstellen, wie es um die Stabilität einer solchen Gesellschaft bestellt ist.

f) Die Notwendigkeit der Bekehrung

Wir müssen uns schließlich die Frage stellen, was zur Vermeidung von Scheidungen getan werden kann. Wie wir gesehen haben, sind die eigentlichen Ursachen für die Scheidungen in falschen Vorstellungen von der Ehe und in einem Mangel an Charakter zu suchen. Allzu viele junge Leute sehen bei der Partnerwahl auf das Äußere: Sie betrachten die Figur, das Aussehen, das Prestige, das Vermögen, die Vergnügungen, die Erotik. Sie sehen in der Ehe oft eine Institution, in der es zur Erfüllung der menschlichen und materiellen Wünsche kommen soll. Bei einer solchen Vorstellung wird nicht berücksichtigt, dass das Gelingen der Ehe vom Einsatz für den anderen, von der Dienst- und Opferbereitschaft und von den geistigen und sozialen Gemeinsamkeiten abhängt. In der Ehe geht es nicht in erster Linie um die Selbstverwirklichung und um die eigenen Interessen, sondern um die Du-Verwirklichung und um die gemeinsamen Interessen. Meistens braucht es massive Krisen und Erschütterungen, bis diesen Eheleuten bewusst wird, dass ihre Beziehung auf völlig falschen Voraussetzungen aufgebaut ist. Es bedarf oft schmerzhafter Erfahrungen, bis die Leute begreifen, dass ihnen die entsprechende Vorbereitung auf eine Ehe gefehlt hat. Und nun muss eine mühsame „Nachbereitung" einsetzen, bei der alles das nachgeholt wird, was vor der Ehe an Vorbereitung versäumt wurde. Es braucht meistens eine regelrechte Bekehrung, bei der alle oberflächlichen und äußerlichen Werte durch innere und charakterliche Werte ersetzt werden müssen.

g) Die Mithilfe der Freunde, der Gesellschaft und der Kirche
Um die Scheidung zu verhindern, brauchen gefährdete Ehepaare unter anderem die Mithilfe der Freunde. Es zeigt sich immer wieder, dass Ehen durch gute Freunde gerettet werden können: Wenn Freunde mit den gefährdeten Ehepartnern ein offenes und ehrliches Gespräch führen und sie zur Versöhnung und zu einem Neubeginn ermutigen, dann lassen sich viele Ehen retten. Auch die Gesellschaft

kann viel für die Erhaltung von gefährdeten Ehen tun: Wenn sie eine entsprechende Beratung und Unterstützung anbietet, können viele Ehen vor dem Scheitern bewahrt werden. Schließlich hat auch die Kirche durch eine intensive seelsorgerliche Betreuung die Möglichkeit, die Eheleute zu einer echten Bekehrung und zu einem Neubeginn anzuleiten.

h) Die Trennung von Tisch und Bett

Wie schaut es aber aus, wenn es tatsächlich zu einer totalen Zerrüttung der Ehe kommt? Was ist zu tun, wenn eine Frau ständig von ihrem Mann geprügelt wird? Wenn ein Mann ständig betrunken ist und sich womöglich an seinen Töchtern vergreift? Wenn eine Frau ständig mit Liebhabern unterwegs ist und sich überhaupt nicht um die Familie kümmert? Was soll geschehen, wenn die ewigen Streitereien zwischen Mann und Frau die Ehe zur Hölle machen? Die katholische Kirche weiß, dass es tatsächlich hoffnungslose Fälle gibt, in denen trotz intensiver Betreuung nichts zu machen ist. Für diese Fälle stimmt daher die katholische Kirche der „Trennung von Tisch und Bett" zu. Konkret bedeutet das, dass die Ehepartner nicht mehr zusammenleben. Die katholische Kirche betont aber, dass die beiden trotz der Trennung vor Gott verheiratet bleiben. Das Eheband bleibt also trotz der Trennung erhalten.

i) Keine Wiederverheiratung der Geschiedenen

Für getrennte Eheleute besteht keine Möglichkeit, zu Lebzeiten des Ehepartners kirchlich wieder zu heiraten. Eine Wiederverheiratung würde nämlich gegen das göttliche Gebot verstoßen, welches den Ehebruch verbietet (6. Gebot). Jesus formuliert das Gebot Gottes klar und deutlich:

„Was Gott verbunden hat, das darf der Mensch nicht trennen" (Mt 19,6). Die Wiederverheiratung Geschiedener verstößt also gegen ein göttliches Gebot! Jesus hat klar zum Ausdruck gebracht, dass Gott die Scheidung nicht duldete. Als die Pharisäer ihn darauf hinwiesen, dass Moses doch die Scheidung erlaubt habe, antwortete er: „Nur weil ihr so hartherzig seid, hat Moses euch erlaubt, eure Frauen aus der Ehe zu entlassen. Am Anfang war das nicht so. Ich sage euch: Wer seine Frau entlässt, obwohl kein Fall von Unzucht vorliegt, und eine andere heiratet, der begeht Ehebruch" (Mt 19,8–9). Die Worte Jesu sind so eindeutig, dass an seiner entschiedenen Ablehnung der Scheidung und Wiederverheiratung Geschiedener nicht gezweifelt werden kann. Die katholische Kirche hat deswegen – im Unterschied zu den Protestanten und Orthodoxen – stets an der Unauflöslichkeit der Ehe festgehalten.

j) Keine Wiederverheiratung auch bei unschuldig Geschiedenen

Die Worte Jesu, die die Scheidung klar und entschieden ablehnen, sind oft für unschuldig Geschiedene sehr hart. Gegen ihren Willen von ihrem Ehepartner geschieden, müssen sie oft die alleinige Verantwortung für die Kinder übernehmen oder dürfen ihre Kinder nur sporadisch sehen. Und nun hören sie durch die Kirche Jesu Worte, dass sie keinen anderen Partner wählen dürfen. Das ist menschlich gesehen nicht zu verstehen und kaum zu verkraften. Warum ist Christus und mit ihm die Kirche im Hinblick auf Scheidung und Wiederverheiratung Geschiedener so „hart"?

Der Grund für diese Ablehnung liegt in der Lehre Jesu, dass die Ehe ein von Gott gestifteter Bund ist. Die Ehe ist aus christlicher Sicht nicht nur ein menschlicher Vertrag, sondern auch ein göttliches Sakrament! Sie ist etwas Heiliges, das der menschlichen Willkür entzogen ist. Diese Tatsache, dass die Ehe ein Sakrament und etwas Heiliges ist, gilt auch für die unschuldig Geschiedenen! Die Unmöglichkeit einer Wiederverheiratung hängt also nicht von der Schuld oder Unschuld eines Ehepartners ab, sondern vom Sakrament und von der Heiligkeit des von Gott gestifteten Ehebundes. Diese vertiefte Sicht der Dinge müsste es auch einem unschuldig Geschiedenen verständlich machen, warum Christus und mit ihm die katholische Kirche eine Wiederverheiratung von Geschiedenen nicht zulässt. Um das schwere Schicksal vieler unschuldig Geschiedener zu lindern, muss vonseiten der kirchlichen Gemeinschaft und ihres persönlichen Freundeskreises alles unternommen werden, ihnen jede nur mögliche Hilfe zu bieten.

k) Kein Kommunionempfang für wiederverheiratete Geschiedene

In den vergangenen Jahren wurde viel darüber diskutiert, ob wiederverheiratete Geschiedene die Kommunion empfangen dürfen oder nicht. Papst Johannes Paul II. hat zu dieser Frage in klarer Weise Stellung genommen: „Die Kirche betont trotz allem ihre Praxis, die auf der Heiligen Schrift beruht, die wiederverheirateten Geschiedenen nicht zur eucharistischen Kommunion zuzulassen" (*Enzyklika Familiares consortio,* 84). Worin besteht nun der eigentliche Grund für diese Praxis der katholischen Kirche? Die Kirche geht davon aus, dass ein Geschiedener, der wieder heiratet, im Zustand des Ehebruchs lebt. Wenn aber jemand im Ehebruch lebt, dann sündigt er in schwerwiegender

Weise gegen ein göttliches Gebot und kann daher nicht die Kommunion empfangen. Die Kommunion ist nämlich ein reales Zeichen der innigsten Gemeinschaft mit Gott: Wenn nun ein Mensch durch eine schwerwiegende Sünde von Gott getrennt lebt, kann er nicht gleichzeitig die Kommunion als das Zeichen der innigsten Gemeinschaft mit Gott empfangen. Solange er in diesem Zustand verharrt, ist es für ihn nicht möglich, zur Kommunion zu gehen. Es heißt sogar in der Heiligen Schrift: „Wer also unwürdig von dem Brot isst und aus dem Kelch des Herrn trinkt, macht sich schuldig am Leib und am Blut des Herrn" (1 Kor 11,27).

Die katholische Kirche verweigert jedoch keinem Menschen in Schwierigkeiten den Beistand und die Zuwendung. Kein Wiederverheirateter wird aus der Kirche ausgeschlossen, sondern jeder bleibt ihr Mitglied. Die Kirche weiß sehr wohl um die innere Not vieler Menschen, die wiederverheiratet sind. Sie sucht nach Möglichkeiten, auch ihnen die Nähe Gottes zu vermitteln. Aber es muss auch jeder einsehen, dass die Kirche nicht ein göttliches Gebot, das Ehebruch und die Verheiratung mit einem anderen Partner verbietet, außer Kraft setzen kann. Sie kann daher nicht die Zulassung zum Kommunionempfang gewähren, solange der Zustand der Wiederverheiratung andauert. (Im Unterschied zu einer abgeschlossenen sündhaften Handlung, z.B. einem Mord, der deshalb auch vergeben werden kann, dauert die sündhafte Handlung bei einer Wiederverheiratung an und kann daher nicht vergeben werden.)

l) Die seelsorgerliche Betreuung der wiederverheirateten Geschiedenen

Die Kirche ist bemüht, auch die wiederverheirateten Geschiedenen seelsorgerlich zu betreuen. So heißt es im *Katechismus der Katholischen Kirche:* „Den Christen, die in dieser Situation leben und oft den Glauben bewahren und ihre Kinder christlich erziehen möchten, sollen die Priester und die ganze Gemeinde aufmerksame Zuwendung schenken, damit sie sich nicht als von der Kirche getrennt betrachten, an deren Leben sie sich als Getaufte beteiligen können und sollen" *(KKK,* § 1650). Papst Johannes Paul II. weist auch ganz konkret darauf hin, wie die wiederverheirateten Geschiedenen am Leben der Kirche teilnehmen können: „Sie sollen ermahnt werden, das Wort Gottes zu hören, am heiligen Messopfer teilzunehmen, regelmäßig zu beten, die Gemeinde in ihren Werken der Nächstenliebe und Unternehmungen zur Förderung der Gerechtigkeit zu unterstützen, die Kinder im christlichen Glauben zu erziehen und den Geist und die Werke der Buße zu pflegen, um so von Tag zu Tag die Gnade Gottes auf sich herabzurufen" *(Enzyklika Familiaris consortio,* 84). Die Kirche kann aber die wiederverheirateten Geschiedenen nicht zum Empfang der Kommunion zulassen, da es sich bei der Wiederverheiratung um einen Verstoß gegen ein göttliches Gebot handelt, über das die Kirche nicht verfügen kann.

Aus diesem Grund sind auch verschiedene seelsorgerliche Praktiken, die heute immer wieder zur Anwendung gelangen, nicht erlaubt. Eine dieser Praktiken besteht darin, dass der Seelsorger den Wiederverheirateten eine „Bußzeit" verordnet, nach deren Ablauf er ihnen den normalen Empfang der Kommunion erlaubt. Da aber die sündhafte Handlung der Wiederverheiratung andauert, kann diese nicht durch eine „Bußzeit" in Ordnung gebracht werden. Eine zweite Praxis besteht darin, dass der Seelsorger den Wiederverheirateten empfiehlt, selbst nach eigenem Gewissen zu entscheiden. Da sich aber das Gewissen nicht gegen göttliche Gebote und Gebote Jesu richten kann, kann es sich nicht über den Zustand der Sünde hinwegsetzen und sich für den Empfang der Kommunion entscheiden.

Die Kirche kann also nicht die Unauflöslichkeit der Ehe infrage stellen. Deshalb kommt sie folgerichtig zu dem Schluss: „Die Aussöhnung durch das Bußsakrament kann nur solchen gewährt werden, die es bereuen, das Zeichen des Bundes und der Treue zu Christus verletzt zu haben, und sich verpflichten, in vollständiger Enthaltsamkeit zu leben" *(KKK,* § 1650).

m) Die Ungültigkeit der Ehe

In manchen schwierigen Fällen wäre auch zu prüfen, ob es sich bei einer geschiedenen Ehe überhaupt um eine gültige Ehe handelte. Da eine katholische Ehe an bestimmte Voraussetzungen gebunden ist, kann es vorkommen, dass bestimmte Bedingungen nicht erfüllt wurden und dass es sich daher nicht um eine gültige Ehe handelte. Wenn etwa ein Partner zur Ehe gezwungen wurde, so handelt es sich nicht um eine gültige Ehe. So kann es z. B. vorkommen, dass eine junge Frau von den Eltern zur Ehe gezwungen wurde, weil sie in Erwartung eines Kindes war. Ein weiterer Grund ist auch die Infragestellung der Unauflöslichkeit der Ehe. Wenn z. B. jemand vor der Ehe erklärt, dass er sich scheiden lasse, wenn die Ehe nicht gut gehe, so fehlt hier ein wesentliches Element für eine gültige katholische Ehe. Ein Grund für die Ungültigkeit einer Ehe kann auch die

Ablehnung von Kindern sein. Wenn z. B. ein Partner vor der Eheschließung sagt, dass er prinzipiell keine Kinder haben möchte, so ist die Ehe ungültig. Das Befinden über die Ungültigkeit einer Ehe darf aber nicht dem subjektiven Gefühl überlassen bleiben. Die Kirche verlangt zu Recht, dass der Tatbestand der Ungültigkeit von einem kirchlichen Gericht überprüft und festgestellt werden muss. Da eine Ehe immer auch eine öffentliche Angelegenheit der Kirche ist, muss auch die Ungültigkeit einer Ehe öffentlich von einem kirchlichen Gericht festgestellt werden. Wenn aber von einem kirchlichen Gericht erklärt wird, dass keine gültige Ehe bestand, so darf der Betreffende einen anderen Partner heiraten.

10. Verhütungsmittel

Ein heikles Thema stellen heute auch die Verhütungsmittel dar. Seit einigen Jahrzehnten ist es weitverbreitet, durch verschiedene Mittel und Präparate die Empfängnis von neuem Leben zu verhindern. Viele Paare greifen heute aus recht unterschiedlichen Gründen zu Pille und Kondom. Die einen benützen sie zu einem risikolosen Abenteuer, die anderen leben frei zusammen und wollen keine Kinder, wieder andere möchten nach der Geburt mehrerer Kinder „auf Nummer sicher gehen". Das Lehramt der Kirche hat sich von Anfang an kritisch gegen Verhütungsmittel geäußert. Papst Paul VI. wies in den 60er-Jahren in seiner *Enzyklika Humanae vitae* darauf hin, dass Verhütungsmittel zu einer völlig veränderten Einstellung gegenüber der Sexualität führen werden. Er warnte davor, welche weitreichenden Folgen die Verhütungsmittel in verschiedenen Bereichen haben würden. Die Medien, aber auch Theologen und führende Laienvertreter verhöhnten und verspotteten den Papst. Die Erfahrungen der letzten Jahrzehnte lehren uns, dass die Verhütungsmittel tatsächlich eine Menge von Problemen mit sich gebracht haben. Aus der heutigen Sicht erkennen wir, dass die Verhütungsmittel eine regelrechte sexuelle Revolution bewirkten.

a) Die Entfesselung der Sexualität

Die Verhütungsmittel verführten die Menschen zunächst dazu, die Sexualität als reines Vergnügen zu betrachten, das man ohne Risiko und Verantwortung genießen könne. In zahlreichen Fällen waren die Verhütungsmittel das „Signal zur sexuellen Enthemmung" (Madinger, *Zeichen dieser Zeit, S. 11).* Die Pille und andere Mittel trugen entscheidend zur Frühsexualisierung der Jugendlichen bei. Für viele Erwachsene eröffnete die Pille die Möglichkeit eines ständigen Partnerwechsels (Promiskuität). Für manche Zeitgenossen wurde die Pille zum „Symbol für eine Lust ohne Folgen und für das Recht auf Lust und alle Arten der Lust" (Madinger, *Zeichen dieser Zeit,* S. 11). Viele gaben die Grundsätze der Moral auf und verrieten die wahre Liebe. Auf diese Weise wandelten Verhütungsmittel die Sexualität für unzählige Menschen zu bloßem Spiel und bloßer Leidenschaft.

b) Die Gefährdung der Ehe

Die Verhütungsmittel können auch innerhalb einer Ehe zur Gefahr werden. Seit der Einführung der Pille glauben nicht wenige Männer, dass die Frau nun ständig verfügbar sein müsse. Diese Einstellung führt aber dazu, dass es bei vielen Männern zu einer mangelnden Achtung vor der Würde der Frau kommt: vonseiten der Männer geht leicht die persönliche Umwerbung der Frau, die nötige Rücksichtnahme und das Feingefühl verloren. „Da die Frau ja immer kann, muss sie auch!" Das bedeutet aber, dass die Frau durch die Pille leichter zu einem Objekt wird.

c) Die Zunahme der Scheidungen

Inzwischen ist es offenkundig, dass zwischen den Verhütungsmitteln und der steigenden Scheidungsrate ein direkter Zusammenhang besteht. Die Verhütungsmittel verführen dazu, dass es heute viel häufiger zu einem Seitensprung bzw. Ehebruch kommt als früher: Wenn die Ehepartner wissen, dass ein außerehelicher Geschlechtsverkehr kein Risiko bedeutet und keine Folgen hat, dann werden sie leichter dazu verleitet sein, sich mit einem anderen Mann bzw. einer anderen Frau einzulassen. Sie werden bei verschiedenen Gelegenheiten im Geschäftsleben, im Urlaub und im Fasching leichter zugreifen als früher. Durch die vermehrten Seitensprünge und Ehebrüche kommt es zu mehr Scheidungen als früher.

d) Die Zunahme der Abtreibungen

Wenn wir kritisch weiterdenken, so wird uns bewusst, dass durch den Gebrauch von Verhütungsmitteln auch viele Abtreibungen verursacht werden. Wenn ein Paar Verhütungsmittel verwendet, so rechnet es hundertprozentig damit, dass „nichts passiert". Wenn es nun doch zu einer Schwangerschaft kommt, so ist dieses Paar meistens in keiner Weise darauf vorbereitet. Es war ja psychisch überhaupt nicht auf ein Kind eingestellt! Da ist dann die Wahrscheinlichkeit einer Abtreibung weit größer, als wenn die beiden eine Schwangerschaft nicht absolut ausgeschlossen hätten. Verhütungsmittel führten also zu einer völligen inneren Sperrung gegen das Kind und ziehen im Falle einer Schwangerschaft umso leichter eine Abtreibung nach sich. Damit wird die oft wiederholte Behauptung widerlegt, die Pille führe zu einer Abnahme der Abtreibungen. Wie verschiedene Erhebungen nachweisen, ist genau das Gegenteil eingetreten: Durch die Pille kam es aufgrund der oben genannten Gründe stattdessen zu einer weiteren Zunahme von Abtreibungen.

e) Geschlechtskrankheiten und Bevölkerungsschwund

Es ist auch längst erwiesen, dass durch die Verhütungsmittel die Ansteckung durch Geschlechtskrankheiten sprunghaft zugenommen hat. Durch den sorglosen Geschlechtsverkehr mit immer neuen Partnern kommt es viel leichter zur Ansteckung mit einer Geschlechtskrankheit. Die Promiskuität birgt die Gefahr einer Ansteckung mit AIDS in sich. Es besteht auch kein Zweifel daran, dass die Verhütungsmittel in unseren westlichen Ländern zu einem Bevölkerungsschwund beitragen. In der grafischen Darstellung der Bevölkerungsentwicklung ist im Jahr 1965 deutlich ein „Pillenknick" in der Bevölkerungskurve festzustellen. In der Folge ließ sich in allen europäischen Ländern ein ungeheurer Geburtenrückgang feststellen. Die Geburtenrate liegt heute im Durchschnitt zwischen 1,2–1,4 Kindern pro Ehepaar. Zum Erhalt der Bevölkerung müsste ein Ehepaar im Durchschnitt aber etwa 2,1 Kinder haben. Mit diesem Bevölkerungsschwund hängen zum Teil auch die Probleme mit den Renten zusammen: Wenn keine Kinder nachkommen, können sie die Alten nicht versorgen.

f) Medizinische Bedenken

Gegen die Pille erheben sich auch immer stärkere medizinische Bedenken. Neuere medizinische Forschungsergebnisse machen deutlich, dass die ständigen Eingriffe in den Hormonhaushalt der Frau nicht ohne Folgen bleiben. Die Wissenschaftler verweisen auf mögliche Veränderungen im Bereich der Hirnanhangdrüse, der Leber und der Eierstöcke. Die Einnahme der Pille kann auch zu Gewichtszunahme, Venenerkrankungen, Lungenembolie, Thrombose der Gehirngefäße mit Halbseitenlähmung, Migräne, Zuckerkrankheit und Depressionen führen. Es ist auch nicht auszuschließen, dass es langfristig zu Erbschäden kommen kann. Zu bedenken wäre schließlich auch die „Pillenmüdigkeit", die bei vielen Frauen festzustellen ist.

g) Die Illusion vom „sicheren Sex"

Gegen die Verhütungsmittel muss auch gesagt werden, dass sie nicht den „sicheren Sex" gewährleisten, wie oft behauptet wird. Laut dem klassischen „Pearl-Index", der die Sicherheit der Verhütungsmittel in Prozenten angibt, gibt es kein künstliches Verhütungsmittel, das absolute Sicherheit gewährt. Dabei ist vor allem bei Kondomen die Fehlerquote von 2–12 Prozent erstaunlich hoch. Aber auch bei der Spirale liegt die Fehlerquote im Bereich von 0,9–3 Prozent, bei chemischen Verhütungsmitteln im Bereich von 3–21 Prozent. Die symptothermale Methode (natürliche Methode) von Dr. Rötzer weist mit 0–0,2 Prozent die höchste Sicherheit auf (vgl. *Vom Pharmazeuten zum Apotheker,* Handbuch, Band 2, Kapitel 10, S. 8). Damit man sich unter diesen Zahlen etwas Konkretes vorstellen kann, muss man sich vor Augen halten, dass es bei einer Fehlerquote von einem Prozent statistisch bei jedem

100. Sexualverkehr nicht „funktioniert" bzw. zu einer unerwünschten Schwangerschaft kommt. Bei zwei Prozent gilt das für jeden 50. Sexualverkehr, bei drei Prozent für jeden 33. Sexualverkehr, bei zehn Prozent für jeden 10. Sexualverkehr (!) Bei der intensiven Frequenz des modernen Sexualverkehrs kann sich jeder ausrechnen, wie oft es zu unerwünschten Schwangerschaften kommt. Die Vorstellung, dass Verhütungsmittel einen „sicheren Sex" gewährleisten, ist also eine gefährliche Illusion.

h) Kondome und AIDS

Besonders tragisch wirkt sich die Illusion von „Safer Sex" („sicherer Sex") bei der Vorsorge gegen AIDS aus. Die Erfahrungen und die statistischen Erhebungen der letzten Jahre belegen, dass Kondome nicht das Allheilmittel sind. In Afrika liegt die „Sicherheit" bei 85–90 Prozent. In 15 von 100 Fällen bieten also die Kondome keinen sicheren Infektionsschutz. Das ist bei einer tödliche Krankheit eine erschreckend hohe Zahl! Aber auch im progressiven Westen hat der Einsatz von Kondomen nicht die gewünschten Ergebnisse gebracht: In Washington ist die Zahl der Infizierten von 2007 bis 2009 um 22 Prozent gestiegen.

Die katholische Kirche hat stets den Standpunkt vertreten, dass Kondome kein Schutz gegen AIDS seien. Ein effektiver Schutz gegen AIDS könne nur durch Beziehungen gewährleistet werden, die auf der ehelichen Treue aufbauen. Im Falle einer bereits erfolgten Ansteckung könne nur eine völlige Enthaltsamkeit andere Menschen vor einer Ansteckung bewahren. Aufgrund dieser Lehre wurde der Papst von laizistischer Seite als einer der Hauptschuldigen für die Ausbreitung von AIDS bezeichnet. Es wurde sogar seine Verurteilung durch ein internationales Gericht verlangt.

Inzwischen haben einige besonders gefährdete Länder der sogenannten Dritten Welt – wie z. B. Uganda und Indien – erkannt, dass Kondome keinen effektiven Schutz gegen AIDS bieten. Sie haben sogar erkannt, dass die Illusion des „Safer Sex" vor allem Jugendliche zur Promiskuität (häufiger Partnerwechsel) verführt und die Infektionsgefahr dadurch noch weiter erhöht wird. Seither bemüht man sich um eine neue Methode, die als ABC-Methode bekannt ist: A steht für *Abstain* (Enthaltsamkeit), B für *Be faithful* (sei treu) und C für *Condom*, falls A und B nicht funktionieren. Aus dieser neuen Ausrichtung wird ersichtlich, dass es die sogenannten Entwicklungsländer offensichtlich besser verstehen, dass AIDS nicht durch technische Mittel, sondern nur durch ein verändertes moralisches Verhalten überwunden werden kann.

Im Westen scheint diese Botschaft noch nicht angekommen zu sein. Die Propagandisten des „Safer Sex" werden nicht müde, ihre Lehren weiterhin zu verbreiten. Angesichts der gegenteiligen Wirkung dieser Kampagne stellt sich die Frage, ob es nicht an der Zeit wäre, diese Leute vor einem Gericht zur Rechenschaft zu ziehen. Aber solange die Ideologie und nicht die Wissenschaft das Sagen hat, und solange das große Geschäft der Pharma-Konzerne wichtiger ist als das Leben der Menschen, wird es schwierig sein, im Westen eine Änderung herbeizuführen. Dazu kommt, dass der westliche Mensch, im Unterschied zu den Menschen in der Dritten Welt, nicht mehr zu Treue bzw. Enthaltsamkeit willens und fähig ist. Wenn der westliche Mensch zwischen Sexualität mit tödlichem Risiko (AIDS) und sexueller Enthaltsamkeit mit gesichertem Überleben zu wählen hat, dann wählt er lieber das Risiko des Todes, als auf Sex zu verzichten.

i) Die Problematik des Sexualkunde-Unterrichts
Im Hinblick auf die Verhütungsmittel muss auch noch ein Wörtchen über den Sexualkunde-Unterricht gesagt werden. Grundsätzlich ist es gut, dass junge Menschen im Hinblick auf die Sexualität die nötigen Informationen erhalten. Da es sich dabei aber um ein sehr delikates Thema handelt, müssen unbedingt bestimmte Regeln beachtet werden. Der Sexualkunde-Unterricht sollte eine Information über die Sexualität bieten, aber nicht eine Anleitung zum möglichst raschen Selbstgebrauch. Der Sexualkunde-Unterricht sollte wertgebunden sein und nicht als eine „Freihandelszone" verstanden werden. Der Sexualkunde-Unterricht muss das primäre Elternrecht respektieren und darf nicht ein staatlich verordnetes Zwangsfach sein. Es sollte also, wie beim Religionsunterricht, die Möglichkeit der freien Wahl bestehen.
Inzwischen hat die Erfahrung der letzten Jahre klar und deutlich gezeigt, dass der Sexualkunde-Unterricht keine Wertgebundenheit aufweist. Die Sexualität wird im Sinne der *Gender-Ideologie* als eine Sache der autonomen Selbstbestimmung des einzelnen Menschen dargestellt, die dem Empfinden und der Selbstverantwortung jedes Einzelnen überlassen ist. Diese Sexualität ist nicht mehr auf eine ausschließliche und dauerhafte Liebe ausgerichtet, sie hat keinen Bezug zu Werten wie Ehe, Familie, Fruchtbarkeit, Gesellschaft und Zukunft. Aufgrund dieser Einstellung führt der Sexualkunde-Unterricht völlig logisch und konsequent zur Verhütung: Die einzige Sorge dieser autonomen Sexualität besteht darin, dass Sex keine Folgen hat. Es darf also nichts „passieren"!
Wenn wir noch etwas tiefer schauen, dann erkennen wir das Tragische und Perverse dieser Einstellung: In unserer

Gesellschaft gibt es ein eigenes staatliches Schulfach, in dem man der nächsten Generation mit allen Mitteln beibringt, wie man Leben verhütet! Während frühere Generationen gewusst haben, dass das Leben die Quelle der Gesellschaft und die Voraussetzung für die eigene Zukunft ist, bringt unsere Gesellschaft der nächsten Generation bei, dass Leben mit allen Mitteln zu verhüten ist. Das hat es in dieser Form in der Geschichte der Menschheit noch nie gegeben! Da kann man nur sagen: „Ein Selbstmord auf Raten!"

Trotzdem muss man sagen, dass der Sexualkunde-Unterricht nicht sehr erfolgreich sein kann: Denn trotz nunmehr jahrzehntelanger Informationen über die Verhütung (mit praktischem Anschauungsunterricht an Bananen und Karotten!) kommt es ständig zu unerwünschten Schwangerschaften. Wie ist es denn sonst zu erklären, dass ein Drittel aller Schwangerschaften mit einer Abtreibung endet? Da muss doch irgendetwas bei der Verhütung nicht geklappt haben! Offensichtlich sind die Experten nicht genügend kompetent bei der Weitergabe ihres Wissens. Oder ist es vielleicht doch so, dass sich die Menschen nicht dafür eignen, ihre Sexualität ständig zu manipulieren? Braucht es vielleicht doch den geschützten und geborgenen Raum der Ehe, in dem man die Voraussetzungen geschaffen hat, das Leben willkommen zu heißen?

j) Die Pleite des Sexualkunde-Unterrichts

Und was sagen denn die Experten des Sexualkunde-Unterrichts dazu, dass in Deutschland jedes Jahr Hunderte von Mädchen im Alter von vierzehn Jahren und jünger schwanger werden und viele von ihnen abtreiben? (Im Jahr 2001 zählten die Statistiker in Deutschland immerhin 9 Abtreibungen bei Zehnjährigen – neben 4 bei Elfjährigen, 18 bei Zwölfjährigen, 113 bei Dreizehnjährigen und 552 bei Vierzehnjährigen (vgl. *Der Spiegel*, 39/2002, S. 74). Hat man hier die anregende Absicht ihres Unterrichts vielleicht zu ernst genommen? Und was sagen sie dazu, dass viele Jugendliche aufgrund von allzu frühen und häufig wechselnden sexuellen Erfahrungen nicht mehr zu einer tieferen und dauerhaften Liebe fähig sind? Was sagen sie zu den psychischen Enttäuschungen, die allzu frühe gescheiterte „Liebeserfahrungen" in den jungen Leuten hinterlassen und ihnen den Glauben an eine echte Liebe rauben? Und was sagen sie denn dazu, dass es aufgrund der autonomen Sexualität zunehmend zu einer Ablehnung der Ehe und Familie kommt? Der autonome Mensch hat sich inzwischen daran gewöhnt, als bewusster Single unverbindliche Beziehungen einzugehen und betrachtet Ehe und Familie als überholte Institutionen. Ist diesen Experten bewusst, dass die Auflösung der Ehe und Familie in allen Kulturen und Zivilisationen der Anfang vom Ende ist?!

k) Die tödliche Unfruchtbarkeit

Die ganze Misere der heutigen Sexualität kommt schließlich in der zunehmenden Unfruchtbarkeit unserer Generation zum Ausdruck. Für die Unfruchtbarkeit gibt es mehrere Gründe. Der erste Grund ist die Verhütung, die gezielt darauf hinarbeitet, Leben zu verhindern. Der Mensch legt es darauf an, das Leben mit allen Mitteln zu verhüten. Der zweite Grund ist die Abtreibung. Jedes Jahr werden Millionen ungeborene Kinder abgetrieben. Jedes Jahr wird in den europäischen Ländern ein Drittel der empfangenen Kinder getötet. Der dritte Grund ist die *Gender-Ideologie*, die zur völligen geschlechtlichen Selbstbestimmung führt.

Die selbst gewählte gleichgeschlechtliche und transsexuelle Ausrichtung von Millionen Menschen führt natürlich auch zu einer Förderung der Unfruchtbarkeit. Ein vierter Grund ist auch die zunehmende Unfruchtbarkeit von Männern und Frauen. Aufgrund negativer Auswirkungen der modernen Zivilisation, aber auch aufgrund einer exzessiven Sexualpraxis und einer oft jahrelangen Manipulation der Sexualität können Männer keine Kinder mehr zeugen und Frauen keine Kinder mehr empfangen. Und schließlich ist auch die bewusste Absage an Kinder, die von Millionen Singles als Störfaktoren der eigenen Selbstverwirklichung betrachtet werden, eine Ursache für die zunehmende Unfruchtbarkeit unserer Gesellschaft. Die Unfruchtbarkeit hat bereits ein problematisches Ausmaß erreicht. Unserer Gesellschaft fehlt schon jetzt das Wichtigste, nämlich das Humankapital für die Zukunft. Wir zahlen den Preis für den Wahnsinn der vergangenen Jahrzehnte. Wenn wir unsere Einstellung ändern sollten (was sehr unwahrscheinlich ist!), wird es Generationen brauchen, bis wir das Geburtendefizit der letzten zwei Generationen ausgleichen. In dieser Zeit können uns zugewanderte Völker bereits abgelöst haben. Vielleicht haben wir nichts anderes verdient (vgl. Baier, *Kinderlos*).

l) Die Lehre der Kirche

Die katholische Kirche weist stets darauf hin, dass die Sexualität nur dann gelingen kann, wenn die Menschen ihre Gesetzmäßigkeiten und Zielsetzungen, die Gott in ihr verankerte, beachten. Die Kirche erinnert daran, dass die Sexualität von Natur aus zwei Zielsetzungen hat, nämlich die partnerschaftliche Liebe und die Fortpflanzung. Beide stehen in einem unmittelbaren Zusammenhang und bilden miteinander ein Ganzes. (Diesen Zusammenhang bestätigt gerade die Verwendung von Verhütungsmitteln: Wer sie benutzt, gibt damit zu, dass er den Zusammenhang zwischen partnerschaftlicher Liebe und der Fortpflanzung kennt und ihn aufheben möchte!) Die Geschlechtlichkeit berührt alle Aspekte des Menschen in der Einheit seines Leibes und seiner Seele; sie ist keineswegs etwas rein Biologisches, sondern betrifft den innersten Kern der menschlichen Person als solcher. Die Sexualität verpflichtet also von ihrer Natur her, die Möglichkeit einer Empfängnis mit einzubeziehen. Von daher ist die Lehre der Kirche verständlich, dass die Sexualität auf die eheliche Liebe hingeordnet ist und nur in der Ehe ihren Platz haben kann, in der beide Zielsetzungen in verantwortungsvoller Weise erfüllt werden können. Die Kirche spricht aber auch von der verantwortlichen Elternschaft und ruft die Ehepaare auf, sich über die Anzahl der Kinder und über den Zeitpunkt der Empfängnis in verantwortungsvoller, aber auch großherziger Weise Gedanken zu machen.

m) Empfängnisregelung im Unterschied zur Empfängnisverhütung

Die christlichen Eheleute sind aufgerufen, diese verantwortliche Elternschaft jedoch nicht durch eine Manipulation der Sexualität zu erreichen, sondern durch die Beachtung der natürlichen Zyklen der Natur. Die Schöpfungsordnung sieht durch den Wechsel der fruchtbaren und unfruchtbaren Tage der Frau genügend „Freiräume" vor, die eine natürliche Empfängnisregelung ermöglichen. Die Anzahl der Kinder soll also nicht durch eine Empfängnisverhütung, sondern durch eine Empfängnisregelung angestrebt werden. Was ist nun der moralische

Unterschied zwischen den beiden Methoden? Verhütung manipuliert die Sexualität und verwandelt sie zu einem Instrument der eigenen Interessen, die zeitweilige Enthaltsamkeit jedoch respektiert die natürliche Ordnung der Sexualität und achtet ihre Zielsetzungen. Verhütung zerreißt den Zusammenhang zwischen Liebe und Auftrag zu neuem Leben, die zeitweilige Enthaltsamkeit lässt diesen Zusammenhang bestehen und nützt die von der Natur gegebenen „Freiräume" zur Geburtenregelung. Der erste Weg hebt die schützenden Grenzen der Sexualität auf und führt zu einem Verrat an den Zielen der Liebe und zu einer Entartung der Sexualität, die Befolgung des zweiten Weges erkennt die natürlichen Ziele und Grenzen der Sexualität an: Die Eheleute regeln ihr Verhalten nach den objektiven Maßstäben der Sittlichkeit. Auf diese Weise führt die Achtung und Einhaltung der von Gott in die Natur hineingelegten Ordnung zu einer verantwortungsvollen Partner- und Elternschaft, die zum Segen für den Menschen und die Gesellschaft wird.

n) Der natürlichen Methode gehört die Zukunft

Oft ist zu hören, dass die natürliche Methode keine Sicherheit bieten würde. Dazu ist zu sagen, dass die Anwendung der natürlichen Methoden heute so verfeinert ist, dass sie die gleiche Sicherheit bieten wie die künstlichen Methoden. Durch neueste Forschungen weiß man, dass die fruchtbare Periode der Frau auf fünf Tage begrenzt ist. Da kann nun wirklich niemand behaupten, die natürlichen Methoden schränkten den Geschlechtsverkehr der Partner allzu sehr ein! Die natürlichen Methoden haben zudem den Vorteil, dass sie ein Zusammenwirken der Partner im Hinblick auf eine verantwortliche Elternschaft voraussetzen und keine unangenehmen Nebenwirkungen für die Frau haben. Die natürlichen Methoden haben sowohl vom moralischen als auch vom partnerschaftlichen und biologischen Standpunkt her Vorrang. Den natürlichen Methoden gehört die Zukunft!

11. Künstliche Befruchtung

Seit einigen Jahren ist es möglich, den Menschen auch durch eine künstliche Befruchtung ins Leben zu rufen. Diese Möglichkeit, mithilfe der Wissenschaft „Retortenbabys" hervorzubringen, wirft wiederum eine ganze Reihe von menschlichen und moralischen Fragen auf.

a) Die Infragestellung der Liebe

Die künstliche Befruchtung wendet sich zunächst gegen den vollen Sinn des ehelichen Geschlechtsaktes. Der Geschlechtsakt hat von Natur aus einen doppelten Sinn: Er ist einerseits Ausdruck der persönlichen Hingabe der Partner und andererseits auch die Quelle neuen Lebens. Aus der Natur des ehelichen Geschlechtsaktes geht hervor, dass das neue Leben die Frucht der liebenden Hingabe der beiden Ehepartner ist. Die künstliche Befruchtung trennt diese beiden Sinngehalte des ehelichen Geschlechtsverkehrs, nämlich die liebende Hingabe der Eheleute und die daraus entstehende Frucht des neuen Lebens und isolieren sie. So ist der künstlich gezeugte Mensch keine Frucht der Liebe mehr! Damit ist aber die Liebe als die Quelle neuen Lebens infrage gestellt. In einem speziellen Schreiben des kirchlichen Lehramtes zu dieser Frage heißt es: „Die Fortpflanzung ist aus moralischer Sicht ihrer eigenen Vollkommenheit beraubt, wenn sie nicht als Frucht des ehelichen Geschehens der Vereinigung der Eheleute angestrebt wird" *(L'Osservatore Romano, dt. Ausgabe, 13.3.1987,* Ratzinger/Bovone, *Instruktionen über die Achtung vor dem beginnenden menschlichen Leben und die Würde der Fortpflanzung,* II, B, 6, S. 12).

b) Der Kinderwunsch ist keine Rechtfertigung
Wie steht es aber nun bei Ehegatten, die nur durch eine künstliche Befruchtung ein Kind bekommen können? Ist der ehrliche Wunsch nach einem Kind nicht doch eine moralische Rechtfertigung, eine künstliche Befruchtung vorzunehmen? Dazu lässt sich Folgendes sagen: Es ist zutiefst verständlich, wenn sich die Eheleute ein Kind wünschen. Es ist oft sehr, sehr schmerzlich, wenn dieser sehnliche Wunsch nicht Erfüllung geht. Vor allem bei Frauen ist der unerfüllte Wunsch nach einem Kind oft mit vielen seelischen Schmerzen verbunden. Diesen Frauen fehlt einfach etwas ganz Wesentliches zu ihrer Erfüllung! Dennoch muss gesagt werden, dass der Wunsch nach einem Kind noch keine Rechtfertigung für eine künstliche Befruchtung sein kann. Es genügt nämlich nicht, dass das Ziel der Handlung – in diesem Fall also das Kind – moralisch einwandfrei ist; es muss auch die Art und Weise moralisch einwandfrei sein, wie es zu diesem Kind kommt. Denn die künstliche Befruchtung trennt den ehelichen Geschlechtsakt vom Zeugungsakt und errichtet so „eine Herrschaft der Technik über Ursprung und Bestimmung der menschlichen Person" *(KKK,* § 2377). Diese Art und Weise der Kindesentstehung „widerspricht in sich selbst der Würde und der Gleichheit, die Eltern und Kindern gemeinsam sein muss" *(KKK,* § 2377) und ist „aus moralischer Sicht ihrer Vollkommenheit beraubt" *(KKK,* § 2377). Aus diesem

Grund ist die künstliche Befruchtung auch in diesem Fall moralisch nicht vertretbar.

c) Die künstliche Befruchtung mithilfe eines Dritten

Manche Ehepaare entschließen sich dazu, die Unfruchtbarkeit des Mannes durch den Samen eines anderen Mannes zu überwinden. In diesen Fällen werden die Eizellen der Frauen künstlich mit dem Samen eines fremden Mannes befruchtet. Eine solche Befruchtung durch fremden Samen löst „die Gemeinsamkeit der Elternschaft" *(KKK, § 2376)* auf und führt nicht selten zu einer Entfremdung der Eheleute. Es lässt sich nicht leugnen, dass sich durch das Mitwirken eines Dritten etwas Fremdes zwischen Mann und Frau schiebt. Deshalb lehrt die Kirche zu Recht: „Die Achtung vor der Einheit der Ehe und der ehelichen Treue erfordern, dass das Kind in der Ehe empfangen wird; das Band, das zwischen den Eheleuten besteht, gewährt ihnen objektiv und unübertragbar das ausschließliche Recht, dass der eine nur durch den anderen Vater oder Mutter wird" (Ratzinger/Bovone, *Instruktionen,* II, A, 2). Diese Techniken „verletzen das Recht des Kindes, von einem Vater und einer Mutter abzustammen, die es kennt und die miteinander ehelich verbunden sind" *(KKK,* § 2376). Für das Kind kann es eine große Belastung sein, wenn es erfährt, dass es von einem unbekannten Dritten abstammt. Es hat unter Umständen größte Schwierigkeiten, seine eigene Identität zu finden und sich selbst anzunehmen.

d) Die künstliche Besamung einer ledigen Frau

Moralisch abzulehnen ist weiterhin die künstliche Besamung einer ledigen Frau. Es handelt sich dabei um ein schwerwiegendes „Unrecht gegen das Kind, das nicht nur die Mutter, sondern auch den Vater braucht. Wenn eine Frau, die keinen Mann findet oder nicht heiraten will, zu ihrer Lebenserfüllung doch ein eigenes Kind haben will, denkt sie einseitig an sich, da sie das Kind zum Mittel für ihr eigenes Lebensglück macht" (Hörmann, *Lexikon der christlichen Moral, Sp. 958).*

e) Die Verwendung von Ersatzmüttern

Im Zusammenhang mit der künstlichen Befruchtung kommt es immer häufiger zur Verwendung von Ersatzmüttern. Aus beruflichen oder gesundheitlichen Gründen entschließen sich Frauen, ihr Kind von einer „Leihmutter" austragen zu lassen. Dabei wird ein befruchtetes Ei einer fremden Frau eingepflanzt oder es wird eine fremde Frau mit dem Samen des Ehemannes befruchtet und diese trägt das Kind für das Ehepaar aus. In diesen Fällen kommt es zur Verletzung von grundlegenden Prinzipien: „Die Ersatzmutterschaft stellt einen objektiven Verstoß gegenüber den Pflichten der Mutterliebe, der ehelichen Treue und der verantwortlichen Mutterschaft dar; sie beleidigt die Würde und das Recht des Kindes, von den eigenen Eltern empfangen, ausgetragen, zur Welt gebracht und erzogen zu werden" (Ratzinger/Bovone, *Instruktionen, II, A, 3).* Die Verwendung von Ersatzmüttern führt zudem immer wieder zu der Problematik, dass diese Frauen sich nach der Entbindung nicht dazu entschließen können, das Kind an den „Auftraggeber" auszuhändigen. Ihre Bindung an das Kind ist während der Schwangerschaft so stark geworden, dass sie sich nach der Geburt nicht mehr von ihm trennen wollen.

f) Die Zerstörung menschlichen Lebens

Gegen die künstliche Befruchtung spricht auch die Zerstörung von menschlichem Leben, die mit diesem Verfahren unausweichlich verbunden ist. Bei einer künstlichen Befruchtung werden immer mehrere Eier befruchtet, die dann einem Ausleseverfahren unterzogen werden. Die nicht benötigten oder nicht für gut befundenen Embryonen werden vernichtet, d.h. getötet. Da die Technik der *In-vitro-Fertilisation* nicht immer erfolgreich verläuft, werden nach der Befruchtung im Reagenzglas mehrere Embryonen in die Gebärmutter der Frau „eingepflanzt". Kommt es nun wider Erwarten zu einer Mehrfachschwangerschaft, werden die „überzähligen" Embryonen selektiv abgetrieben. Eine solche Zerstörung von Embryonen, bei denen es sich um menschliches Leben handelt, ist moralisch nicht zu rechtfertigen.

g) Die künstliche Befruchtung ist moralisch nicht erlaubt

Abschließend lässt sich sagen, dass die christliche Moral die künstliche Befruchtung nicht erlaubt. Die künstliche Befruchtung wendet sich gegen die Liebe als Quelle neuen Lebens (Retortenbabys); sie wendet sich gegen die ausschließliche Partnerschaft der Eheleute (Befruchtung durch fremden Samen); sie verstößt gegen das Recht des Kindes auf ein Elternpaar (Besamung einer ledigen Mutter); sie stellt schließlich auch die Mutterschaft der Frau infrage (Verwendung einer Leihmutter); sie führt zum Tod ungeborener Kinder *(In-vitro-Fertilisation).* Die christliche Moral erlaubt dagegen alle Maßnahmen, die die natürliche Befruchtung im Rahmen des Geschlechtsaktes der Eheleute fördern. Es können also ohne Weiteres Kuren und Mittel verwendet werden, die für eine natürliche Empfängnis gedeihlich sind.

Die Kirche kennt die Leiden der unfruchtbaren Paare und drückt ihnen ihr Mitgefühl aus. Sie erinnert sie daran, dass „das eheliche Leben auch dann nicht seinen Wert verliert, wenn die Zeugung neuen Lebens nicht möglich ist. Die leibliche Unfruchtbarkeit kann den Gatten Anlass zu anderen wichtigen Diensten am menschlichen Leben sein, wie Adoption, verschiedene Formen erzieherischer Tätigkeiten, Hilfe für andere Familien, für arme oder behinderte Kinder" (Kongregation für die Glaubenslehre, *Donum vitae*, II, B, 8).

h) Keine künstliche Verlängerung der Fruchtbarkeit

Im Zusammenhang mit der künstlichen Befruchtung soll auch die künstliche Verlängerung der Fruchtbarkeit angesprochen werden. Es besteht heute die Möglichkeit, mithilfe von speziellen Therapien die Fruchtbarkeit der Frau über die natürliche Zeit zu verlängern, sodass Frauen noch mit über fünfzig Jahren Kinder bekommen. Es stellt sich nun die Frage, ob es sinnvoll ist, die Fruchtbarkeit der Frau weit über das natürliche Empfängnisalter zu verlängern. Wenn wir daran denken, wie viel Kraft die Erziehung eines Kindes erfordert und dass die Ausbildung eines jungen Menschen oft bis zum 25. Lebensjahr dauert, ergeben sich echte Bedenken bezüglich der Sinnhaftigkeit solcher „Spätgeburten". Dazu kommt, dass die Ehemänner dieser Frauen oft noch älter sind und sich so erst recht die Frage stellt, ob das Kind Eltern oder „Großeltern" hat. Für das Wohl des Kindes scheint es ratsam, die natürliche Altersgrenze der Fruchtbarkeit, die Gott in die Natur hineingelegt hat, zu respektieren. Im Leben des Menschen hat alles seine Zeit, auch die Fruchtbarkeit.

12. Sterilisation

Immer mehr Ehepaare entschließen sich heute nach einer bestimmten Anzahl von Kindern zur Sterilisation. Es handelt sich dabei um einen Eingriff, der direkt auf eine dauernde Zeugungsunfähigkeit abzielt. Die direkte Sterilisation geschieht durch eine Durchtrennung der männlichen Samenleiter oder durch die Unterbindung der weiblichen Eileiter.

a) Die Problematik der Sterilisation

Auf den ersten Blick scheint diese Maßnahme durchaus vernünftig zu sein: Nachdem die beiden Partner mehreren Kindern das Leben geschenkt haben, wollen sie nun sicher sein, dass sie kein weiteres Leben mehr wecken. Sie wollen nicht ständig mit einer weiteren, unerwünschten Schwangerschaft rechnen. Bei näherem Hinsehen zeigt sich aber, dass eine Sterilisation viel weitreichendere Folgen hat, als man zunächst annehmen möchte. Die Sterilisation ist vielleicht der konsequenteste Ausdruck jener falschen „Befreiung", die heute überall dort angestrebt wird, wo Grenzen unbequem werden und Bindungen Opfer kosten, wo Werte Verzicht verlangen und Kräfte Verantwortung voraussetzen, wo Rechte auch Pflichten erfordern und Fähigkeiten auch Auftrag bedeuten.

b) Die Notwendigkeit der Grenze

Diese falsche „Befreiung" von allen Schranken ist für die Persönlichkeit des Menschen sehr problematisch. Denn überall dort, wo der Mensch versucht, seiner Verantwortung aus dem Weg zu gehen, wird er kraft- und gestaltlos. Der Mensch braucht die Grenze, das Opfer, den Verzicht, die Pflicht, die Verantwortung, den Auftrag – um überhaupt Mensch sein zu können. Nur wenn er diese Forderungen respektiert, kann er sich selbst bewahren.

c) Die Grenze fördert Maß und Verantwortung

Das gilt in ganz besonderer Weise für die Sexualität. Der Mensch kann diese Kraft nur dann entfalten und sinngemäß einsetzen, wenn er die Grenzen, die ihm durch die Zielsetzungen der Sexualität auferlegt sind, anerkennt. Ähnlich wie bei den anderen Triebkräften muss er bei der Sexualität lernen, mit den Grenzen zu leben, die ihm die Sinnordnung setzt. Missachtet er sie, wird er leicht zum Opfer seiner eigenen Maßlosigkeit: Er geht dann genauso zugrunde wie einer, der nicht um die Grenzen des Nahrungstriebes weiß, der nicht die Grenzen des Aggressionstriebes kennt, der nicht den Fluchttrieb stoppt. Der Mensch muss sich in allen Bereichen an Grenzen halten, damit er sich erhalten kann!

d) Die formende Kraft der Keuschheit

Der maßvolle und verantwortliche Umgang mit der Sexualität ist eine ständige Herausforderung für die Eheleute. Er formt ihre charakterlichen Qualitäten und fördert ihre Persönlichkeit. Die Ehe braucht diese formende Auseinandersetzung gerade dann, wenn sich die Ehegatten nach reiflicher Überlegung zu einer Beendigung des Kindersegens entschlossen haben. Durch eine Sterilisation verliert die Ehe ihre Würde und die Kraft, die ihr aus dem rechten Umgang mit dieser Lebenskraft erwächst. Die Keuschheit ist innerhalb der Ehe eine Voraussetzung für die Bewältigung und das Gleichgewicht der Sexualität.

e) Der Segen der Keuschheit

Papst Paul VI. hat mit einfühlsamer Klarheit auf den Segen der Keuschheit in der Ehe hingewiesen: „Die Beherrschung des Trieblebens durch die Vernunft und den freien Willen verlangt zweifelsohne eine gewisse Askese, damit sich die Bekundung ehelicher Liebe bei den Gatten in der rechten Ordnung vollzieht, besonders bei der Einhaltung der periodischen Enthaltsamkeit. Diese zur ehelichen Keuschheit gehörende Zucht und Ordnung tut der ehelichen Liebe in keiner Weise Abbruch, sondern verleiht ihr vielmehr einen höheren menschlichen Wert. Sie verlangt zwar eine ständige Anstrengung, aber dank ihres segensreichen Einflusses entfalten die Eheleute ihre Persönlichkeit voll und ganz ... Sie fördert die Aufmerksamkeit gegenüber dem Ehepartner, hilft den Eheleuten, die Selbstsucht, die Feindin der wahren Liebe, zu überwinden, und vertieft das Gefühl der Verantwortung. Die Eltern werden durch sie fähig, einen noch tieferen und wirksameren Einfluss auf die Erziehung der Kinder zu nehmen" (Enzyklika *Humanae vitae,* Kap. 21).

f) Die Korrektur der Sterilisation ist ungewiss

Bei der direkten Sterilisation ist auch zu bedenken, dass es manchmal zu einer veränderten Lebenssituation kommen kann, mit der man vorher nicht gerechnet hat. Es kann z. B. passieren, dass ein sterilisierter Mann seine Frau verliert; nach einiger Zeit heiratet er wieder und wünscht sich nun von seiner zweiten Frau ein Kind. Und da stellt sich nun die Frage, ob sich die Zeugungsfähigkeit wiederherstellen lässt. Mithilfe einer zweiten Operation wird in solchen Fällen versucht, die Samenleiter wieder funktionsfähig zu machen. Aber in vielen Fällen gelingt die Wiederherstellung der Zeugungsfähigkeit nicht. Diese Tatsache sollte zu denken geben und uns dazu veranlassen, von einer direkten Sterilisation abzusehen.

g) Therapeutische Eingriffe

Ein sehr heikle Frage ist es, ob eine Sterilisation aus therapeutischen Gründen erlaubt sei. Es gibt zum Beispiel Eheleute, die Träger von schweren Erbkrankheiten sind und daher keine Kinder bekommen sollten. Bei solchen Fällen haben sich verschiedene Moraltheologen für eine Sterilisation aus therapeutischen Gründen ausgesprochen. Das kirchliche Lehramt hat diesen Theologen nicht widersprochen und damit zu verstehen gegeben, dass es Grenzfälle geben kann, bei denen eine Sterilisation aus therapeutischen Gründen infrage kommen kann. Noch schwieriger ist die Frage zu beantworten, ob es erlaubt sei, einen Sexualverbrecher zu kastrieren. Die Kastration (Entfernung der männlichen Keimdrüsen) bewirkt nämlich nicht nur die Aufhebung der Fruchtbarkeit, sondern beeinträchtigt auch das ganze männliche Wesen. Viele sind heute der Ansicht, dass die Kastration vor allem bei Wiederholungstätern die einzig wirksame Maßnahme sei. Die Moraltheologie hat sich bis jetzt aber stets sehr zurückhaltend gegenüber der Kastration geäußert, da diese in sehr massiver Weise in die Persönlichkeit des Menschen eingreift. Es muss zumindest versucht werden, solche Fälle mit psychotherapeutischen Mitteln zu heilen.

13. Homosexualität

„Homosexuell sind Beziehungen von Männern oder Frauen, die sich in geschlechtlicher Hinsicht ausschließlich oder vorwiegend zu Menschen gleichen Geschlechtes hingezogen fühlen. Homosexualität tritt in verschiedenen Zeiten und Kulturen in sehr wechselhaften Formen auf" *(KKK, § 2357). I*m Gegensatz zu früher treten Homosexuelle in unseren Breiten heute öffentlich in Erscheinung und kämpfen um ihre gesellschaftliche Anerkennung. Verschiedene Gruppierungen und Parteien verlangen die Gleichstellung von homosexuellen Verbindungen mit der Ehe von verschiedengeschlechtlichen Partnern; schließlich verlangen die Lobby der Homosexuellen und bestimmte Parteien auch das Adoptionsrecht für homosexuelle Paare. Durch diese ständigen Kampagnen in den Medien wird uns bewusst, dass eine nicht geringe Anzahl von Männern und Frauen homosexuell veranlagt sind. Konkret geht es dabei um ihr eigenes Selbstverständnis und um ihre menschliche Akzeptanz in der Gesellschaft. Die grundsätzliche Frage, wie man die Homosexualität einschätzen soll, ist ohne Zweifel sehr delikat und verlangt eine tiefere geistige Auseinandersetzung mit dieser Neigung. Die katholische Kirche hat sich in den vergangenen Jahren wiederholt mit der Homosexualität befasst und sich eingehend mit ihren Problemen auseinandergesetzt.

a) Entstehung der Homosexualität

Welche Ursachen können zur Homosexualität führen? Forschungen haben ergeben, dass bei etwa vier Prozent der Bevölkerung eine offene oder verborgene gleichgeschlechtliche Neigung vorliegt. Über die Ursachen dieser Neigung gehen die Meinungen auseinander: Verschiedene Fachleute meinen, dass es sich bei dieser Neigung um eine angeborene Veranlagung handle, andere meinen, dass sie durch verschiedene Umstände entstanden sei. Eine angeborene Neigung dürfte wohl eher selten sein (da ja eine solche Neigung von reinen Homosexuellen nicht vererbt werden kann); häufiger wird wohl eine solche Neigung durch das Fehlen einer festen und männlichen Vaterfigur oder durch eine Verführung in der Frühpubertät gefördert. Die Homosexualität kann ebenso auf eine Flucht vor der Frau zurückgehen oder durch ein Verhaftetsein an die eigene Geschlechtlichkeit bedingt sein. Schließlich können auch besondere äußere Umstände, wie ein längerer Aufenthalt in reinen Männergesellschaften (z. B. in Kasernen, auf Schiffen und in Gefängnissen), Homosexualität fördern. In neuerer Zeit kommt hinzu, dass Homosexualität in der Gesellschaft immer mehr Akzeptanz findet und sich daher leichter ausbreiten kann. Auch die zunehmende Praxis der Pädophilie (sexuelle Neigung Erwachsener zu Kindern, hauptsächlich zu Jungen) spielt bei Verbreitung der Homosexualität eine wichtige Rolle. Die Entstehung und die Verbreitung der Homosexualität kann also sehr unterschiedliche Ursachen haben. Bei einer differenzierten Beurteilung der Homosexualität müssen jeweils die besonderen Ursachen und die gesellschaftlichen Hintergründe berücksichtigt werden.

b) Unterscheidung von Neigung und Handlung

Wie sieht und beurteilt nun die katholische Kirche das Phänomen der Homosexualität? Sie unterscheidet zunächst die homosexuelle Neigung von einer homosexuellen Handlung. Die katholische Kirche geht davon aus, dass es eine nicht geringe Anzahl von Menschen gibt, die homosexuell veranlagt sind und weist darauf hin, dass sie ihre Veranlagung nicht selbst gewählt haben, die sie meistens als Prüfung empfinden (*KKK*, § 2358). Die Veranlagung bzw. die Neigung zur Homosexualität entzieht sich demnach der freien Entscheidung der betreffenden Person. Die Kirche erklärt jedoch, dass homosexuelle Handlungen in sich nicht in Ordnung sind. Die Umsetzung dieser Neigung verstößt gegen die Gesetze und Zielsetzungen, die Gott selbst zum Wohl des Menschen und der Gesellschaft in die Sexualität hineingelegt hat. So können wir also sagen, dass die Kirche zwei grundsätzliche Aussagen über die Homosexualität trifft: Sie stellt fest, dass es eine Veranlagung zur Homosexualität gibt, die der Mensch aber nicht selbst wählt, und ruft zur Tugend der Keuschheit auf, weil homosexuelle Handlungen gegen die von Gott festgesetzte Ordnung und Zielsetzung der Sexualität verstoßen.

c) Keine Identität von Mann und Frau

In welcher Hinsicht verstößt nun die Homosexualität gegen die von Gott festgelegte menschliche und gesellschaftliche Ordnung? Die Homosexualität stellt zunächst das spezifische Wesen von Mann und Frau und damit die verschiedenen Rollen der Geschlechter infrage. Durch gleichgeschlechtliche Beziehungen kommt es dazu, dass Männer und Frauen bestimmte Züge und Haltungen des anderen Geschlechts annehmen. Durch die Homosexualität kommt es zur Infragestellung der geschlechtlichen Identität und zur Infragestellung der ergänzenden Beziehung zwischen den Geschlechtern. Wenn aber das geschlechtliche Wesen und die ergänzende Beziehung von Mann und Frau nicht mehr eindeutig sind, kommt es zu Verunsicherungen des Einzelnen, aber auch zu Spannungen mit dem Partner. Der Einzelne verliert dann seine eindeutige Identität als Mann oder Frau und wird dadurch auch in seiner Entfaltung als Persönlichkeit verunsichert.

Diese mangelnde Identität und Ergänzung erschwert die Beziehung zu einem gleichgeschlechtlichen Partner und führt nicht selten zu großen Spannungen zwischen den Partnern.

d) Keine Ergänzung und Einheit der Geschlechter

Homosexuelle Handlungen wenden sich gegen die Polarität der Geschlechter, die zur Ergänzung und Einheit von Mann und Frau führt. Die Polarität zwischen den Geschlechtern betrifft alle Ebenen des Menschseins und umschließt den leiblichen, seelischen und geistigen Bereich. Diese ganzmenschliche Ergänzung und Einheit von Mann und Frau ist die Voraussetzung jeder ganzheitlichen Liebe, die der Würde des Menschen entspricht. Diese ergänzende und ganzheitliche Liebe ist bei gleichgeschlechtlichen Beziehungen von vorneherein nicht möglich. Bei gleichgeschlechtlichen Beziehungen übernimmt zwar der eine Partner die männliche Rolle und der andere Partner die weibliche Rolle, aber da bei der Homosexualität keine wesensmäßige geschlechtliche Verschiedenheit zwischen den Partnern vorhanden ist, kann es zwischen ihnen auch nie zu einer Ergänzung und Einheit im vollen Sinn kommen.

e) Keine dauerhaften und stabilen Bindungen

Durch die fehlende ganzheitliche Ergänzung zwischen homosexuellen Partnern kommt es bei diesen Paaren nur selten zu dauerhaften und stabilen Bindungen. Laut statistischen Erhebungen dauern homosexuelle Verbindungen im Durchschnitt fünf Jahre. Es zeigt sich, dass die Homosexualität oft nach einer bestimmten Zeit zu einer (regelrechten) Abstoßung des gleichpoligen Partners führt. In homosexuellen Beziehungen kommt es viel öfter zu dramatischen Konflikten als bei verschiedengeschlechtlichen Beziehungen. Bei diesen Konflikten sind meistens Spannungen im Spiel, die auf die Gleichgeschlechtlichkeit der Partner zurückgehen. (Natürlich gibt es auch bei verschiedengeschlechtlichen Partnern instabile Bindungen; die Liebe der Ehegatten erfordert jedoch von Natur aus die Einheit und Unauflöslichkeit ihrer personalen Gemeinschaft, die ihr ganzes Leben umfasst [*KKK*, § 2358]).

f) Keine Kinder und keine Familie

Homosexuelle Handlungen missachten auch den Auftrag der Sexualität, neues Leben zu wecken und verhindern dadurch die Entstehung neuer Familien. Auf diese Weise wird die Sexualität als Quelle des Lebens infrage gestellt und die Familie als Keimzelle der Gesellschaft aufgehoben. Gerade in dieser grundsätzlichen Unfähigkeit, aber auch in dieser bewussten Ablehnung, neues Leben zu wecken und damit die Zukunft der Gesellschaft zu sichern, zeigt sich die Verkehrtheit der Homosexualität. Die Homosexualität verweigert sich dem Auftrag, neues Leben zu wecken und die Zukunft der Gesellschaft zu sichern!

Manche Homosexuelle wollen heute Kinder adoptieren und so eine eigene Familie gründen. Da aber ein Kind ein Recht auf einen Vater und eine Mutter hat, wäre eine solche Adoption ein Betrug am Kind. Dazu kommt, dass Beziehungen zwischen Homosexuellen im Durchschnitt höchstens fünf Jahre dauern. Da ein Kind aber seine Eltern mindestens zwanzig Jahre lang braucht, wäre es unverantwortlich, einem homosexuellen Paar ein Adoptivkind anzuvertrauen.

In diesem Zusammenhang sei noch darauf hingewiesen, dass die Unfruchtbarkeit der Homosexualität nicht mit der

Unfruchtbarkeit des Zölibats verglichen werden kann. Bei der Homosexualität kommt es nämlich zu einer bewussten Handlung, die die Fruchtbarkeit ausschließt; beim Zölibat hingegen wird keine Handlung gesetzt, die gegen die Fruchtbarkeit verstößt.

g) Die Infragestellung von Grundwerten

Die Homosexualität stellt also grundlegende Werte wie die Identität von Mann und Frau, die ganzheitliche Ergänzung und Einheit der Geschlechter, die Zeugung von Nachkommenschaft und die Gründung von Familien infrage. Bei so vielen grundsätzlichen Mängeln können homosexuelle Handlungen nicht in Ordnung sein und daher auch nicht moralisch gutgeheißen werden. Gegen diese Feststellung wird immer wieder das Argument vorgebracht, dass es sich bei den Homosexuellen nur um eine kleine Minderheit handle, die nicht die Existenz der Gesellschaft gefährden könnte. Dagegen ist aber zu sagen, dass die Unmoral eines Fehlverhaltens auch dann bestehen bleibt, wenn dieses Fehlverhalten nur von einer Minderheit praktiziert wird. Die Anerkennung der Homosexualität würde dazu führen, dass immer mehr Menschen auf die Idee kämen, diese Form der Sexualität als „Alternative" zu praktizieren und damit die Ehe und Familie infrage zu stellen. Eine Anerkennung der Homosexualität brächte es auch mit sich, dass sich noch mehr Menschen mit AIDS ansteckten.

h) Die Folgen der Homosexualität

Die Homosexualität hat neben den menschlichen und gesellschaftlichen Auswirkungen auch weitere schwerwiegende Folgen: In homosexuellen Kreisen kommt es durch die oft enorm hohe Promiskuität (ständiger Tausch von Partnern) zu einer vielfach höheren Verbreitung von AIDS. Manche Homosexuelle haben Hunderte von Beziehungen mit verschiedenen Partnern und sind dadurch in einem extrem hohen Maß für eine Infizierung mit AIDS gefährdet. Bei homosexuellen Partnerschaften ist auch die häusliche Gewalt um ein Vielfaches höher als bei heterosexuellen Partnerschaften. Auch die Neigung zum Selbstmord ist bei homosexuell lebenden Jugendlichen erheblich größer. Schließlich ist auch die Lebenserwartung von Homosexuellen acht bis zwanzig Jahre niedriger ist als bei Heterosexuellen. Dies lässt sich wohl hauptsächlich durch die hohe AIDS-Rate erklären.

i) Die Hinweise der Schöpfungsordnung

Die christliche Religion hat stets darauf hingewiesen, dass sich die Moral an die Ordnung der Schöpfung halten muss. Wenn wir nun die Schöpfungsordnung im Hinblick auf die Sexualität betrachten, so lässt sich eindeutig beobachten, dass die Geschlechtsorgane auf das Wesen der Sexualität abgestimmt sind. Dabei ist unmittelbar einsichtig, dass die Geschlechtsorgane auf das andere Geschlecht ausgerichtet sind. Es wäre also völlig sinnlos zu behaupten, die Geschlechtsorgane seien auf das gleiche Geschlecht ausgerichtet! Weiterhin steht fest, dass der Geschlechtsakt von Mann und Frau neues Leben wecken kann. Die Homosexualität entspricht also offensichtlich nicht den Zielsetzungen, die sich bereits aus der einfachen Beobachtung der Geschlechtsorgane von Mann und Frau ergeben. Einige liberale Theologen behaupten zwar, dass es sich bei der Homosexualität um eine „Schöpfungsvariante" handle (und damit Gott selbst gewissermaßen der Erfinder der Homosexualität sei!). Die Zielsetzungen der

Schöpfungsordnung sind aber so klar und offensichtlich, dass solche Behauptungen eine eindeutige Lästerung gegenüber der gottgewollten Ordnung darstellen!

j) Die Aussagen der Heiligen Schrift

Die Heilige Schrift bezeichnet homosexuelle Beziehungen als eine „Gräueltat" und „Unzucht". Der Bericht über die Bestrafung von Sodom und Gomorra (vgl. Gen 18,20 f.; Ri 19,22–26) zeigt deutlich, dass Gott sie nicht duldet. Im Buch Levitikus heißt es: „Du darfst nicht mit einem Mann schlafen, wie man mit einer Frau schläft; das wäre ein Gräuel" (Lev 18,22); und an einer anderen Stelle: „Schläft einer mit einem Mann, wie man mit einer Frau schläft, dann haben sie eine Gräueltat begangen" (Lev 20,13). Im Neuen Testament schreibt Paulus: „Ihre Frauen vertauschten den natürlichen Verkehr mit dem widernatürlichen; ebenso gaben Männer den natürlichen Verkehr auf und entbrannten in Begierde zueinander; Männer trieben mit Männern Unzucht und erhielten den ihnen gebührenden Lohn" (Röm 1,26–27). Gestützt auf die Heilige Schrift hat die kirchliche Überlieferung stets erklärt, dass homosexuelle Handlungen in sich nicht in Ordnung sind *(KKK,* § 2357).

k) Die Moral muss sich am Wesen und Sinn orientieren

Viele behaupten, dass die Neigung zur Homosexualität eine Rechtfertigung für dieses sexuelle Verhalten sei. Die christliche Morallehre erklärt aber, dass nicht die Neigung des Menschen, sondern das Wesen und der Sinn einer Sache der zentrale Maßstab für die Moral sind. Deshalb muss bei einer bestimmten Neigung gefragt werden, ob sie dem Wesen und dem Sinn einer Sache gerecht wird.

Im Fall der Sexualität bedeutet das, dass sich die Neigung am Wesen und am Sinn der Sexualität orientieren muss. Da nun aber die Neigung zur Homosexualität nicht dem Wesen und dem Sinn der Sexualität gerecht wird, kann sie nicht als Rechtfertigung für die Homosexualität herangezogen werden. Im Übrigen gibt es auch andere Neigungen, denen wir nicht blind folgen dürfen: So können wir auch nicht der Neigung zu übermäßigem Essen und Trinken, zu Aggression und Flucht folgen. Im Grunde genommen hat jeder von uns bestimmte Neigungen, die er nicht ausleben darf. Die reine Neigung kann also niemals eine Rechtfertigung für unser moralisches Verhalten sein! Wir müssen uns stets die Frage stellen, ob unsere Neigung mit dem Wesen und Sinn einer Sache übereinstimmt.

l) Keine Herabsetzung von homosexuell veranlagten Personen

Die katholische Kirche hat in mehreren Dokumenten und Stellungnahmen darauf hingewiesen, dass Menschen mit einer homosexuellen Neigung nicht herabgesetzt werden dürfen. Die Kirche sagt ausdrücklich, dass diese Menschen ihre Veranlagung nicht selbst gewählt haben und dass man sich deshalb davor hüten soll, sie in irgendeiner Weise ungerecht zurückzusetzen *(KKK,* § 2358). Die Kirche verurteilt also niemanden, der eine gleichgeschlechtliche Neigung hat. Sie weist allerdings klar darauf hin, dass die gleichgeschlechtliche Neigung aus den genannten Gründen nicht zu einer gleichgeschlechtlichen Handlung führen darf *(vgl. Erklärung Persona humana,* 8).

m) Die Homosexualität kann bewältigt werden

Die Kirche ist sich der Schwierigkeiten bewusst, die die

Homosexualität für die Betroffenen mit sich bringt. Es hat sich aber in vielen Fällen gezeigt, dass die Homosexualität auch bewältigt werden kann. Entscheidend ist zunächst, dass ein Mensch mit dieser Veranlagung anerkennt, dass seine Neigung der tieferen Zielsetzung der Sexualität, nämlich der Partnerschaft mit dem Auftrag zur Fruchtbarkeit, von vorneherein nicht gerecht werden kann. Ein solcher Mensch sollte dann überlegen, seine Neigung zur Homosexualität mithilfe einer psychologischen und seelsorglichen Betreuung zu überwinden. Speziell bei Personen, die durch eine Verführung zur Homosexualität gelangt sind, kann es durch eine entsprechende psychologische Aufarbeitung des Problems zu einer Wiederentdeckung des anderen Geschlechts kommen. Bei diesem Bemühen um die Bewältigung der Homosexualität braucht es schließlich auch das Gebet und die Gnade Gottes. Gott wird gewiss allen Menschen helfen, die ihn darum bitten, die Sexualität in seinem Sinn zu leben. Es gibt gar nicht so wenige Menschen, die bezeugen, dass sie durch ihr Gebet und ihr Bemühen die Homosexualität überwinden konnten. Sie haben durch eine heterosexuelle Partnerschaft und durch die Zeugung von Kindern ihr Glück und ihre Erfüllung gefunden.

14. *Gender Mainstreaming*

a) Das „soziale Geschlecht"

In den vergangenen Jahren kam es zur Leugnung des biologischen Geschlechts. Liberale Ideologen erklärten, dass es nur das „soziale Geschlecht" gebe. Das „soziale Geschlecht" aber sei ein bloße Frage der Erziehung. Es sei also die Erziehung und die Gesellschaft, die das Geschlecht des Menschen bestimmen und festlegen. Auch die Beziehung zwischen Mann und Frau sei nur das Ergebnis gewisser gesellschaftlicher Strukturen und Überlieferungen. Häufig habe die Erziehung und die Gesellschaft dazu geführt, dass die Frauen in eine „Geschlechterrolle" gedrängt worden seien, die zu ihrer Unterdrückung führte.

b) Die verschiedenen Möglichkeiten

Die liberalen Ideologen fordern, dass jeder Mensch das Recht haben solle, sein Geschlecht unabhängig von seinem biologischen Geschlecht festzulegen. Es stehen dabei mehrere Möglichkeiten zur Auswahl: Ein männliches Wesen, ein weibliches Wesen, ein heterosexuelles Wesen, das auf das andere Geschlecht ausgerichtet ist, ein homosexuelles Wesen, das auf das gleiche Geschlecht ausgerichtet ist, ein bisexuelles Wesen, das auf das andere und auf das gleiche Geschlecht ausgerichtet ist, und ein transsexuelles Wesen, das von einem Geschlecht in das andere Geschlecht umgewandelt wird. Der Mensch hat natürlich auch das Recht, jederzeit seine Wahl wieder neu festzulegen.

c) Gender Mainstreaming: die Gleichstellung von Mann und Frau

Das Ziel der derzeitigen Geschlechter-Politik der Europäischen Union und der Vereinten Nationen ist die völlige Gleichstellung von Mann und Frau. Das *Gender Mainstreaming* beinhaltet aber auch die autonome Festlegung des eigenen Geschlechts. Im Unterschied zum biologischen Geschlecht, das den Menschen von Natur aus geprägt hat, soll nun das Geschlecht eine Sache der freien menschlichen Entscheidung sein. Der Mensch soll nun an keine Natur mehr gebunden sein, sondern selbst seine Natur bestimmen.

d) Die Sprache der Wissenschaft

Es ist bemerkenswert, dass die Wissenschaft im Hinblick auf die Geschlechter eine ganz andere Sprache spricht als die Ideologie: Die Wissenschaft hat empirisch festgestellt, dass das Geschlecht des Menschen von Natur aus festgelegt ist. So haben die Hirnforschung, die Medizin und die Psychologie festgestellt, dass es von Natur aus geschlechtsspezifische körperliche und psychische Merkmale von Mann und Frau gibt. Die Geschlechter von Mann und Frau sind also nicht das Ergebnis von sozialen und gesellschaftlichen Prägungen, sondern biologische und psychologische Vorgaben. Sicher gibt es auch soziale und gesellschaftliche Einflüsse, die das Verständnis und das Verhalten der Geschlechter mitprägen. Aber an der primären Prägung durch die Natur kann nicht gerüttelt werden. Es bedarf einer ideologischen Vergewaltigung, um diese empirisch und wissenschaftlich überprüften Fakten zu ignorieren.

e) Die Orientierung an der biologischen Natur

Die *Gender-Ideologie* behauptet, dass die Festlegung des Geschlechtes ein Prozess sei und dass der Mensch erst im Laufe seiner Entwicklung zu seinem Geschlecht gelange. Diese Aussage setzt wiederum voraus, dass die Festlegung des Geschlechts im Ermessen des Menschen liegt. In Wirklichkeit ist es aber so, dass der Mensch bereits ein Geschlecht vorfindet, das seine biologische und psychologische Befindlichkeit prägt. Er muss dann im Laufe eines längeren Prozesses die vorgegebene Grundbefindlichkeit seines Geschlechtes entfalten. Er muss sich als männliches Wesen zum Mann entwickeln und er muss sich als weibliches Wesen zur Frau entwickeln. Der geschlechtliche Entwicklungsprozess des Menschen muss sich also an der geschlechtlichen Grundbefindlichkeit, die durch das biologische Geschlecht vorgegeben ist, orientieren.

f) Die männlichen und weiblichen Züge

Die *Gender-Ideologie* geht davon aus, dass der Mensch sein Geschlecht nach seinem subjektiven Empfinden festlegen kann. Wenn er sich als Mann fühlt, dann deklariert er sich als Mann, wenn er sich als Frau fühlt, dann deklariert er sich als Frau usw. Diese Entscheidung sei völlig unabhängig von seinem biologischen Geschlecht. Es ist nun bekannt, dass jeder Mensch trotz seines biologischen Geschlechts gewisse körperliche und psychische Züge des anderen Geschlechts aufweist. Es gibt in manchen Fällen auch geradezu feminine Männer und maskuline Frauen. Das Vorhandensein gewisser Züge des anderen Geschlechts bedeutet aber nicht, dass das biologische Geschlecht einfach aufgehoben werden kann. Ein Mann bleibt ein Mann, auch wenn er feminine Züge aufweist, und eine Frau bleibt eine Frau, auch wenn sie maskuline Züge aufweist. Es kommt vielmehr darauf an, dass jedes Geschlecht die vorhandenen Züge des anderen Geschlechts in das eigene Geschlecht integriert. Es sollte also nicht so sein, dass ein Mann bewusst gewisse weibliche Züge hervorkehrt und dass eine Frau bewusst maskuline Züge betont. Die vorhandenen Züge des anderen Geschlechts sollten vielmehr in das eigene biologische Geschlecht integriert werden.

g) Die Gefährdungen von Gender Mainstreaming

Die *Gender-Ideologie* macht mit ihrer Selbstbestimmung des eigenen Geschlechts die geschlechtliche Identität des Menschen zu einem Spielball von wechselhaften subjektiven Gefühlen. Die geschlechtliche Identität wird damit zu einem oftmals widersprüchlichen und labilen Konstrukt. Die geschlechtliche Identität ist aber von grundlegender Bedeutung für das Selbstverständnis des Menschen und trägt entscheidend zur Stabilität der eigenen Person und der Beziehungen zu anderen Personen bei. Die geschlechtliche Identität entscheidet über die Polarität der Geschlechter, über die Stabilität der Ehen, über die Stabilität der Familien, über die Fruchtbarkeit, über den Fortbestand eines Volkes. Es handelt sich hier um eine Identität, die nicht nur den Einzelnen, sondern die ganze Gesellschaft und die Zukunft eines Volkes betrifft. Deswegen kann die geschlechtliche Identität nicht einfach dem Ermessen des Einzelnen freigestellt werden. Hier muss auch das Wohl der Gesellschaft und das zukünftige Wohl des Volkes ein entscheidender Maßstab sein. Aus diesem Grund ist eine Politik, die die geschlechtliche Selbstbestimmung befürwortet und fördert, schlechthin unverantwortlich. Es stimmt auch sehr nachdenklich, dass eine Ideologie trotz gegenteiliger wissenschaftlicher Fakten und trotz negativer Erfahrungen in der Geschichte nicht vernunft- und lernfähig ist (vgl. Kuby, *Die Gender Revolution*).

15. Pädophilie

a) Die unheimliche Ausbreitung der Pädophilie

In den vergangenen Jahrzehnten kam es auch zu einer unheimlichen Ausbreitung der Pädophilie (Sexualität mit Minderjährigen). Fast täglich hören wir Meldungen, die über die sexuelle Verführung von Jungen und Mädchen berichten. Diese Verführung geschieht im Familienbereich sowie im Verwandten- und Freundeskreis: Väter schrecken nicht davor zurück, ihre eigenen Töchter zu missbrauchen; Freunde des Hauses verführen kleine Kinder, die ihnen arglos vertrauen. Die Pädophilie geschieht auch an öffentlichen und privaten Schulen, in Heimen und Kollegien, in öffentlichen und kirchlichen Institutionen. Immer wieder missbrauchen Lehrer, Erzieher und Priester Jungen und Mädchen, die ihnen anvertraut sind. Zur Pädophilie kommt es auch in Sportvereinen und musikalischen Gruppen. Hier geschieht der Missbrauch durch Trainer und Musiker an Kindern, die oft voll Bewunderung zu ihnen aufschauen. Zur Pädophilie kommt es schließlich auch auf Reisen in fernöstliche und südamerikanische Länder. Dort machen sich Sextouristen über Kinder her, die noch nicht das Stadium der Pubertät erreicht haben. Die Pädophilie ist der tiefste Ausdruck der sexuellen Enthemmung unserer Gesellschaft. Hemmungsloser Sexkonsum macht dann nicht einmal vor Kindern halt!

b) Die tieferen Ursachen der Pädophilie

Die Ursachen dieses schändlichen Missbrauchs von Kindern und Jugendlichen sind mehrfacher Art. Bei der Pädophilie haben wir es mit Erwachsenen zu tun, die es nie gelernt haben, ihre abartigen Begierden zu zügeln. Bei

Pädophilen zeigt sich aber auch eine erschreckende Unreife der Person, die nicht die Partnerschaft mit einer erwachsenen Person sucht. Viele Erwachsene sind aufgrund der eigenen Frühsexualisierung in der geschlechtlichen Entwicklung auf einer infantilen Stufe stecken geblieben und können nur im Umgang mit Kindern eine sexuelle Befriedigung erfahren. Im Zusammenhang mit den jüngsten Missbräuchen vonseiten katholischer Priester wurde auch immer wieder der Zölibat als Ursache für die Pädophilie angeführt. Aber diese Begründung greift zu kurz: die Pädophilie ist nämlich nicht nur bei zölibatär lebenden Menschen anzutreffen, sondern noch viel häufiger bei verheirateten Personen. Die Ursache für die Pädophilie ist nicht im Zölibat zu suchen, sondern in einer unreifen Form der Sexualität, die genauso bei zölibatär lebenden Priestern wie auch bei verheirateten Personen festzustellen ist. In der Pädophilie zeigen sich auch die Folgen einer „Sexualaufklärung", die keine Tabus respektiert. Eine weitere Ursache für die ständige Zunahme der Pädophilie war eine viel zu laxe Gesetzgebung, die keine entsprechenden Strafen für die Missetäter vorsah. Ein ganz entscheidender Grund für die ansteckende Seuche der Pädophilie ist schließlich die weite Verbreitung von pädophilem Pornomaterial, das in Europa Zehntausende von Konsumenten hat.

c) Die Heilige Schrift verurteilt die Pädophilie

In der Heiligen Schrift wird die Pädophilie auf das Schärfste verurteilt. Im ersten Brief an die Korinther schreibt Paulus, dass die Knabenschänder genauso wenig das Reich Gottes erben werden wie die Unzüchtigen und Götzendiener, die Ehebrecher, Diebe, Räuber (vgl. 1 Kor 6,10). Im ersten Brief an Timotheus nennt er die Knaben-

schänder in einem Atemzug mit Mördern, Unzüchtigen, Menschenhändlern, Lügnern und Meineidigen (vgl. 1 Tim 1,10). Das sind harte Worte, die uns Christen sehr nachdenklich stimmen sollten!
Es gibt aber auch ein unheimliches Wort Jesu, das die Verführer von Kindern und damit auch die pädophilen Verführer betrifft: „Wer einen von diesen Kleinen, die an mich glauben, zum Bösen verführt, für den wäre es besser, wenn er mit einem Mühlstein um den Hals im tiefen Meer versenkt würde!" (Mt 18,6). An keiner anderen Stelle des Neuen Testaments findet sich eine härtere Aussage Jesu als bei der Verführung und dem Missbrauch von Kindern!

15. Bekehrung des Herzens

a) Viele Menschen beginnen zu begreifen

Viele Menschen beginnen zu begreifen, in welch vielfältiger Weise die Liebe in der heutigen Zeit gefährdet ist. Ihnen wird bewusst, dass die „Befreiung" der Sexualität von allen Grenzen und Tabus zu einer ungeheuren Versklavung geführt hat: Die Fixierung auf die eigene Sexualität hat viele zu Süchtigen werden lassen; die Probe-Ehen haben keine glücklicheren und stabileren Ehen hervorgebracht; Scheidungen brachten nicht den großen „Fortschritt", sondern eine Zerrüttung vieler Existenzen und eine Schwächung der Gesellschaft; Verhütungsmittel führten zu Freizügigkeit und Verantwortungslosigkeit; die künstliche Befruchtung war der Beginn einer ungeheuren Manipulation des Menschen; die Homosexualität wendet sich gegen die Ergänzung der Geschlechter und gegen die Fruchtbarkeit der Sexualität; die Pädophilie erniedrigt selbst Kinder zu Sexualobjekten. Die wunderbare Gabe der Sexualität, die die Menschen glücklich machen sollte, wird so oft zur Ursache von vielem Leid.

b) Die Gültigkeit der Schöpfungsordnung

Durch die vielen leidvollen Erfahrungen in gescheiterten Beziehungen sollten wir wieder begreifen, dass die Schöpfungsordnung ihre Gültigkeit hat. Der Versuch, die Sexualität der freien Gestaltung des Menschen zu überlassen und mithilfe verschiedenster Mittel die natürlichen Grenzen der Sexualität aufzuheben, verursacht eine Entfesselung der sexuellen Kräfte und einen Dammbruch der sittlichen Werte. Die Folge ist eine Manipulation des weiblichen Körpers und z. T. auch der weiblichen Psyche, die nun unter allen möglichen Nebenwirkungen der verschiedenen Präparate zu leiden haben. Hellhöriger beginnen wir wieder mehr auf den Körper zu hören, wir nehmen seine Rhythmen und seine Intervalle ernst. Wir spüren, dass die Perioden der Frau einen tiefen Sinn haben. Wir besinnen uns wieder auf die Natur, in der sich die Weisheit Gottes offenbart.

c) Die Gültigkeit der göttlichen Gebote

Wir erleben heute die Gültigkeit der göttlichen Gebote. Angesichts der vielen Ehebrüche und Scheidungen verstehen wir die Tragweite des sechsten Gebotes: „Du sollst nicht die Ehe brechen!" Wir stimmen Jesus zu, wenn er die Menschen zu einer absoluten Treue aufruft und ihnen sogar verbietet, in ihrem Herzen Ehebruch zu begehen. Wir verstehen, dass nur eine radikale Bekehrung der Herzen die Menschen aus dem Chaos herausführen kann und begreifen, dass der Geist Gottes die Liebe leiten muss, damit sie ihre höchste Entfaltung erlangen kann. Die Ehepartner müssen von Gott selbst verbunden sein, damit sie füreinander ein Sakrament sein und durch ihre Liebe reifen können.

d) Die Gültigkeit der kirchlichen Lehre

Es sollte uns bewusst geworden sein, dass die Lehre der Kirche im Grunde genommen viel realistischer ist, als es auf den ersten Blick scheinen will. Die Lehre der Kirche steht oft in einem völligen Gegensatz zum Zeitgeist; aber wer tiefer in diese Lehre eindringt, begreift, dass sie eine Anleitung zu einem echten und dauerhaften Glück für den Einzelnen ist und eine segensreiche Stabilität der Gesellschaft darstellt.

SIEBTES GEBOT: DU SOLLST NICHT STEHLEN!

Beim siebten Gebot geht es um den Schutz und die soziale Verpflichtung des Eigentums. Das Eigentum trägt entscheidend zum Wohl des Einzelnen und der Gemeinschaft bei.

1. Die Bedeutung des Eigentums

a) Das Eigentum als Voraussetzung für das Menschsein

„Am Anfang hat Gott die Erde und ihre Güter der Menschheit zur gemeinsamen Verwaltung anvertraut … Die Güter der Schöpfung sind für das gesamte Menschengeschlecht bestimmt. Die Erde ist jedoch unter die Menschen aufgeteilt" (*KKK*, § 2402), damit jeder die Möglichkeit erhält, sein eigenes Leben ohne Mangel und in Freiheit und Sicherheit zu entfalten. Der Mensch braucht gewisse Güter, um ein menschenwürdiges Leben führen zu können. Die Erhaltung des Lebens erfordert zunächst Nahrung, Kleidung und Wohnung; zur Entfaltung des Menschen gehören ebenso entsprechende Mittel für Bildung und Kultur. Bestimmte finanzielle Mittel sind für die menschliche Freiheit unentbehrlich: Ohne eine gewisse wirtschaftliche Unabhängigkeit kann der Mensch nicht für die Bedürfnisse der ihm Anvertrauten aufkommen, sich in vielen Situationen nicht erlauben, frei zu sagen, was er denkt und so zu handeln, wie es sein Gewissen von ihm verlangt. Gewisse finanzielle Mittel sind schließlich auch die Voraussetzung für bestimmte Freuden im menschlichen Leben: Ohne das nötige Kleingeld kann sich der Mensch kaum leisten, ein Hobby zu pflegen oder einer Liebhaberei nachzugehen.

b) Die soziale Verpflichtung des Eigentums

„Das Recht auf Privateigentum ... hebt die Tatsache nicht auf, dass die Erde ursprünglich der ganzen Menschheit übergeben worden ist" (*KKK*, § 2403). So geht es im siebten Gebot nicht nur um den Schutz des Eigentums, sondern auch um dessen soziale Verpflichtung zugunsten des Gemeinwohls: Wer über finanzielle Mittel und über Besitz verfügt, muss diese auch für seine Mitmenschen einsetzen. Wer viel Geld hat, soll den Armen helfen; wer einen gutgehenden Betrieb hat, soll seine Mitarbeiter gut bezahlen. Wenn jemand ein großes Haus führt, soll er gastfreundlich sein; wenn einer eine leerstehende Wohnung hat, soll er sie an eine junge Familie vermieten. Wer mehrere Autos besitzt, kann eines davon verleihen; wer ein großes Fest feiert, sollte auch einen Bedürftigen einladen. Wenn jemand gut erhaltene Kleider ablegt, soll er sie der „Caritas" geben ... Die materiellen Güter haben also auch eine soziale Seite und sind eine ständige Gelegenheit, viel Gutes zu tun. Jesus zählt die Wohltätigkeit zu den entscheidenden Werken des gläubigen Menschen: Er fordert uns auf, Almosen zu geben und Werke der Barmherzigkeit zu üben.

2. *Das rechte Verhältnis zum Eigentum*

a) Das Eigentum darf nicht zum Götzen werden

Das siebte Gebot erinnert uns daran, dass wir uns um die richtige Einstellung zum Eigentum bemühen sollen. Wie wir gesehen haben, sichert Eigentum ein menschenwürdiges Leben. Das Eigentum muss jedoch immer ein „Mittel" zum Leben bleiben und darf für uns nicht zum Lebenszweck werden. Verwandelt sich das Eigentum zum Lebenszweck, kommt es zu problematischen Fehlentwicklungen: Wir betrachten dann das Materielle als das Wichtigste und vergessen dabei Gott und das Geistige und Seelische. Durch den Materialismus werden wir leicht zu Egoisten und Geizhälsen und entwickeln uns zu berechnenden Krämerseelen und Profitmenschen, die bereit sind, andere zu übervorteilen und zu betrügen. Wird das Geld für uns zum Götzen, berauben wir uns unserer Würde und werden zu süchtigen Sklaven, die immer mehr wollen und doch nie genug bekommen. Wir wollen alles kaufen und können doch das Wesentliche nicht kaufen. Wir vernachlässigen unsere Familie und unsere Freunde, wir arbeiten auch in der Freizeit und am Sonntag, wir ruinieren unsere Nerven und unsere Gesundheit. Wir schuften wie die Verrückten und haben kaum Zeit, das Erworbene zu genießen. Wir können Vermögen nicht in Lebensfreude umsetzen. Soviel wir auch erwerben mögen, das Totenhemd hat keine Taschen: Wir können nichts davon mitnehmen, wenn wir diese Welt verlassen müssen. Wir sind im Grunde genommen arme Narren. Oft bringen uns erst eine zerbrochene Ehe, ein Herzinfarkt oder ein Bankrott zur Besinnung.

b) Der Mensch kann nicht Gott und dem Mammon dienen

Jesus erinnert uns eindringlich daran, dass unser eigentliches Ziel im Himmel ist: „Sammelt euch nicht Schätze hier auf der Erde, wo Motte und Wurm sie zerstören und wo Diebe einbrechen und sie stehlen, sondern sammelt euch Schätze im Himmel, wo weder Motte noch Wurm sie zerstören und keine Diebe einbrechen und sie stehlen" (Mt 6,19–20). Jesus macht uns darauf aufmerksam, dass wir nicht gleichzeitig Gott und den materiellen Götzen dienen können: „Niemand kann zwei Herren dienen; er wird entweder den einen hassen und den anderen lieben, oder er wird zu dem einen halten und den andern verachten. Ihr könnt nicht beiden dienen, Gott und dem Mammon (Geld als Götze). Deswegen sage ich euch: Sorgt euch nicht um euer Leben und darum, dass ihr etwas zu essen habt, noch um euren Leib und darum, dass ihr etwas anzuziehen habt. Ist das Leben nicht wichtiger als die Nahrung und der Leib wichtiger als die Kleidung?" (Mt 6,24–25). Jesus fordert uns auf, zuerst das Reich Gottes und seine Gerechtigkeit zu suchen. Auf dieser Grundlage werden wir dann auch zu jenen materiellen Gütern gelangen, die wir zum Leben brauchen. Wer sich zuerst für das Reich Gottes einsetzt, erhält in auffallender Weise alle Güter, die er zum Leben nötig hat.

3. *Das Eigentum im privaten Bereich*

a) Keine fremden Dinge stehlen

Das siebte Gebot verbietet uns, fremde Dinge zu stehlen. Das bedeutet, dass wir uns kein privates Eigentum unserer Mitmenschen aneignen dürfen. Wir dürfen also kein Geld und keine Gebrauchsgegenstände, keine Schmuckstücke und Kunstwerke, keine Autos und Fahrräder, keine Werkzeuge und Baumaterialien oder anderes stehlen. Das siebte Gebot gilt auch im eigenen Familienkreis: Wir müssen unsere Familienangehörigen fragen, ob sie bereit sind, uns ihr Eigentum zur Verfügung zu stellen. So muss der Sohn den Vater fragen, ob er sein Auto fahren darf; ebenso muss der Bruder gefragt werden, ob er seinen Tennisschläger zur Verfügung stellt, und auch die Schwester will gebeten sein, ob sie ihr Abendkleid für einen Ball ausleiht. Gerade in der Familie gibt es oft große Spannungen, wenn die Besitzverhältnisse nicht respektiert werden. Deswegen gilt es zu fragen, bevor man sich etwas ausleiht.

b) Geliehene Dinge zurückgeben

Das siebte Gebot verpflichtet uns weiterhin, dass wir geliehene Dinge zurückgeben. Wenn uns jemand Geld geborgt hat, so sollten wir es sobald wie möglich zurückgeben. Wenn uns jemand sein Motorrad für eine Ferienreise zur Verfügung stellt, sollten wir es gleich nach der Rückkehr zurückgeben. Leihen wir von der Nachbarin Lebensmittel, sollen wir diese Dinge am nächsten Tag erstatten. Aber dann „vergessen" wir es. Manchmal leihen uns Mitschüler ihre DVDs und wir „vergessen", sie zurückzugeben. Gelegentlich ist es auch ein geliehenes Buch, das in unseren Regalen verschwindet. Als gewissenhafte Menschen sollten wir die geliehenen Dinge immer an einen eigenen Ort stellen, damit wir uns daran erinnern, sie zurückzugeben. Bei gewissen geliehenen Dingen würde es auch nicht schaden, wenn wir sie mit dem Namen des Eigentümers und dem Ausleihdatum in ein eigenes Heft eintragen. Bei der nächsten Großreinigung bestimmter Räumlichkeiten sollten wir bewusst nach geliehenen Dingen Ausschau halten. Spätestens aber beim nächsten Umzug sollten wir alle wiederentdeckten Leihgaben (mit einem kleinen Entschuldigungsgeschenk!) zurückgeben. Erinnern wir uns daran, dass das Ausleihen von Dingen immer ein Vertrauenserweis ist und bemühen wir uns darum, dieses Vertrauen nicht zu enttäuschen.

c) Beschädigte Dinge in Ordnung bringen
Die Achtung fremden Gutes erfordert auch, dass wir beschädigtes Eigentum wieder in Ordnung bringen und verlorene Gegenstände ersetzen. Wenn wir mit einem geliehenen Moped einen Unfall bauen, müssen wir den Schaden reparieren lassen. Wenn wir einen geliehenen Mantel durch Fettflecken verunreinigen, sollten wir ihn chemisch reinigen lassen. Wenn uns bei einer geliehenen Bohrmaschine der Bohrer abbricht, dann müssen wir einen neuen kaufen. Wir dürfen diese beschädigten Dinge nicht einfach still und leise zurückgeben und dabei hoffen, dass der andere nichts merkt. Beim siebten Gebot geht es also darum, dass wir das Eigentum unserer Mitmenschen in ordentlichem Zustand erhalten bzw. bei Beschädigungen einen entsprechenden Schadenersatz leisten.

4. Das Eigentum im öffentlichen Bereich

a) Die Schonung öffentlichen Eigentums
Die sittliche Ordnung und soziale Gerechtigkeit verpflichten uns, schonend mit öffentlichem Eigentum umzugehen. Leider gibt es in diesem Bereich viele Formen des Missbrauchs. Manche verunstalten die öffentlichen

Verkehrsmittel und schreiben mit Filzstiften auf die überzogenen Sitze der Busse und Züge. Viele Schüler betrachten die Schulbänke als geeignete Flächen für geniale Schmier- und Schnitzversuche; manche Jugendliche sehen in den Häuserwänden den passenden Ort für ihre fragwürdigen Spraydosen-Malerei; andere sehen in den Parkanlagen einen Ersatz für das WC und in den Beeten einen Selbstbedienungsladen für die eigene Blumendekoration; schließlich gibt es auch moderne Vandalen, die auf die Zertrümmerung von Telefonzellen spezialisiert sind, obwohl sie wissen, dass diese Leben retten können. Viele Zeitgenossen sind offensichtlich der Ansicht, dass das öffentliche Eigentum niemandem gehört und daher ungestraft beschädigt und zerstört werden darf. In Wirklichkeit ist es so, dass das öffentliche Eigentum allen gehört und daher noch mehr geschont werden muss als das private Eigentum. Gerade beim Umgang mit öffentlichem Eigentum zeigt es sich, welche Vorstellung ein Mensch vom Eigentum hat.

b) Kein Missbrauch von Sozialeinrichtungen

Der richtige Umgang mit dem öffentlichen Eigentum sieht auch vor, dass wir die verschiedenen Sozialeinrichtungen nicht missbrauchen. Wenn wir Sozialeinrichtungen in eigennütziger Weise in Anspruch nehmen, so schädigen wir damit das öffentliche Eigentum: Der eine lässt sich krankschreiben, obwohl ihm nichts fehlt; der andere bezieht die Arbeitslosenunterstützung und arbeitet dabei den ganzen Tag schwarz; der Dritte lässt sich von einem befreundeten Arzt eine Kur verschreiben, obwohl er keinen Anspruch darauf hätte; der Vierte bezieht ein Studienstipendium, obwohl er die Möglichkeit hätte, sein Studium selbst zu finanzieren; der Fünfte bittet bei der „Caritas" um eine Möbelgarnitur, obwohl er sich selbst Möbel kaufen könnte; der Sechste sucht bei der Landesregierung um einen Zuschuss für die Landwirtschaft an und macht dabei falsche Angaben; der Siebte stellt den Antrag auf eine Invalidenrente und hat dabei kaum größere Beschwerden. Immer wieder versuchen Leute, die Sozialeinrichtungen für ihre egoistischen Zwecke auszunützen, immer wieder kommt es zur Aufdeckung von Betrügereien. Wer aber soziale Einrichtungen ausnützt, schädigt damit letztlich die Armen und Bedürftigen, bei denen dann gespart werden muss.

c) Keine Steuerhinterziehung

Das siebte Gebot mahnt uns auch, die Steuern zu zahlen. Die Steuern sind die Voraussetzung dafür, dass ein Gemein- und Sozialwesen finanziert werden kann. Wenn in einem Staat Steuern hinterzogen werden, kann die öffentliche Hand viele Aufgaben nicht erfüllen. Der Staat wird dann in seinen sozialen Hilfeleistungen eingeschränkt. Trotz dieser offensichtlichen Zusammenhänge versuchen viele Zeitgenossen, bei jeder Gelegenheit Steuern zu hinterziehen. Das kann auf vielerlei Weise geschehen: Durch Schwarz- und Pfuscharbeit; durch Zahlungen ohne Quittung; durch Löhne und Mieten, die nur zum Teil quittiert werden; durch falsche Daten über den Aufenthalt von Hotel- und Pensionsgästen; durch die Verlagerung des Kapitals in andere Länder, in denen keine Quellensteuer zu bezahlen ist; durch den Wechsel des Firmensitzes bzw. des Wohnsitzes in ein Steuerparadies. Auf diese Weise gehen dem Staat jährlich riesige Summen verloren.

d) Keine ungerechten Steuern

Das siebte Gebot verlangt aber ebenso, dass der Staat gerechte Steuern erhebt. Doch auch hier ist vieles faul: Selten war der Steuerdruck so hoch wie in unserer Zeit und noch nie war der Staat so erfinderisch in der Ausbeutung seiner Bürger. Mit immer neuen Steuern und Zusatzsteuern belastet er vor allem Familien und die kleinen Wirtschaftstreibenden. In manchen Ländern erreichen die Steuern um die vierzig Prozent des durchschnittlichen Einkommens! Und wenn dazu noch häufig Fälle von Steuerverschwendung und Steuerveruntreuung kommen, dann reicht es dem Bürger! Das siebte Gebot beinhaltet ebenso die Forderung nach Steuergerechtigkeit. Die Steuerlasten müssen entsprechend den Möglichkeiten der Bürger verteilt werden. Der Staat ist verpflichtet, die Steuergelder sorgfältig zu verwalten und darüber Rechenschaft abzulegen. Er sollte einen Politiker wegen Verschwendung von Steuergeldern sofort entlassen und ihn für seinen Missbrauch öffentlicher Gelder haftbar machen. Der Staat darf auch nicht astronomische Schulden machen, die die nächsten Generationen auf Jahrzehnte belasten: In manchen Ländern muss ein ganzes Drittel des Steuereinkommens nur für die Tilgung der Zinsen der enormen Staatsschulden verwendet werden.

5. Das Eigentum im Arbeitsbereich

a) Gerechte Preise im Handel

Die Kaufleute dürfen nur Preise festsetzen, die dem tatsächlichen Wert der Ware entsprechen. Die Verdienstspanne für die Waren soll selbstverständlich so berechnet sein, dass sie alle Spesen und Kosten ihres Geschäftes decken und auch ordentlich davon leben können, aber es sollte ein rechtes Verhältnis zwischen Preis und Wert der Ware bestehen. Vor allem bei Waren, die für die Grundbedürfnisse des Menschen notwendig sind, muss der Preis für alle Bevölkerungsschichten erschwinglich sein. So sollten etwa Lebensmittel und normale Kleidungsstücke für alle problemlos zu bezahlen sein. Auch bei Luxusartikeln, die der Mensch nicht unbedingt braucht, darf es sich nicht um Wucherpreise handeln, die in keiner Weise dem Wert des exquisiten Artikels entsprechen. Es würde sich in einem solchen Fall schlicht und einfach um einen Betrug am Kunden handeln. Eine andere Form des Betrugs ist es, wenn der Kaufmann dem Kunden minderwertige Waren als erstklassige Produkte verkauft. Das Gleiche gilt auch, wenn Waren verkauft werden, deren Verfallsdatum bereits überschritten ist. Die Achtung vor der Würde des Kunden erfordert die „Tugend der Mäßigung" (*KKK*, § 2407). Der Kaufmann muss sich stets davor hüten, den Profit höher zu schätzen als den Kunden.

b) Gerechte Forderungen der Handwerker

Ebenso sind Handwerker verpflichtet, für ihre Leistungen gerechte Preise zu verlangen. Sie sind angehalten, die Arbeitszeit und das Arbeitsmaterial korrekt zu verrechnen. Sie sind verpflichtet, dem unkundigen Kunden korrekt mitzuteilen, welche handwerklichen Leistungen und welche Spesen effektiv notwendig sind. Leider kommt es gerade im Bereich des Handwerks immer wieder zu Unkorrektheiten: Ein Tischler fertigt einen Tisch an und berechnet dafür mehr Arbeitszeit, als er tatsächlich gebraucht hat. Ein Elektroinstallateur verlegt vierzig Meter

Kabel und schreibt dann mehr Material auf, als er wirklich verlegt hat. Ein Mechaniker findet beim Auto einen geringen Schaden und macht daraus einen größeren Schaden. Ein Maurer verwendet minderwertiges Baumaterial und berechnet dafür einen zu hohen Preis. Ein Hydrauliker erklärt, die Waschmaschine sei nicht mehr zu reparieren, damit er eine neue verkaufen kann. Ein Heizungstechniker muss erst seinen Lehrbuben in die Werkstatt schicken, um das fehlende Werkzeug zu holen; ein Computertechniker hat zu wenig Kompetenz und braucht ewig lang für die Reparatur: Sie lassen sich in beiden Fällen die zusätzliche Arbeitszeit bezahlen. Durch diese unkorrekten Vorgangsweisen mancher Handwerker und Techniker kommt es immer wieder zu Ärger und Streit. Die überzogenen Forderungen führen dazu, dass die Schwarzarbeit ständig zunimmt: Es ist völlig natürlich, dass sich der Bürger nach „schwarzarbeitenden" Handwerkern umschaut, wenn er immer wieder mit unverschämten Rechnungen konfrontiert wird.

c) Die Pflichten der Arbeitgeber

Die Arbeitgeber sind verpflichtet, den Arbeitnehmern einen gerechten Lohn zu bezahlen. Sie müssen die vorgeschriebenen Sozialversicherungsbeiträge für ihre Angestellten einzahlen. Sie haben schließlich auch die Pflicht, die Überstunden zu bezahlen bzw. einen entsprechenden Zeitausgleich zu gewähren. Ein Arbeitgeber sollte seinen verdienstvollen Mitarbeitern auch die Möglichkeit einer prozentualen Beteiligung an der Firma geben. Leider sieht hier die Wirklichkeit oft ganz anders aus: Manche Unternehmer verlängern willkürlich die Probezeit der jungen Angestellten und gewähren ihnen oft monatelang keinen

Vertrag. Andere Unternehmer melden ihre Angestellten überhaupt nicht an und versichern sie auch nicht. Manche Firmenchefs lassen vor allem junge Leute viele unbezahlte Überstunden arbeiten. Wieder andere zahlen ihnen nicht den Lohn aus, der auf dem Gehaltszettel steht. Immer mehr Firmen greifen auf Arbeiter zurück, die nicht aus den EU-Ländern kommen und bezahlen sie unter dem EU-Lohnniveau. Das alles ist möglich, weil die Arbeitslosigkeit so groß ist und deshalb jeder froh sein muss, wenn er eine Arbeit hat. Und wenn sich trotzdem jemand beschwert, gibt man ihm zu verstehen, dass zwanzig andere auf seinen Platz warten. Es wird immer offensichtlicher, dass die Zeiten für die Arbeitnehmer zunehmend schlechter werden. Es ist uns zwar bewusst, dass die überzogenen Nebenlohnkosten der vergangenen Jahrzehnte abgebaut werden müssen. Aber es verstößt gegen die Gerechtigkeit, wenn zwei wesentliche Grundelemente des Arbeitsvertrages, nämlich die leistungsgerechte Bezahlung und die soziale Absicherung, außer Acht gelassen werden.

d) Die Pflichten der Arbeitnehmer

Zu den Pflichten der Arbeitnehmer gegenüber dem Arbeitgeber gehören eine optimale Leistung, Pflicht- und Verantwortungsbewusstsein, Treue und Loyalität gegenüber dem Unternehmer und Solidarität gegenüber den Mitarbeitern und dem Betrieb. Auch hier gibt es häufig Missstände. Manche Angestellte nehmen es mit der Arbeit nicht übermäßig ernst: Sie sind unpünktlich und vertratschen eine Menge Zeit, gönnen sich häufig eine Kaffeepause und legen die Hände in den Schoß, wenn der Chef nicht da ist. Sie telefonieren auf Betriebskosten und fotokopieren im Büro der Firma, sie verwenden den Firmenwagen für private Zwecke und lassen firmeneigenes Material aus dem Depot mitgehen. Wenn die Kumpel unkontrolliert auf dem Bau im Einsatz sind, dann ist einer bei der Arbeit, der Zweite raucht eine Zigarette, der Dritte trinkt ein Bier und der Vierte sagt dem Ersten, wie er's machen soll. Gewisse Leute haben auch immer zu meckern, dass sie zu wenig verdienen: Sie sorgen stets für ein revolutionäres Klima im Betrieb und heizen die Stimmung an. Sie stellen auch dann Lohnforderungen, wenn die Auftragslage schlecht ist. Sie reden abfällig von ihrem Chef und vergiften dadurch die Atmosphäre. Alle diese Haltungen widersprechen völlig den Tugenden eines Arbeitnehmers, der sich durch Leistungsbereitschaft, Pflichtbewusstsein, Verantwortung, Treue, Loyalität und Solidarität auszeichnen sollte.

e) Eine Wirtschaft für den Menschen

Die ganze Arbeitswelt und Wirtschaft sollen im Dienst des Menschen stehen. Wir müssen jedoch leider feststellen, dass in weiten Bereichen der Arbeit und der Wirtschaft nicht mehr der Mensch, sondern der Gewinn im Mittelpunkt steht. Die Wirtschaft orientiert sich nicht mehr am Menschen, sondern am Profit. Die Wirtschaft steht nicht mehr im Dienst des Menschen, sondern der Mensch steht im Dienst der Wirtschaft. Arbeitszeiten und Arbeitstempo richten sich nicht nach dem Menschen, sondern nach der Maschine und dem Gewinn. Wirtschaftsunternehmen kümmern sich nicht um Arbeitsplätze, sondern um vorteilhafte Standorte: Wenn die Steuern im Ausland niedriger sind, werden die Firmen im Inland geschlossen. Wenn die Lohnkosten im Fernen Osten geringer sind, dann werden die Betriebe im Westen ausgelagert. Es hat den Anschein, dass heute nur noch die Marktgesetze gelten und dass der Mensch ausschließlich als Kostenfaktor gesehen wird.

f) Der Mensch kommt vor dem Computer

Eine Theorie oder eine Praxis, die den Profit zur alleinigen Regel und zum letzten Zweck aller wirtschaftlichen Tätigkeit macht, ist sittlich unannehmbar. Es ist heute jedoch ganz allgemein festzustellen, wie der Mensch zum Beispiel durch die Computerrevolution im Produktionsbereich, aber auch im Verwaltungs- und Dienstleistungssektor zunehmend verdrängt wird. Ein Computer ersetzt mehr und mehr Menschen: Er arbeitet schneller, zuverlässiger und vor allem billiger. Auf diese Weise wurde in den vergangenen zwanzig Jahren die Menge der Produktion um sechzig Prozent gesteigert und die Zahl der Arbeitenden um fast zwanzig Prozent verringert. Und noch ist kein Ende dieser Verdrängung des Menschen aus der Wirtschaft abzusehen. Wer konkurrenzfähig bleiben will, muss bei dieser „Verbilligung der Arbeitskraft" mitmachen. Niemand kann voraussagen, wohin diese Entwicklung führt. Nur eines lässt sich mit Sicherheit voraussagen, dass nämlich die Computerrevolution die Arbeitslosigkeit noch gewaltig steigen lässt. Wahrscheinlich wird es erst nach Erreichen einer massiven Schmerzgrenze bei der Arbeitslosigkeit ein Einsehen geben, dass es so nicht weitergehen kann. Wenn nämlich große Bevölkerungsteile ohne Arbeit sind, werden die sozialen Spannungen so groß, dass sie zu mehr Solidarität und zu mehr Teilen von Arbeitsplätzen (mit geteilten Löhnen!) zwingen. Man wird aber auch vonseiten des Staates durch entsprechende gesetzliche Rahmenbedingungen und durch Sozialmaßnahmen dafür sorgen müssen, dass die menschliche Arbeit gefördert und gewährleistet und nicht durch eine reine Profit- und Marktwirtschaft infrage gestellt wird. Arbeitgeber, Arbeitnehmer und Staat müssen durch eine soziale Marktwirtschaft dafür sorgen, dass die Wirtschaft bei aller Effizienz und Rentabilität im Dienst des Menschen steht. Wenn sich die Wirtschaft nicht in den Dienst des Menschen stellt, wird sie früher oder später auch selbst zugrunde gehen.

6. Das einfache Leben

a) Der Irrsinn des Materialismus

Wir spüren heute zunehmend, wie uns der materialistische Lebensstil innerlich aushöhlt und kaputt macht. Unsere Seelen sind oft leer und ausgebrannt. Unsere Gesundheit gerät durch ständigen Konsum in Gefahr. Familienleben und Freundschaften sind oft ohne geistigen Inhalt. Die Freizeit besteht bei vielen in Gasthaus und Disko, Krimi und Western. Der Urlaub bedeutet für viele Körperkultur und Fitness, Lust- und Triebbefriedigung. Der materielle Wohlstand und der Mammon können unser tiefes Sehnen nach Glück und Sinn auf die Dauer nicht befriedigen. Ein rein irdisches Leben kann unser Herz niemals wirklich erfüllen. Immer mehr Menschen fühlen sich betrogen und suchen deshalb nach einem Ausweg aus dieser Sackgasse.

b) Der Aufbruch zu einem geistigen Leben

Die Überwindung des Materialismus erfordert den bewussten Aufbruch zu einem geistigen Leben. Dieser Aufbruch geschieht durch die Wiederentdeckung der geistigen Werte und durch die Hinwendung zum inneren Menschen:

Liebe ist wichtiger als Reichtum, Freundschaft ist wertvoller als Prestige, Feiern ist mehr als ein Fressgelage, Gespräche verbinden mehr als gemeinsame Räusche, persönliche Ausstrahlung ist anziehender als äußere Aufmachung. Unsere Ehe braucht mehr Gespräche als Luxus, unsere Kinder brauchen mehr Erziehung als Geld, alte Menschen wünschen mehr Zuwendung als Versorgung, die Kranken schätzen mehr unsere Anteilnahme als unsere Geschenke. Die Schule lebt von guten Erziehern und nicht von perfekt eingerichteten Schulhäusern. Freizeit und Urlaub verlangen mehr nach Muße und Besinnung als nach ekstatischen Genüssen. Die Politik erfordert mehr Gemeinschaft und Solidarität als eine verschwenderische Gefälligkeitsdemokratie und einen bankrotten Versorgungsstaat. Schließlich besteht das Leben nicht nur im Streben nach dem irdischen, sondern im Streben nach dem ewigen Glück.

c) Die persönliche Bekehrung

Es wäre aber utopisch und naiv zu glauben, dass sich diese geistigen Vorstellungen von heute auf morgen umsetzen ließen. Der Aufbruch zu einem geistigen Leben kann nur durch die Bekehrung des Einzelnen beginnen. Erst die Bekehrung vieler Einzelner wird mit der Zeit diese neue Lebenssicht in weiten Bereichen durchsetzen: Die Schönheit und Sinnhaftigkeit eines geistigen Lebens wird vielen frustrierten Materialisten den Weg zur Bekehrung weisen. Diese Bekehrung wird möglicherweise durch wirtschaftliche Einbrüche beschleunigt.

d) Eine ernste Gewissenserforschung

Eine Bekehrung beginnt immer mit einer ernsten Gewissenserforschung. Der Einzelne muss sich dabei fragen, wie es um sein Menschsein steht: Gelingt es mir, die geistigen und menschlichen Werte zu verwirklichen oder stellt der Materialismus meine Menschenwürde infrage? Bemühe ich mich um einen guten Charakter oder verkaufe ich für Geld meine Seele? Höre ich auf mein Gewissen oder kenne ich im Geschäft keinerlei Skrupel? Habe ich ein mitfühlendes Herz oder gehe ich für meine Karriere über Leichen? Widme ich mich meinem Ehepartner und meinen Kindern oder lebe ich nur für meine Arbeit? Habe ich Zeit für meine Freunde und Bekannten oder lebe ich nur für meine Geschäfte? Schaue ich auf meine Gesundheit oder werde ich ein Millionär mit Herzinfarkt? Herrscht in meinem Inneren Ruhe und Ausgeglichenheit oder ruiniere ich meine Nerven? Bin ich fähig, an geistige Dinge zu denken oder beschäftige ich mich nur mit Bilanzen und Aktien? Kann ich mein Geld auch für andere ausgeben oder bin ich geizig? Kann ich mich freuen, wenn der andere ein neues Auto hat oder bin ich neidisch? Kann ich mich selbstlos für andere einsetzen oder erwarte ich immer gleich eine Belohnung? Und wie steht es mit meinem Konsumverhalten? Ist mein Essen und Trinken maßvoll oder esse und trinke ich zu viel? Freue ich mich an einem schönen und gemütlichen Zuhause oder strebe ich nach einem Luxustempel? Entspricht mein Auto den Bedürfnissen oder geht es mir nur um einen Prestigewagen? Kaufe ich die Kleider zum Anziehen oder dienen sie meiner Modenschau? Gilt meine Körperpflege der Gesundheit und Schönheit oder ist sie bereits ein Götzenkult? Dienen meine Hobbys der Freude und Erholung oder meinem gesellschaftlichen Ansehen? Nehme ich mir Zeit für Kultur, Musik und Kunst oder betrachte ich Muße als verlorene Zeit, die kein Geld einbringt?

e) Die entscheidende Frage

Schließlich kommt es zur entscheidenden Frage: Diene ich Gott oder dem Mammon? Denke ich an meine ewige Bestimmung oder denke ich nur an das Diesseits? Sorge ich für Schätze im Himmel oder sammle ich nur Güter, die ich beim Tod zurücklassen muss? Letztlich kann nur der religiös ausgerichtete Mensch mit dem Materialismus fertig werden. Nur eine überirdische Sicht der Dinge kann den Menschen vom Materialismus heilen. Bei einer rein diesseitig ausgerichteten Lebensweise muss es zwangsläufig zu einem ständigen Rückfall in den Materialismus kommen. Wenn das Irdische alles ist, gibt es keinen Ausstieg aus dem Materialismus, dann wird das Irdische zwangsläufig zum Götzen. Nur eine Lebensbetrachtung mit Blick auf die Ewigkeit kann den Menschen wirklich und dauerhaft wandeln. Nur eine solche Sicht geht an die Wurzeln, um den Materialismus zu bändigen und zu überwinden.

f) Die Solidarität unter den Menschen

Das einfache Leben führt auch zu einer größeren Solidarität unter den Menschen. Die eigene Mäßigung führt dazu, dass wir uns leichter tun, „die Rechte des Nächsten zu wahren und ihm zu geben, was ihm zusteht …" *(KKK,* § 2408). Wir handeln dann nach dem Beispiel Jesu, der als Sohn Gottes in Einfachheit lebte und alles mit seinen Jüngern teilte. Durch das einfache Leben rücken die Menschen näher zusammen und helfen sich gegenseitig. Das zeigt sich vor allem in der Familie: Beim Essen gibt es keine Extrawurst für jeden Einzelnen, sondern gemeinsame Mahlzeiten. Es braucht nicht jedes Kind ein Einzelzimmer, sondern es können sich auch zwei oder drei Kinder ein Zimmer teilen. Die jüngeren Geschwister übernehmen, wenn möglich, Kleidung und Schulbücher von ihren älteren Geschwistern. Am Sonntag unternimmt die Familie gemeinsame Fahrten, statt sich in alle Richtungen zu zerstreuen. Diese Bereitschaft zum einfachen Leben fördert auch die Nachbarschaftshilfe in den Wohnhäusern und die Solidarität unter den Arbeitskollegen. Sie bewirkt oft eine beträchtliche Einsparung von Geldern: Eine gute Hausgemeinschaft mehrerer Parteien verbilligt die Betriebskosten, die Fahrgemeinschaft von Arbeitskollegen reduziert die Fahrtspesen usw.

g) Die Revolution des einfachen Lebens

Das einfache Leben des geistig bestimmten Menschen ist die entscheidende Voraussetzung für die Lösung verschiedener Probleme. Das einfache Leben wird wahrscheinlich sogar über das zukünftige Überleben der Menschheit entscheiden. Durch das einfache Leben kommt es zunächst zur Überwindung des Materialismus und zur Rettung des inneren Menschen. Das einfache Leben fördert die Gesundheit des Einzelnen und ermöglicht die Solidarität in der Gemeinschaft. Sie löst aber auch manche Probleme der Wirtschaft: Wenn wir weniger konsumieren, dann brauchen wir weniger zu arbeiten und zu verdienen. Wir benötigen dann weniger Erwerbsarbeit oder können unseren Arbeitsplatz teilen. (Die konkrete Umsetzung der Arbeitsplatzteilung ist allerdings mit einigen Schwierigkeiten verbunden.) In vielen Familien kann ein Partner zu Hause bleiben. Wir haben dann Zeit für unsere Kleinkinder und brauchen sie nicht mehr um sieben Uhr morgens in die Kinderkrippe zu bringen. Wir spielen selbst mit unseren Kindern und müssen nicht ständig nach Babysittern suchen. Wir nehmen dann selbst die Erziehung unserer Jugendlichen in die Hand und überlassen sie nicht der Freizeitindustrie, dem Fernsehen und dem Zeitgeist. Wir können alte Menschen pflegen und müssen sie nicht in ein Heim abschieben. Auf diese Weise kommt es auch zu einer gewaltigen Entlastung des Sozialstaates und zu einem rascheren Abbau der Staatsschulden. Wenn wir einfacher leben, haben auch die Menschen der Dritten Welt mehr Güter zu Verfügung: Wenn wir auf unseren Überfluss verzichten und uns einschränken, reichen die Güter für alle Menschen. Schließlich wird das einfache Leben auch der Umwelt und dem Naturschutz zugute kommen, weil sie die Umwelt weniger belasten. Das einfache Leben ist somit der Schlüssel für die Lösung vieler Probleme. Wir stellen bereits fest, dass es ohne eine Umstellung unseres Verhalten nicht weitergehen kann. Der Mensch und die Welt sind von Gott so geschaffen, dass nur ein geistiger Lebensstil das Überleben der Menschheit auf Dauer ermöglicht.

7. Die Dritte Welt

a) Der Skandal der Dritten Welt

Das siebte Gebot fordert uns auf, die Ungerechtigkeit zwischen unseren reichen Ländern und der Dritten Welt zu überwinden. „Auf internationaler Ebene sind die wirtschaftlichen Ressourcen und Mittel so ungleich verteilt, dass zwischen den Nationen ein regelrechter „Graben" aufgerissen wird. Auf der einen Seite stehen jene, die Entwicklungsmöglichkeiten haben und nützen, auf der anderen Seite jene, die sich immer tiefer verschulden" (*KKK*, § 2437). Es ist allgemein bekannt, dass heute zwanzig Prozent der Menschheit über achtzig Prozent der Güter dieser Welt verfügen, und dass achtzig Prozent der Menschheit mit den restlichen zwanzig Prozent der Güter auskommen müssen. Ein Arbeiter in den USA, der Schweiz oder in Schweden verdient hundert Mal so viel wie ein Arbeiter in Mozambique oder Bangladesch. Während bei uns dreißig Prozent der Menschen übergewichtig sind und fünfundzwanzig Prozent aller Lebensmittel weggeworfen werden, leiden in der Dritten Welt Hunderte Millionen Menschen ständig an Hunger. Während bei uns für Hunde und Katzen ständig neue Spezialitäten auf den Markt kommen, fehlt es in jenen Ländern an Babynahrung. Während bei uns Ernten vernichtet werden, um die Preise zu erhöhen, fallen dort die Ernten aus, weil es an Wasser fehlt. In den reichen Ländern werden für bestimmte Kleider von Modeschöpfern bis zu einer Million Euro bezahlt, und in den Ländern der Dritten Welt haben viele Menschen oft kaum Fetzen, um sich zu bekleiden. In den wohlhabenden Ländern leben dreißig bis vierzig Prozent der Bevölkerung als Singles in einer eigenen Wohnung, und in der Dritten Welt hausen oft acht bis zehn Personen in einem einzigen Raum. Bei uns besuchen die Kinder mindestens zehn Jahre lang die Schule und in der Dritten Welt leben eine Milliarde Menschen, die nicht lesen und schreiben können. Bei uns ist die medizinische Versorgung aller Bevölkerungsschichten gewährleistet und in der Dritten Welt leiden Millionen Menschen an Krankheiten, die bei uns längst ausgerottet sind. Bei uns gibt es Kliniken für Papageien und Wellensittiche, aber in der Dritten Welt fehlen Krankenstationen. Während wir die Produkte dieser Länder mit vielfachem Gewinn verkaufen, erhalten die Arbeiter und Bauern der Dritten Welt oft keinen gerechten Lohn dafür. Während bei uns die Banken durch die

Kredite an diese Länder immer reicher werden, wird die Wirtschaft der Dritten Welt durch die Schulden mehr und mehr erdrosselt. Damit diese Länder unsere Güter importieren können, müssen sie uns ihre Rohstoffe zu niedrigen Preisen abgeben. Damit diese Länder unsere Waffen kaufen können, müssen ihre Bürger auf lebenswichtige Güter verzichten. Während die reichen Länder Milliarden Dollar für die Raumfahrt und die Rüstung ausgeben, hausen in den armen Ländern Millionen Menschen in Favelas (Elendsquartiere in südamerikanischen Großstädten) und Blechbaracken. Während die reichen Länder immer reicher werden, werden die armen Länder immer ärmer ... Aufgrund dieser untragbaren Situation kommt es zu immer größeren Spannungen zwischen der Ersten und der Dritten Welt. Die reichen Länder der nördlichen Halbkugel unserer Erde stehen in Konflikt mit den armen Ländern der südlichen Halbkugel. Schon seit mehreren Jahren ist daher die Rede vom „Nord-Süd-Konflikt". Wenn es uns nicht gelingt, diesen Konflikt rechtzeitig zu lösen, dann wird es zu einem Kampf kommen, der in absehbarer Zeit die gesamte Welt erschüttern wird. Die Lösung dieses Konflikts wird aber in erster Linie davon abhängen, dass wir unsere Wertmaßstäbe grundlegend ändern und uns zu einer wahren Nächstenliebe bekehren.

b) Hilfe mit Fragezeichen

Inzwischen steigt das Bewusstsein bei den Menschen, dass die Dritte Welt die größte Herausforderung unserer Zeit darstellt. Viele Nationen haben sich dazu entschlossen, eine bestimmte Summe ihres Finanzhaushalts für die Dritte Welt zur Verfügung zu stellen. (Meistens handelt es sich dabei um etwa ein Prozent des Bruttosozialprodukts.) Weltweite Organisationen – wie die Weltgesundheitsorganisation, die UNESCO und die Welternährungsorganisation FAO – bemühen sich, die Entwicklung der Dritten Welt zu fördern. Die reichen Nationen versuchen, die Wirtschaft der armen Länder zu fördern, damit diese allmählich imstande sind, sich selbst zu versorgen. Sie bemühen sich, grundlegende Bildung und technisches Knowhow zu vermitteln, um so die Entwicklung der materiellen Güter im eigenen Land zu vervielfachen und sie in den Dienst des Menschen und seiner Freiheit zu stellen. Auf diese Weise versuchen sie, die Auswanderung von Millionen Menschen aufzuhalten, die als Wirtschaftsflüchtlinge in die reichen Länder strömen. Neben diesen erfreulichen Initiativen gibt es leider auch fragwürdige Methoden, mit denen man die Probleme der Dritten Welt in den Griff bekommen will: So wird vonseiten der Ersten Welt massiver Druck auf die Dritte Welt ausgeübt, die Bevölkerungszahl dieser Länder durch drastische Geburtenkontrolle und durch gesetzliche Freigabe der Abtreibung zu drosseln. Die Einstellung, auf diese Weise zur Entwicklung eines Landes beizutragen, lässt außer Acht, dass Kinder – nicht nur in der Dritten Welt – für die soziale Absicherung und Altersversorgung der Menschen nötig sind. Daher kann die Kinderzahl in diesen Ländern erst dann gesenkt werden, wenn vorher eine entsprechende Sozialversicherung und Altersversorgung geschaffen worden ist. Weiterhin knüpft der Weltwirtschaftsfond seine Hilfeleistungen an die Bedingung, dass diese Länder ihre Schulden abbauen und so ihre Wirtschaft sanieren: Dabei wird übersehen, dass der geforderte Abbau der Schulden meistens nur über die Kürzung der Sozialleistungen erfolgen kann und daher wiederum die Armen die Leidtragenden sind. Anstatt allmählich eine Wirtschaft aufzubauen, die Land und Leute ernähren kann, investieren internationale Organisationen viel Geld, um Menschen zu sterilisieren und Kinder abzutreiben. Anstatt durch Werke der Barmherzigkeit die vielfältigen Formen des menschlichen Elends zu lindern, verstoßen kurzsichtige Maßnahmen gegen das Gemeinwohl.

c) Konkrete Hilfe

Was kann jeder Einzelne von uns für die Dritte Welt tun? Die erste Möglichkeit besteht in der persönlichen Unterstützung von Menschen, die in der Dritten Welt tätig sind. Viele von uns kennen Missionare und Klosterfrauen, Entwicklungshelfer, Ärzte und Krankenschwestern, die in der Dritten Welt arbeiten, die wir unterstützen können: Es gibt die Möglichkeit, durch Weihnachts- und Flohmärkte in der Pfarrei Geld zu sammeln oder Kleidung, Haushaltsgeräte, Schulmaterial und Medikamente. Eine gute Initiative sind auch die Selbstbesteuerungsgruppen, die regelmäßig einen bestimmten Prozentsatz ihres Einkommens für die Dritte Welt zur Verfügung stellen. Eine großartige Sache sind auch die sogenannten „Weltläden", die die Produkte aus der Dritten Welt ohne Zwischenhandel verkaufen. Auf diese Weise bekommen die Handwerker und Bauern in der Dritten Welt einen wesentlich höheren Lohn für ihre Arbeit. Gleichzeitig werden die Gewinne dieser „Weltläden" in Projekte investiert, die Menschen in weiteren Orten Arbeit verschaffen. Neben dieser Unterstützung aus der Ferne gibt es auch immer mehr Menschen, die sich für eine bestimmte Zeit in der Dritten Welt verpflichten: So sind viele junge Menschen bereit, als Entwicklungshelfer, Ärzte, Krankenschwestern, Lehrer und Techniker in der Dritten Welt zu arbeiten. Es gibt Gruppen von Leuten, die kurzfristig in der Dritten Welt im Einsatz sind: So folgten z. B. einige Handwerker der Einladung einer bekannten Missionsschwester, während des Urlaubs eine kleine Außenstation für die Mission zu errichten. Diese Beispiele zeigen, wie viele Möglichkeiten es gibt, auch als Einzelner etwas für die Dritte Welt zu tun. Auf diese Einzelnen aber kommt es an.

8. Die Bewahrung der Schöpfung

a) Die Natur steht vor dem Kollaps

Das siebte Gebot schließt die Verpflichtung ein, die Natur zu achten und zu schonen. Wir wissen alle, dass die Natur weltweit bedroht ist: Experten sagen uns bereits seit einigen Jahrzehnten, dass die Welt einer ökologischen Katastrophe entgegengeht. Sie sprechen von einem „geplünderten Planeten" und einem „Kollaps der Natur". Durch unkontrollierte Industrialisierung kommt es zu einer Ausbeutung und Auslaugung der Erde. Die Kohlendioxydanreicherung in den oberen Schichten der Atmosphäre führt zum berühmten „Treibhauseffekt", der wiederum katastrophale Klimaveränderungen und Überschwemmungen bewirkt. (So wurde z. B. errechnet, dass in den Industrieländern 1990 eine Menge von 15,9 Milliarden Tonnen CO_2 ausgestoßen wurde, was einer Pro-Kopf-Menge von 13,1 Tonnen CO_2 entspricht.) Verschmutzung durch Abwässer verseuchen die Gewässer und zerstören ihre Fähigkeit zur Regeneration. Durch die rücksichtslose Ausbeutung der Rohstoffe kommt es zu einer zunehmenden Verknappung der Rohstoffreserven. Es entstehen Müllberge von gigantischen Ausmaßen. (So produziert z. B. Österreich mit seinen 8,3 Millionen Einwohnern jährlich eine Müllmenge, die dem Volumen von sieben Cheopspyramiden entspricht. Diese Pyramiden würden jeweils die Höhe des Wiener Stephansdomes erreichen.) Durch den Betrieb von Atomreaktoren produzieren wir einen Atom-Müll, der 3000 Jahre lang radioaktiv bleibt ... Es gibt Hochrechnungen, die uns, wenn wir so fortfahren, um das Jahr 2030 den kritischen Punkt vorhersagen, an dem es zum Zusammenbruch unserer Zivilisation kommt: Durch die Verseuchung von Luft und Wasser könnten dann große Teile der Menschheit nicht mehr gesund leben; die Rohstoffreserven wären bis zu diesem Zeitpunkt so ausgebeutet, dass viele Industrieprodukte nicht mehr hergestellt werden können; die Verschmutzung der Anbauflächen würde zu geschädigten Agrarprodukten führen und die Auslaugung der Böden zu Hungersnöten. All diese Prognosen machen uns deutlich, dass wir die Unversehrtheit der Schöpfung achten müssen: „Sie wird gemessen an der Sorge um die Lebensqualität des Nächsten, dazu zählen auch die künftigen Generationen" *(KKK*, § 2415). Dies verlangt von uns ein rasches Handeln und eine echte Umkehr.

b) Die Überwindung der „Inwelt"-Verschmutzung

Das Kernproblem des Umweltschutzes ist die innere Einstellung des Menschen. Wenn der Mensch in der Natur nur ein Objekt sieht, das er nach eigenem Gutdünken verwenden und ausbeuten kann, geht die Rücksicht auf die belebte und unbelebte Natur verloren. Sieht der Mensch hingegen in der Natur die Schöpfung Gottes, achtet er auch auf ihre Unversehrtheit und einen schonenden Umgang mit ihr. Der Hebel für die Bewältigung des Umweltproblems ist also im Herzen der Menschen anzusetzen: Wir müssen zu-

erst die „Inwelt"-Verschmutzung bekämpfen, bevor wir die Umweltverschmutzung bewältigen können. Wir müssen zuerst die sinnliche Gier, das Profitdenken und die Konsumwut in unserem Inneren überwinden, bevor wir die Ausbeutung und die Zerstörung der Natur stoppen können. Die Bewältigung des Umweltproblems erfordert also eine innere Umkehr des Menschen!
Der richtige Umgang mit der Natur verlangt auch eine Neuorientierung der Wissenschaft, die seit der Neuzeit die Ansicht vertritt, es sei ihre Aufgabe, die Natur zu beherrschen. Diese Vorstellung kommt in dem bekannten Satz: „Wissen ist Macht!", zum Ausdruck. Wir haben inzwischen schmerzhaft erfahren, dass dieser Satz oft katastrophale Folgen hatte. Es wird uns bewusst, dass es in der Wissenschaft heißen muss: „Wissen ist Verantwortung!" Das setzt voraus, dass der Mensch sich nicht als das Maß aller Dinge betrachtet, sondern daran denkt, dass er Verwalter und nicht Schöpfer der Güter dieser Welt ist.

c) Die Ehrfurcht vor der Schöpfung

An die Stelle des Menschen muss der Maßstab Gottes und seiner Schöpfung treten. „Das Grundgesetz ... muss die Schonung der Natur sein, die Ehrfurcht vor dem Lebendigen und die Verantwortung für die Zukunft. Wir sind nur Gast auf dieser Erde und müssen sie unseren Nachkommen wohnlich hinterlassen. Wir dürfen verwenden, was wir brauchen, aber nicht verschwenden, was unseren Nachkommen bitter fehlen würde. Gott hat diese Erde so geschaffen, dass nur die Ehrfürchtigen auf ihr leben können, die Schonung, Rücksicht und Verantwortung kennen ... Der Ehrfurchtslose zerstört die Zukunft der Erde und sich selber. Jene ehrfürchtige Wirtschaft und Technik, die das Lebendige schont, nennt man heute ‚sanfte Technik'. Sie will keine Wolkenkratzerstädte, keine Autobahnen und keine Atomreaktoren. Sie will Langlebiges und Sinnvolles produzieren, die Dinge schonen und schließlich wiederverwerten. Das ist ein Ausdruck der Liebe, der Treue und der Rücksicht. Die ‚sanfte Technik' unterscheidet auch in der Wirtschaft zwischen Gut und Böse. Ihr Grundsatz lautet: ‚Halte Maß!'" (Madinger, *Die Zeichen dieser Zeit*, S. 79).

d) Konkrete Maßnahmen zum Schutz der Natur

Das siebte Gebot fordert von uns ein Maßhalten im Gebrauch der Güter dieser Welt: von Lebensmitteln, Kleidern, Materialien, Wasser und Energie. Zum Umweltschutz zählt heute das Recycling von Glas, Metall und Papier ebenso wie die gewissenhafte Entsorgung von Fetten, Ölen und Batterien. Die Ökologie verlangt den sparsamen Gebrauch des Autos, die Verwendung von bleifreiem Benzin, den Einbau eines Katalysators und die Benutzung von öffentlichen Verkehrsmitteln. Erforderlich sind auch fortschrittliche Heiztechnologien und gemeinschaftliche Heizanlagen. Zur Achtung der Natur gehört selbstverständlich, bei Wanderungen keine Konservendosen und Plastikflaschen wegzuwerfen; Alufolien und Papierservietten sollen nach dem Picknick in den Abfalleimer wandern, Bierflaschen dürfen nicht mutwillig auf Steinen und Felsen zertrümmert werden.

e) Keine esoterische Naturreligiosität

Bei allen Maßnahmen zur Bewahrung der Schöpfung sollen wir nicht zu Sklaven des Umweltschutzes werden. Es geht nicht darum, in ein grünes Paradies auszuwandern, sondern in unserem Leben danach zu streben, die Güter dieser

Welt als Schöpfung Gottes zu achten und zu bewahren. Naturschutz darf bei aller Achtung und Ehrfurcht vor der Natur nicht zu einer esoterischen Naturreligiosität ausarten. Die Esoterik und die Philosophie der „Grünen" sehen in der Natur einen Ausdruck des Göttlichen und gelangen damit zu einer neuheidnischen Naturreligiosität. Für uns Christen gehört die Natur zur Schöpfung Gottes, ohne etwas Göttliches zu sein. Die Natur ist von einzigartiger Größe und Schönheit, aber sie ist nicht das Absolute. Treffend hat der christliche Denker Blaise Pascal (1623–1662) dazu geschrieben: „Die Natur hat Vollkommenheiten, um zu zeigen, dass sie das Abbild Gottes ist, und Mängel, um zu zeigen, dass sie nur das Abbild ist" (Pascal, *Gedanken*, § 451).

Die Ökologie darf also nicht zu einer Ideologie und zu einer Religion ausarten, sondern muss im Rahmen unserer christlichen Weltanschauung beheimatet sein. Wir sollten uns deshalb davor hüten, die Pflege der Natur als einen religiösen Kult zu betrachten. Die Pflege der Natur ist kein Gottesdienst, sondern ein Dienst an der Schöpfung. Wenn wir diese Unterscheidung klar vor Augen haben, werden wir vor vielen Fehlhaltungen bewahrt.

ACHTES GEBOT: DU SOLLST KEIN FALSCHES ZEUGNIS GEBEN!

„Das achte Gebot verbietet, in den Beziehungen zu anderen die Wahrheit zu verdrehen" *(KKK,* § 2464). Es wendet sich gegen alle Formen der Lüge und verlangt von uns, dass wir für die Wahrheit eintreten. Das achte Gebot fordert von uns, nach wahrer Erkenntnis zu streben und die erkannte Wahrheit zu bezeugen. Das setzt aber voraus, dass wir wissen, wie wir zur Erkenntnis der Wahrheit gelangen können und welche Bedeutung die Wahrheit für uns Menschen hat.

1. *Erkenntnis der Wahrheit*

a) Die Wahrheit durch die Erkenntnis des Menschen

„Der Mensch strebt von Natur aus nach Wahrheit" *(KKK,* § 2467). Es gibt verschiedene Wege, um zur Erkenntnis der Wahrheit zu gelangen. Eine erste Möglichkeit ist die wissenschaftliche Erkenntnis, die es uns erlaubt, die Gesetzmäßigkeiten und Zusammenhänge in der Natur zu erfassen. Eine zweite Erkenntnisart ist die psychologische Erkenntnis, die es uns gestattet, das innere Wesen des Menschen zu erfassen. Ein weiterer Zugang zur Wahrheit ist die Liebe zu unseren Mitmenschen: Das Herz des Liebenden ist imstande, auch die verborgenen Schätze und Werte des anderen zu sehen. (Der berühmte französische Schriftsteller Saint-Exupéry hat recht, wenn er schreibt:

„Man sieht nur mit dem Herzen gut!") Die Wahrheit vermittelt auch ein gutes Vorbild: Wenn wir jemandem begegnen, der sich durch hohe Menschlichkeit und Tugendhaftigkeit auszeichnet, erfahren wir durch ihn die Wahrheit gewisser Werte. Ein weiterer Weg zur Wahrheit sind auch die Philosophie und die Kunst: Die Weisheit großer Denker und die Schau echter Künstlern lassen uns viele tiefere Wahrheiten der menschlichen Existenz erfassen. Schließlich lässt uns auch die Erfahrung manche bittere Wahrheit erkennen: Die nachhaltigen Schmerzen nach Fehlentscheidungen sind oft eine eindrucksvolle Lektion der Wahrheit.

b) Die Wahrheit durch die Offenbarung Gottes

Die höchsten und letzten Wahrheiten werden uns durch die Offenbarung Gottes zuteil. Im Laufe der Menschheitsgeschichte geschah es immer wieder, dass Gott dem Menschen besondere Wahrheiten geoffenbart hat. In der Geschichte des Volkes Israel erfahren wir, wie Gott den Israeliten durch die Propheten die grundlegenden Wahrheiten und Gesetze geoffenbart hat. Den Höhepunkt erreichte die Offenbarung schließlich in der Gestalt Jesu Christi, der uns über Gott und den Menschen Wahrheiten geoffenbart hat, die alle menschlichen Deutungsversuche bei Weitem übersteigen. Jesus hat sich schließlich selbst als Wahrheit, Weg und Leben geoffenbart: Er ist die sichtbare Offenbarung Gottes und des vollendeten Menschen.

2. *Bedeutung der Wahrheit*

a) Die Wahrheit als Erkenntnis der Wirklichkeit

Die Wahrheit bedeutet für den Menschen zunächst die richtige Erkenntnis der Wirklichkeit. Der Mensch ist in vielfacher Weise darauf angewiesen, die Dinge so zu erkennen, wie sie wirklich sind. Das Wissen, wie seine Umgebung beschaffen ist, ist für seine Lebensfähigkeit wichtig. Der Mensch braucht die Wahrheit, um zu einer richtigen Selbsterkenntnis zu gelangen: Er muss über sein eigenes Wesen Bescheid wissen, damit er sich entfalten kann; er muss seine Begabungen und Talente richtig erfassen, um seine persönliche Sendung zu erkennen; er soll über seine Schwächen Bescheid wissen, damit er bestimmte Gefahren meiden kann. Der Mensch braucht schließlich auch eine wahre Erkenntnis vom Ursprung und Ziel des Lebens, um so den letzten Sinn seines Lebens finden zu können.

b) Die Wahrheit als Grundlage der Moral

Die Wahrheit ist entscheidend für die Orientierung des menschlichen Verhaltens und Handelns. Wenn der Einzelne die Wahrheit erkannt hat, dann kennt er die wesentlichen Grundsätze der Moral und kann zwischen Gut und Böse unterscheiden. Die Wahrheit ist auch die Grundlage für das Verhalten des Menschen in der Gemeinschaft und ermöglicht die Verteidigung der Werte in Gesellschaft und Staat. Die Wahrheit ist schließlich die Grundlage für die Orientierung des Menschen bei seinem Streben nach dem ewigen Heil.

c) Die Wahrheit als Grundlage des Vertrauens

Die Wahrheit ist die Grundlage des gegenseitigen Vertrauens. Wenn wir wissen, dass uns der andere die Wahrheit sagt, können wir ihm unser Vertrauen schenken. Wir sind dann auch bereit, mit ihm gemeinsam zu leben und zu wirken. Die Wahrheit ist deshalb ein unverzichtbares Fundament für das Leben in der Gemeinschaft. Die Wahrhaftigkeit ermöglicht das Zustandekommen von guten Freundschaften und stabilen Ehen und fördert tragfähige Partnerschaften in der Wirtschaft und in der Politik.

3. Lüge und Betrug

Die Wahrheit wird heute vielfach infrage gestellt, Lüge und Betrug sind an der Tagesordnung. Der eine verkauft seine Wohnung und behauptet, dass die Bausubstanz optimal sei, aber nach einem halben Jahr stellt der Käufer fest, dass der Verputz bröckelt. Ein anderer verkauft sein gebrauchtes Auto und erklärt, dass der Wagen 50 000 Kilometer gefahren sei, in Wirklichkeit hat er vorher den Kilometerzähler um 20 000 km zurückgedreht. Bei der Versicherung wird einem erklärt, dass alle Unfälle abgedeckt seien, und wenn man dann eine Entschädigung braucht, ist genau dieser Unfall nicht vorgesehen. Für viele Menschen ist das Lügen schon so zur Gewohnheit geworden, dass sie es gar nicht mehr merken.

4. Notlügen und Ausreden

Viele Menschen lügen, um damit Unannehmlichkeiten zu entgehen: Der Angestellte kommt mit Verspätung zur Arbeit und behauptet, dass der Bus oder der Zug Verspätung hatte. Frau Huber will der Begegnung mit einer unsympathischen Person ausweichen und erklärt, dass sie gerade einen Termin beim Zahnarzt habe. Herrn Maier schmeckt das Essen seines Gastgebers nicht und so beteuert er, dass er bereits völlig satt sei. Die Schülerin hat die Aufgabe nicht gemacht und sagt zum Lehrer, dass sie gestern für ihre Eltern Verschiedenes erledigen musste. Der Schüler hat während des Unterrichts einen Kaugummi im Mund und behauptet, es handle sich um ein Hustenbonbon … Die Menschen sind wahrscheinlich nie so schöpferisch und fantasievoll wie bei der Erfindung von Notlügen und Ausreden! Viele sehen die Notlüge als ein erlaubtes „Kavaliersdelikt" an. Wir müssen aber sagen, dass auch Notlügen Lügen sind. Wenn jemand bei der kleinsten Unannehmlichkeit zu einer Lüge greift, wird er wahrscheinlich auch sonst leicht eine Lüge bei der Hand haben.

5. Heuchelei

Ein weiterer Verstoß gegen die Wahrheit ist die Heuchelei. Dabei verbergen wir unsere wahren Ansichten und Absichten und täuschen den Mitmenschen Zustimmung und Wohlwollen vor. Meistens bedienen wir uns der Verstellung, wenn wir uns dadurch einen Vorteil erwarten. Häufig kommt es auch zu einer Heuchelei, wenn wir uns in einem Abhängigkeitsverhältnis befinden. Die Heuchelei kennt viele Formen: Wir lächeln einem Mitmenschen freundlich zu, obwohl wir ihn innerlich verachten. Wir heucheln Interesse und Anteilnahme, obwohl uns der andere völlig egal ist. Wir stimmen seiner Meinung zu, obwohl wir vom Gegenteil überzeugt sind … Die schlimmste Form der Heuchelei ist aber die Scheinheiligkeit: Wir heucheln sogar vor Gott und geben uns den Anstrich echter Frömmigkeit, aber in Wirklichkeit ist unser religiöses

Verhalten nur eine Maskerade und katholischer Staubzucker.
Die Heuchelei ist heute fast schon eine Volkskrankheit. Viele Jugendliche werden daheim dazu angehalten, sich überall anzupassen und nur das zu sagen, was gerade „opportun" ist. Viele Erwachsene heucheln bei jeder Gelegenheit. Die meisten sind davon überzeugt, dass die Heuchelei die einzige Möglichkeit ist, um weiterzukommen und Erfolg zu haben. Der Spruch: „Ehrlich währt am längsten", scheint längst überholt zu sein, dafür heißt es jetzt: „Ehrlich sind nur die Dummen!"
Heuchelei, Doppelzüngigkeit, Verstellung, Vortäuschung verstoßen gegen die Tugend der Aufrichtigkeit oder Wahrhaftigkeit. Sie stellen eine massive Gefährdung dar für unseren Charakter: Wir verwandeln uns dann in ein Chamäleon, das nach Bedarf die Farbe wechselt, wir werden zu Windfahnen, die bei jedem Windstoß die Richtung ändern. Heuchelei untergräbt das Vertrauen der Menschen untereinander und zerreißt schließlich das Netz der gesellschaftlichen Beziehungen. Nicht umsonst hat Jesus sie so massiv angeprangert und verurteilt. Den Pharisäern hat Jesus u. a. folgende Sätze ins Gesicht geschleudert: „Weh euch, ihr Schriftgelehrten und Pharisäer, ihr Heuchler! Ihr seid wie die Gräber, die außen weiß angestrichen sind und schön aussehen, innen aber sind sie voll Knochen, Schmutz und Verwesung. So erscheint auch ihr von außen den Menschen gerecht, aber innen seid ihr voll Heuchelei und Ungehorsam gegen Gottes Gesetz" (Mt 23,27–28).

6. Üble Nachrede und Verleumdung

Das achte Gebot verpflichtet uns, den guten Ruf und die

Ehre eines Menschen zu schützen. Es ist nicht erlaubt, durch gezielte falsche Aussagen oder Übertreibungen in einer Unterhaltung das Ansehen eines Menschen zu schädigen. Der gute Ruf ist für den Menschen eine unerlässliche Voraussetzung dafür, dass er von der Gesellschaft akzeptiert wird. Ohne guten Ruf wird er leicht zum Ausgestoßenen, der sowohl menschlich als auch gesellschaftlich sehr schnell in Schwierigkeiten gerät. Leider müssen wir heute feststellen, dass es immer wieder zu Verleumdungen und Rufschädigungen kommt. In allen öffentlichen Bereichen – in der Wirtschaft, in der Politik, auch in der Kirche – wird mit Verdächtigungen, Diffamierungen, Verleumdungen und Hetzkampagnen gearbeitet. Die Betroffenen können sich gegen diese Attacken kaum wehren: Sie haben zwar die Möglichkeit, gegen diese Leute einen Prozess zu führen, aber auch im Falle einer Verurteilung der Gegenseite bleibt immer etwas von den Verleumdungen und Diffamierungen hängen. Dazu kommt, dass die Rufgeschädigten oft nicht über die medialen Mittel verfügen, um sich gegen gewisse Verleumdungen zur Wehr zu setzen. Auf diese Weise bleibt oft nur ein Gefühl von Ohnmacht zurück. Die Wahrheit aber bleibt allemal auf der Strecke.

Jesus mahnt uns: „Richtet nicht, damit ihr nicht gerichtet werdet! Denn wie ihr richtet, so werdet ihr gerichtet werden, und nach dem Maß, mit dem ihr messt, wird euch zugeteilt werden" (Mt 7,1–2). Jesus wendet sich damit ganz klar gegen die Verurteilung der Mitmenschen durch unsere üble Nachrede. Wir haben kein Recht, einen anderen Menschen zu verurteilen und schlechtzumachen.

Diese klare Absage gegenüber jeder Verurteilung unserer Mitmenschen bedeutet nicht, dass wir uns kein Urteil über das Wesen und die Verhaltensweisen unserer Zeitgenossen bilden dürfen. Nur eine klare Einschätzung auch der negativen Seiten und Verhaltensweisen bestimmter Mitmenschen ermöglicht es uns, Gefahren zu erkennen und uns dagegen zu schützen. Aber wir dürfen nur mit solchen Menschen über bestimmte negative Vorkommnisse in unserem Umfeld sprechen, die uns in seriöser Weise behilflich sein können, diese Missstände zu beheben. Trotz unserer inneren Bedrängnis sollten wir dabei nicht vergessen, dass wir auch für jene Menschen verantwortlich sind, deren Verhaltensweisen wir aus eindeutigen Gründen bekämpfen. Unser Kampf sollte auch das innere Heil jener Menschen im Auge haben, die sich uns gegenüber falsch verhalten.

Schließlich sei noch darauf hingewiesen, dass es auch Momente geben kann, in denen ein Mensch sich unbedingt Luft machen muss. Es gibt manchmal Situationen, in denen ein Mensch dermaßen unter der Schlechtigkeit und Boshaftigkeit gewisser Mitmenschen leidet, dass er reden muss, um nicht innerlich zu „platzen". Er braucht also ein „Ventil", um seinen seelischen Überdruck loszuwerden. Dieses Bedürfnis ist menschlich durchaus verständlich! Wichtig wäre aber, dass er für seine Aussprache den richtigen Menschen wählt. Nicht jeder eignet sich als „Klagemauer" und nicht jeder geht mit den „Hiobsbotschaften" richtig um. Es sollte sich in diesen Fällen um einen verlässlichen Freund handeln, dem man wirklich vertrauen kann. Am besten wäre es, wenn man einen weisen und klugen Priester als Seelenführer hätte, mit dem man über diese inneren Bedrängnisse offen reden kann. In gewissen Fällen kann es auch sein, dass man nur mit Gott über die tiefsten Schmerzen in der eigenen Seele sprechen kann.

Dabei dürfen wir aber gewiss sein, dass Gott uns wie kein anderer zuhört und dass er uns zur rechten Zeit auch Hilfe schicken wird.

7. Anvertraute Geheimnisse ausplaudern

Es gibt ernsthafte Gründe, die uns verbieten, bestimmte Kenntnisse und Informationen weiterzugeben. Solche Gründe sind z. B. „das Wohl und die Sicherheit anderer, die Achtung des Privatlebens oder die Rücksicht auf das Gemeinwohl" *(KKK*, § 2489). Das achte Gebot verbietet, dass wir delikate Informationen und Geheimnisse weitersagen. Geheimnisse zu verraten, bedeutet eine Missachtung gegenüber schutzbedürftigen Wahrheiten. Zugleich ist die Weitergabe von Geheimnissen ein grober Vertrauensbruch und kann sowohl im privaten als auch im gesellschaftlichen Leben zu unübersehbaren Folgen führen.
Im Hinblick auf die Bewahrung von Geheimnissen sollten wir gewisse psychologische Regeln beachten. Es muss uns bewusst sein, dass nur wenige Menschen wirklich „dichthalten". Bei vielen Menschen wirkt die Aufforderung: „Das sag ich dir ganz im Vertrauen! Das musst du unbedingt für dich behalten!", wie eine Expressmarke, die sie zur beschleunigten Weitergabe der Geheimnisse veranlasst. Manche Personen werden zu regelrechten „Sendestationen" und verbreiten die *topsecret*-Botschaften bis in die letzten Häuser. Dazu kommt, dass vor allem belastende Geheimnisse einen gewissen seelischen Druck auf den Menschen ausüben und ihn zu einer „Entlastung" drängen. Diese Entlastung besteht dann aber in der Weitergabe des Geheimnisses. Aus diesen Gründen sollten wir uns gut überlegen, wem wir unsere Geheimnisse anvertrauen.

Wir sollten uns auch fragen, wie es um die psychische Belastbarkeit jenes Menschen steht, dem wir ein Geheimnis mitteilen wollen. In vielen Fällen wird es am besten sein, wenn wir das Geheimnis für uns behalten.

8. Nicht gehaltene Versprechen

Gegen das achte Gebot sündigen wir auch, wenn wir ein gegebenes Versprechen nicht einhalten. Wenn wir etwas versprechen, was wir dann nicht tun, wird unser Versprechen zu einer falschen Aussage und damit zu einer Unwahrheit. Leider können wir immer wieder feststellen, dass Versprechen nicht eingehalten werden: Der eine verspricht seinem Bekannten, dass er ihm bei der Abfassung der Steuererklärung behilflich sein wird und lässt sich dann nicht blicken. Ein anderer versichert seinem Kollegen, ihn bei der Suche nach einem Arbeitsplatz zu unterstützen, unternimmt aber nichts. Ein Dritter beteuert gegenüber einer armen Familie, dass er sich nach einer passenden Wohnung umsehen werde und begibt sich nicht auf Suche. Ein Vierter sagt, dass er bestimmte homöopathische Arzneien aus dem Ausland mitbringt, aber es geschieht nichts. Ein Fünfter schwört einem Mädchen hoch und heilig, es zu heiraten, aber er lässt es dann sitzen … In allen diesen Fällen handelt es sich um Versprechungen, die nicht gehalten und erfüllt werden. Die Versprechungen waren also unwahre Aussagen oder sogar glatte Lügen. Diese nicht eingehaltenen Versprechungen stellen wiederum das Vertrauen infrage und zeugen von einem unzuverlässigen Charakter. Manchmal handelt es sich um eine Überschätzung der eigenen Möglichkeiten: Wir versprechen im Eifer gewisse Dinge, die wir dann nicht einhalten können. Es ist daher ratsam, lieber zu wenig als zu viel zu versprechen. Auf diese Weise können wir unseren Mitmenschen manche bittere Enttäuschung ersparen!

9. Angeberei

Das achte Gebot wendet sich auch gegen Angeberei. Die Angeberei besteht darin, dass ein Mensch mehr aus sich macht, als er tatsächlich ist. Auf diese Weise entspricht also die eigene Selbstdarstellung nicht der Wahrheit und wird damit zur Lüge. Eine solche Angeberei kann auf mehrere Arten geschehen. Eine erste Form besteht darin, dass einer in übertriebener Weise mit Leistungen prahlt, die er vollbracht hat: Er berichtet von seinen grandiosen sportlichen Leistungen, von seinen Eroberungen beim anderen Geschlecht, er protzt mit seinem Gehalt und streicht bei jeder Gelegenheit seine guten gesellschaftlichen Beziehungen heraus. Eine zweite Form der Angeberei kommt in gewissen Statussymbolen zum Ausdruck, die man sich eigentlich nicht leisten kann: z. B. Kleidungsstücke aus den besten Modehäusern, teurer Schmuck, schicke Autos, Reisen in die Südsee. Insgeheim hat man eine Menge Schulden und lebt auf Pump, aber man kann angeben. Das Leben dieser Menschen ist oft ein großer Bluff und statt des Seins regiert der Schein. Der Angeber ist ein Egozentriker, der alles in Bewegung setzt, um selbst im Mittelpunkt zu stehen. Er hat meistens ein übertriebenes Geltungsbedürfnis und sucht krankhaft nach Anerkennung.

Jesus verurteilt jede Angeberei und jedes Sich-Zurschaustellen, er wirft den Pharisäern vor: „Alles, was sie tun, tun sie nur, damit die Menschen es sehen: Sie machen ihre Gebetsriemen breit und die Quasten an ihren Gewändern lang, bei jedem Festmahl möchten sie den Ehrenplatz und in der Synagoge die vordersten Sitze haben, und auf den Straßen und Plätzen lassen sie sich gern grüßen und von den Leuten Rabbi (Meister) nennen" (Mt 23,5–7).

10. Selbsttäuschung

Das achte Gebot beinhaltet die Verpflichtung, uns selbst so zu sehen, wie wir wirklich sind. Wahrheitsliebe bedeutet konkret, dass wir auch uns selbst nichts vormachen und unsere Schwächen und Fehler klar erkennen sollen. Aber gerade das fällt uns schwer. Während wir bei unseren Mitmenschen einen scharfen Blick für Fehler und Mängel haben, übersehen wir bei uns selbst oft sogar gravierende Fehler. Auf unser Verhalten treffen dann genau die Worte Jesu zu: „Warum siehst du den Splitter im Auge deines Bruders, aber den Balken in deinem Auge bemerkst du nicht?" (Mt 7,3).

Während wir bei unserem Urteil über die anderen oft gnadenlos sind, haben wir für uns selbst stets eine Ausrede parat. Wir sind oft wahre Meister der Verdrängung: Wir wissen, dass wir endlich mit gewissen Lastern wie Alkohol, Nikotin und Sex aufräumen müssten, aber wir tun so, als ob diese Probleme nicht existierten. Wir erleben, dass es in unserer Ehe ständig Krisen gibt, aber wir tun nichts für ihre Rettung. Wir erfahren, dass es am Arbeitsplatz immer wieder Spannungen gibt, aber wir tun nichts zur Beilegung der Konflikte. In stillen Momenten wird uns bewusst, dass unsere Lebensform sinnlos ist, aber wir lenken uns weiter ab und versuchen uns zu betäuben. Wir spüren den inneren Anruf Gottes, endlich mit dem Glauben ernst zu machen, aber wir stopfen uns die inneren Ohren zu.

Jesus beschreibt gerade dieses Verhalten des Menschen gegenüber der Wahrheit, wenn er sagt: „Denn das Herz dieses Volkes ist hart geworden, und mit ihren Ohren hören sie nur schwer, und ihre Augen halten sie geschlossen, damit sie mit ihren Augen nicht sehen und mit ihren Ohren nicht hören, damit sie mit ihrem Herzen nicht zur Einsicht kommen, damit sie sich nicht bekehren und ich sie nicht heile" (Mt 13,15).

11. Manipulation durch die Medien

Das achte Gebot verlangt weiterhin, dass die Massenmedien eine wahrheitsgemäße Berichterstattung und Kommentierung der verschiedenen Ereignisse gewährleisten. „Die Information durch Medien steht im Dienst des Gemeinwohls. Die Gesellschaft hat das Recht auf eine Information, die auf Wahrheit, Freiheit, Gerechtigkeit und Solidarität gründet" *(KKK, § 2494)*. Der moderne Mensch ist mehr denn je auf die Informationen angewiesen, die ihm die Medien liefern. Das Weltbild des modernen Menschen ist weitgehend das Medienbild, das ihm auf verschiedensten Kanälen vermittelt wird. Die Medien haben heute eine Bedeutung und Intensität erreicht, wie sie bis vor Kurzem noch unvorstellbar war.

Leider müssen wir immer wieder feststellen, dass die Medien oft nicht die Wahrheit vermitteln und dem Gemeinwohl dienen, sondern bestimmten politischen und wirtschaftlichen Interessen. Sie vertreten einen ideologischen Standpunkt. Sie rücken gewisse Geschehnisse einseitig in den Vordergrund und lassen andere wichtige Ereignisse beiseite. Die Medien denken oft mehr an das Geschäft und opfern dafür Wahrheit und Moral. Sie leben von Skandalen und Enthüllungen und treten die menschliche Würde mit Füßen. Sie werben für eine völlig liberale Gesellschaft und verhöhnen alle moralischen Werte. Sie fördern oft eine verrückte Kultur und machen jede harmonische Kultur lächerlich. Sie hetzen gegen das Christentum und die Kirche und diffamieren Papst und Bischöfe. Auf diese Weise werden Medien zu einer Gefährdung für das Innerste des Menschen: Die westliche Welt erlebt heute über die Medien eine Konsumwerbung, die den Menschen zu einem materialistischen Instinktwesen erniedrigt. Die Medien vermitteln zunehmend eine esoterische Spiritualität, die zu einer schleichenden Aushöhlung der christlichen Wahrheiten führt. Die liberalen Medien weichen heute alle Prinzipien auf und bereiten damit dem antichristlichen Geist den Weg. Heute wird uns mehr denn je bewusst, wie recht Jesus hatte, als er sagte: „Euer Ja sei ein Ja, euer Nein ein Nein; alles andere stammt vom Bösen" (Mt 5,37).

12. Datenschutz und Schweigepflicht

Das achte Gebot schließt ebenso die öffentliche Schweigepflicht bestimmter Personen und Einrichtungen ein. Im Interesse der Bürger müssen verschiedene Informationen und Daten geschützt werden. Aus diesem Grund sind z. B. Ärzte, Beamte, Lehrer, Banken, Wirtschaftsunternehmen u. a. zum Schweigen verpflichtet. Sie dürfen keine Informationen und Daten an die Öffentlichkeit weitergeben, aus denen den Bürgern Nachteile entstehen könnten. Leider müssen wir feststellen, dass auch in diesem Bereich vieles nicht stimmt. Es gibt heute so viele Informationen und „Enthüllungen" von geheimsten Dingen, dass man sich als normaler Bürger immer wieder die Frage stellt, wie das möglich ist. Wir wundern uns, dass gewisse Journalisten bereits die Ergebnisse von geheimen politischen Verhandlungen kennen. Wie sind diese Journalisten zu ihren Informationen gelangt? Wir stellen fest, dass wir von gewissen Wirtschaftsunternehmen spezifisches Werbematerial erhalten. Woher wissen diese Unternehmen, dass wir an diesen Produkten interessiert sind? Weiterhin stellen wir fest, dass der Staat immer mehr Einblick in unsere finanziellen Angelegenheiten erhält. Über die Steuererklärung kennt er die meisten unserer Finanzaktionen, über die Mehrwertsteuer kennt er jede Ein- und Ausgabe, über die Quellensteuer schaut er in unsere Sparbücher und Wertpapiere. Wir wissen inzwischen auch, dass der Staat über zentrale Computer sämtliche persönliche Daten abrufen kann. Auf diese Weise kann er jederzeit unsere persönlichen Daten über Ehe, Familie, Berufsausbildung, Karriere, Geschäfte, Finanzen, Steuern, Versicherungen, Wohnungswechsel, Krankheiten, Unfälle und eventuelle Straftaten kontrollieren. Er kann über Satellit unsere Telefongespräche verfolgen und über Chips im Auto unsere Ortsveränderungen feststellen, er kann unsere Kontakte über Fax und Internet überprüfen. Wir leben längst in einer Gesellschaft ohne Geheimnisse und Diskretion, es gibt keine Intimität und keine Tabus mehr. Unsere Gesellschaft ist so transparent geworden, dass wir buchstäblich in einem gläsernen Haus sitzen. Der totale Kontrollstaat ist technisch in greifbare Nähe gerückt und ermöglicht zunehmend eine heimliche Diktatur. Das berühmte Wort von George Orwell: „Der große Bruder (gemeint ist damit der Staat) wacht über dich", scheint immer mehr Wirklichkeit zu werden. Dieser erschreckende Verlust einer privaten Sphäre bedeutet aber das schleichende Ende der menschlichen Person und der freien Gesellschaft.

13. Achtung der Wahrheit

Beim achten Gebot stellt sich uns manchmal die Frage, wo die rechte Mitte ist zwischen dem, was wir mitteilen müssen und dem Geheimnis, das zu halten ist. Das Gebot der Nächstenliebe verlangt, „dass man in der konkreten Situation abschätzt, ob es angemessen ist oder nicht, die Wahrheit dem zu sagen, der sie wissen will" *(KKK, § 2488)*. Es gibt Situationen, in denen uns die Entscheidung nicht leicht fällt.

a) Aufklärung von Schwerkranken

Ein solcher Grenzfall ist z. B. dann gegeben, wenn wir uns bei einem Schwerkranken fragen, ob wir ihm die ganze Wahrheit sagen sollen oder nicht. Ist es besser, dass ein Krebskranker erfährt, wie es um ihn steht, oder sollen wir ihm seinen Zustand verschweigen? Was sollen wir antworten, wenn uns der Kranke fragt, wie es um ihn steht? Sollen wir ihm sagen, dass er bald sterben muss oder sollen wir ihm falsche Hoffnungen machen? Aus christlicher Sicht gilt hier folgender Grundsatz: Man sollte bei aller Berücksichtigung der besonderen Umstände niemals das Gegenteil der Wahrheit sagen. Konkret bedeutet das, dass wir aus einem unheilbaren Krebs nicht einen Blinddarm machen sollten. Wir dürfen also nicht den kritischen Zustand des Patienten verharmlosen. Es sollte vielmehr unser Ziel sein, dass wir den Patienten doch allmählich über seinen Zustand aufklären.

Es ist allerdings die Frage, in welcher Weise das geschehen soll. Es gibt robuste Naturen, die die offene Wahrheit vertragen und denen man die ganze Wahrheit sofort sagen kann. Es gibt aber auch sehr sensible Personen, denen man die Wahrheit nur schrittweise eröffnen sollte. Es kommt dann auch noch sehr darauf an, wer die Wahrheit sagt. Eigentlich gehört es zur Aufgabe eines Arztes, den Patienten in behutsamer Weise über seinen Zustand aufzuklären. Aber viele Ärzte haben nicht die Zeit zu einer behutsamen Aufklärung des Patienten und sagen diesem die Diagnose brutal ins Gesicht. Manche Ärzte nehmen sich jedoch die Zeit zu einem persönlichen Gespräch mit dem Kranken und helfen ihm in sehr menschlicher Weise, die harte Wahrheit zu verkraften.

Diese Aufklärung des Patienten ist für einen Angehörigen sehr schmerzlich und zieht ihn seelisch in Mitleidenschaft: Es ist schwer, wenn man den engsten Angehörigen – einem Vater, einer Mutter, einem Bruder, einer Schwester oder gar dem eigenen Kind – mitteilen muss, dass keine Aussicht auf Heilung besteht. Aber es ist ein großer Liebesdienst, wenn ein Angehöriger durch uns erfährt, wie es um ihn steht. Er wird dann nicht durch eine fremde Person mit seinem Schicksal konfrontiert, sondern erfährt sein schweres Los durch eine Person, die ihn liebt und trägt. Neben dem Arzt oder den Angehörigen kann es auch ein Krankenhausseelsorger sein, der einem Patienten die Wahrheit über seinen Zustand mitteilt. Diese Eröffnung durch einen Priester kann besonders für einen gläubigen Menschen eine große Hilfe sein. Der Priester ist für diesen Menschen immer auch ein Diener Gottes, der ihm die Kraft und die Nähe Gottes vermittelt. So können wir also festhalten, dass es aus christlicher Sicht richtig ist, dem Patienten die Wahrheit über seinen Zustand zu sagen. Aus christlicher Sicht kommt als weiterer Grund hinzu:

Der schwerkranke Mensch sollte rechtzeitig über seinen Zustand informiert werden, damit er sich entsprechend auf die Ewigkeit vorbereiten kann. Aus christlicher Sicht ist es wichtig, dass sich ein Mensch vor seinem Tod mit Gott versöhnen kann und auch Gelegenheit hat, gewisse weltliche Dinge in Ordnung zu bringen. Es hat also keinen Sinn, jemanden über seinen Zustand im Unklaren zu lassen, bis er nicht mehr imstande ist, sein Verhältnis mit Gott und den Menschen zu bereinigen. Es muss uns Christen bewusst sein, dass die Ewigkeit so wichtig ist, dass wir einem Menschen einen kurzfristigen Schmerz zumuten dürfen, um sein ewiges Heil zu sichern. Meistens ist es auch so, dass die Patienten nach einer Phase des Aufbäumens und der Verzweiflung froh sind, dass sie die Wahrheit erfahren haben und sich nun in Ruhe auf den Eintritt in das ewige Leben vorbereiten können.

Es wäre auch sehr wichtig, dass alle Ärzte und Krankenschwestern auf den rechten Umgang mit dieser schwierigen Wahrheit vorbereitet würden. Die Ärzte erfahren im Laufe ihrer langen und intensiven Ausbildung leider nur sehr wenig über den rechten menschlichen Umgang mit Schwerkranken und Sterbenden. Viele Ärzte geben es auch ganz offen zu, dass sie in dieser Hinsicht eine gewisse Ohnmacht und Hilflosigkeit empfinden. Sie wissen oft nicht, wie sie ihren Patienten in diesen kritischen und entscheidenden Momenten beistehen sollen. Hier gäbe es noch einiges zu tun, um der Wahrheit auch in dieser Grenzsituation in Liebe gerecht zu werden.

b) Anzeigen von Untaten

Unter das achte Gebot fällt auch die Frage, ob wir bestimmte Untaten anzeigen sollen. Wie soll sich z. B. ein

Mitarbeiter einer Firma verhalten, wenn er erfährt, dass die Kollegen im Betrieb krumme Geschäfte machen? Wie soll sich ein Mensch verhalten, der Zeuge eines Autounfalls wird und weiß, dass er mit seinen Aussagen einen armen Schlucker belastet? Wie soll jemand reagieren, der einen Mann bei der Brandstiftung beobachtet, von dem er weiß, dass er ein mehrfacher Familienvater ist?
Solche Situationen können einen Menschen in größte innere Schwierigkeiten bringen. Er sollte jedoch den Mut haben, zur Wahrheit zu stehen. Es muss ihm bewusst sein, dass die Verheimlichung der Wahrheit in solchen Fällen dem Bösen Vorschub leistet und damit zu großen Schäden führt. Durch das Verschweigen der Wahrheit wird es dem Bösen ermöglicht, ungehindert zu wirken. Durch das Verbergen der Wahrheit kommt es zur Zunahme der Kriminalität und zu ungesühnten Delikten. Es ist daher notwendig, dass wir der Wahrheit auch unter schwierigen Umständen zum Sieg verhelfen. Gleichzeitig müssen wir auch dafür sorgen, dass sich die Auswirkungen unserer Aussagen für den Täter und seine Angehörigen durch entsprechende soziale Maßnahmen in Grenzen halten. Die Wahrheit muss also trotz mancher harten Folgen immer von der Liebe begleitet sein.

c) Unangenehme Wahrheiten

Und schließlich geht es noch um die Frage, ob und wie Menschen unangenehme Wahrheiten aussprechen sollen, wenn sie in einem Abhängigkeitsverhältnis stehen. Soll z. B. ein Angestellter seinem Chef sagen, dass er sich ungebührlich benommen hat, wenn er dabei riskiert, seinen Arbeitsplatz zu verlieren? Soll eine junge Krankenschwester dem Chefarzt mitteilen, dass sie von einem Oberarzt belästigt wurde, wenn sie dann von diesem schikaniert wird? Soll ein Schüler seinem Lehrer gewisse Fehlleistungen vorhalten, wenn er dann mit entsprechenden Reaktionen rechnen muss?

Aus christlicher Sicht sollten wir auch in solchen Fällen versuchen, der Wahrheit zu ihrem Recht zu verhelfen. Allerdings ist es dabei unerlässlich, gewisse Regeln zu beachten. Die erste dieser Regeln besagt, dass eine unangenehme Wahrheit um so leichter akzeptiert wird, je größer das Vertrauen zwischen zwei Personen ist. Das würde also bedeuten, dass sich der Untergebene zunächst durch korrektes Verhalten und großen Einsatz das Vertrauen seiner Oberen erwerben sollte. Auf einer soliden Vertrauensbasis ist es dann auch möglich, unangenehme Wahrheiten zu sagen. Dabei ist allerdings auch gleich die zweite Regel zu beachten. Diese Regel lautet: Je heikler das Thema, desto höflicher der Ton. Das bedeutet, dass wir uns bei heiklen Wahrheiten um eine besonders höfliche Form bemühen müssen. Eine dritte Regel verlangt, dass wir eine unangenehme Wahrheit mit Klugheit vorbringen sollen: Wir müssen für die richtige Atmosphäre sorgen und auch den richtigen Zeitpunkt abwarten. Manchmal ist es auch empfehlenswert, in kleinen Schritten vorzugehen. Vor allem aber müssen wir unseren Vorgesetzten davon überzeugen, dass es uns um die Sache geht und nicht um seine Person. Wir sollten ihm zu verstehen geben, dass wir an einem guten Verhältnis mit ihm interessiert sind. Auf diese Weise ist es meistens möglich, einem Chef oder einem Vorgesetzten auch unangenehme Dinge zu vermitteln. In vielen Fällen werden wir nach einem solchen Gespräch von unserem Vorgesetzten noch mehr geschätzt als vorher. Der Vorgesetzte merkt nämlich, dass wir an gewissen Grundsätzen festhalten und dass wir an seiner Person und seinem Betrieb interessiert sind. Auf diese Weise trägt die Wahrheit dazu bei, das zwischenmenschliche Klima zu verbessern. Es ist bei allen diesen heiklen Gesprächen ratsam, den Heiligen Geist um seine Hilfe anzurufen. Wenn uns der Heilige Geist erleuchtet, dann können wir sicher sein, dass wir die richtigen Worte finden, um der Wahrheit zum Durchbruch zu verhelfen. Der Heilige Geist wirkt dann auch in der Seele unseres Gesprächspartners und öffnet sein Herz für die Wahrheit.

NEUNTES GEBOT: DU SOLLST NICHT BEGEHREN DEINES NÄCHSTEN FRAU!

Beim neunten Gebot geht es um den Schutz der ehelichen Treue. Dieses Gebot hängt eng mit dem sechsten Gebot zusammen. Im Unterschied zum sechsten Gebot geht es aber beim neunten Gebot nicht um falsche Handlungen, sondern um geistige Fehlhaltungen gegenüber der Liebe und Treue. Gott weiß, dass alle falschen Handlungen mit falschen Gedanken und Begierden beginnen und deshalb setzt er den Hebel bereits im Herzen des Menschen an.

1. Das verseuchte Umfeld

Wir können heute nüchtern feststellen, dass das Umfeld der Sexualität weitgehend verseucht ist. Wir erleben auf diesem Gebiet eine solche Flut von Impulsen, dass es fast unmöglich ist, dem Sog dieser Wogen zu widerstehen. Film und Fernsehen setzen uns fast unter Dauerbeschuss, die Werbung arbeitet ständig mit Sex-Appeal, Zeitungen und Illustrierten sind voll von eindeutigen Bildern. Die Fantasie wird in perverser Weise angeregt und die Begierden werden bewusst aufgepeitscht. Das Herz des Menschen ist voll sinnlicher Begierden und die Instinkte revoltieren gegen Vernunft und Sitte.

2. Unreine Gedanken

Die ständige Überflutung mit sexuellen Reizen führt dazu, dass das Innere des modernen Menschen häufig von unreinen Gedanken erfüllt wird. Seine Fantasie gaukelt ihm alle möglichen obszönen Bilder vor. Viele schalten bewusst ihr „inneres Kino" ein und geben sich sogar perversen Vorstellungen hin. Manche sind regelrechte Gefangene ihrer unsauberen Fantasien, sodass sie gar nicht merken, wie sie immer mehr in einen inneren Sumpf geraten.

Wenn uns die Liebe und die Ehe etwas bedeuten, dann müssen wir mit aller Kraft versuchen, gegen diese unreinen Gedanken anzukämpfen. Wir müssen konsequent dafür sorgen, dass wir gewisse Bilder, Filme und Zeitungen meiden, die unsere Fantasie aufreizen. Wir müssen genauso gewisse Videos und Romane beiseite lassen. Das ist oft ein Kampf, der viel Wachsamkeit und Ehrlichkeit gegen sich selbst verlangt.

Die unreinen Gedanken lassen sich oft nur schwer aus dem Herzen vertreiben. Sie scheinen sich regelrecht in unserem Innern festgefressen zu haben und sind oft ungeheuer hartnäckig. Wenn wir diese Gedanken vertreiben wollen, müssen wir uns geistig mit etwas anderem beschäftigen: Unsere Gedanken müssen sich guten Dingen zuwenden, unsere Aufmerksamkeit sollte sich auf ein gutes Buch oder einen interessanten Film konzentrieren. Noch besser wäre es, etwas Sinnvolles zu tun oder das Gespräch mit jemandem zu suchen.

Wenn wir aber das Übel an der Wurzel fassen wollen, dann müssen wir aus tiefstem Herzen beten: Durch das Gebet kommt der Geist Gottes in unser Herz und verdrängt die unreinen Gedanken. Oft braucht es ein längeres Gebet, bis der Geist Gottes die falschen Gedanken aus unseren Her-

zen verdrängt hat. Aber wenn wir ausdauernd beten, dann wird unser Herz von aller Verseuchung befreit. In diesem Kampf um die Reinheit des Herzens sind schließlich auch die geistlichen Waffen von Bedeutung: so etwa der regelmäßige Empfang der Eucharistie und des Bußsakraments, die Betrachtung des Kreuzweges und besonders auch die Anrufung der Gottesmutter Maria.
Manchmal wird die Frage gestellt, ob es eine Sünde sei, wenn einem unreine Gedanken in den Sinn kommen. Dazu ist zu sagen, dass der Einfall von unreinen Gedanken noch keine Sünde ist. Zur Sünde kommt es erst dann, wenn wir den Gedanken bewusst zustimmen und sie durch unsere Kreativität und Fantasie vertiefen. Wir müssen alles tun, damit wir nicht zu unreinen Gedanken angeregt werden: Wer sich ständig mit obszönen Dingen beschäftigt, darf sich nicht wundern, wenn ihm dann ständig unreine Gedanken kommen.

3. Schmutzige Witze

Schmutzige Witze sind heute überall zu vernehmen: Sie werden in Gasthäusern und Männerrunden genauso erzählt wie in Kasernen und Werkstätten; auch in Schulen und in Freizeitzentren geht es bei vielen Witzen um das Thema Sexualität. Manche „Experten" scheinen überhaupt nur Witze aus der „untersten Schublade" zu kennen und tun sich schwer, einen „stubenreinen" Witz zu erzählen. Viele Männer erzählen auch in Anwesenheit von Frauen und Mädchen recht anzügliche Witze, und die sind meistens so dumm, dass sie darüber auch noch lachen.
Solche Witze erniedrigen die Sexualität zu einer perversen Lust und zerstören dadurch den tieferen Sinn der Lie-

be. Sie geben die Sexualität der Lächerlichkeit preis und stellen damit die Ehrfurcht vor den intimen Akten der Liebe infrage. Die Witze sinken in die Tiefe der Seele, steigen aber in einem schwachen Augenblick ins Bewusstsein und entzünden dann so manche unerwünschte Leidenschaften.

Diese gefährlichen und heimtückischen Auswirkungen erfordern, dass wir den dreckigen Witzen entschieden den Kampf ansagen. Es gibt dazu zwei ganz einfache Mittel: Wir dürfen selbst keine unanständigen Witze erzählen und dürfen auch nicht zulassen, dass andere in unserer Gegenwart derartige Witze erzählen. Dabei wäre es sehr wichtig, dass vor allem Frauen und Mädchen klar zu verstehen geben, dass sie in ihrer Anwesenheit keine dreckigen Witze dulden.

4. Pornografie

Noch verheerender als die dreckigen Witze wirken die pornografischen Medien. Wir werden heute mit Massen von pornografischem Material eingedeckt und mit immer härteren pornografischen Filmen und Videos geködert. Pornografische Darstellungen sind an allen Ecken und Enden zu sehen: an Plakatwänden, im Kiosk, im Bahnhof, auf den Autobahnraststätten, in Videotheken, an den Zimmerwänden der Jugendlichen zu Hause oder in den Büros – überall stoßen wir auf Unmengen von Porno. Ebenso liefern uns Fernsehen, Satelliten und Internet jede Menge Porno ins Haus. Pornografie ist heute weltweit ein Milliardengeschäft mit den niedrigen Instinkten des Menschen; sie machte z. B. vor einigen Jahren in Dänemark achtzehn Prozent des gesamten Exports aus!

Die Auswirkungen dieser Pornoflut macht sich überall bemerkbar. Bei der Jugend wandern die Pornohefte unter der Hand von einem zum andern, man tauscht pornografische Videos aus oder organisiert gleich pornografische Video-Partys (von denen die Eltern natürlich nichts merken!). Die Buden unserer Jugendlichen sind mit freizügigen Bildern verziert (und kaum ein Vater hat den Mut, die Bilder herunterzureißen!), die Werkstätten der Lehrlinge sind mit nackten Gestalten auf Autos und Motorrädern behangen, in den Spinds der Soldaten hängen die Playgirls des Monats. Aber auch das „Mittelalter" schaut verstohlen seine Pornofilme im Fernsehen an und drückt dann schnell auf den Knopf, wenn jemand ins Zimmer kommt. Und schließlich sind auch unsere Altersheime voll von Pornoheften, die als Anregung zum „Alterssex" dienen sollen.

Das Problematische der Pornografie besteht darin, dass sie bei der Sexualität zu einer Trennung von Person und Körper führt. Wenn aber die Sexualität nicht mehr an eine Person gebunden ist, dann wird der Körper zu einem reinen Lustobjekt oder zu einer Konsumware. Durch die Pornografie kommt es also zum Verlust der persönlichen Achtung und Ehrfurcht vor dem anderen Geschlecht. Sie bewirkt, dass die Sexualität nicht mehr von der Liebe, sondern von den Instinkten bestimmt wird. Auf diese Weise führt also die Pornografie zu einer falschen „Programmierung" des Sexualverhaltens: Bei dieser Sexualität geht es nicht mehr um die intime Begegnung mit dem geliebten Menschen, sondern um die Lustbefriedigung mittels eines sexuellen Objekts. Die falsche „Programmierung" kann sich auf die Partnerwahl auswirken, bei der dann nicht mehr die menschlichen, sondern die erotischen Qualitäten maßgeblich sind. Eine solche Partnerschaft bleibt ohne höhere geistige Werte, und wenn der erotische Ofen aus ist, bleibt nicht als verglühte Asche. Die Pornografie versetzt alle Beteiligten in eine Scheinwelt. Sie kann zu unberechenbaren sexuellen Handlungen führen und wird nicht selten zum Auslöser von Vergewaltigungen. Sie ist auch eine der Hauptursachen für die rasche Verbreitung der Pädophilie.

Es muss uns allen klar sein, dass die Pornografie ein unheimliches Gift ist, das unsere Seelen zerfrisst und die Liebe zerstört. Um die Pornografie zu bekämpfen, genügt es nicht, dass der Einzelne sich gegen diese Schlammflut wehrt. Gegen die Pornografie muss der Staat in energischer Weise durchgreifen und im ureigensten Interesse der Gesellschaft diesem schmutzigen und verderblichen Geschäft ein Ende bereiten.

5. Aufreizende Kleidung

Die überspannte Erotik unserer Gesellschaft zeigt sich auch in der Kleidung. Es werden heute vielfach Kleidungsstücke getragen, die eindeutig gegen das Schamgefühl verstoßen: gewagte Dekolletées, durchsichtige Blusen, raffiniert geschnittene Röcke, heiße Minis sind unweigerlich ein Blickfang für Männeraugen. Gewisse Modelle von Badeanzügen verletzen das sittliche Empfinden. Bei einigen Damen sind sie so knapp bemessen, dass sie nicht einmal Feigenblattformat erreichen. Bei den Männern hingegen gibt es manche Gigolos und Tarzans, die sich in knappen Leopardenfellen präsentieren. Eine übersteigerte Erotik ist auch bei gewissen Modeschauen zu sehen: Viele Modelle gehen bei der Enthüllung intimer Dinge zu weit und verstoßen gegen die Schamhaftigkeit. Wir sollten uns darüber im Klaren sein, dass erotisierende Kleider ihre Wirkung haben. Provokante Damenbekleidung wird von der Männerwelt manchmal als Einladung verstanden, sich an eine Dame heranzumachen. Häufig kommt es zu Reaktionen, die von den Damen nicht beabsichtigt und gewünscht waren. Am deutlichsten wird das bei manchen Vergewaltigungen, die nachweislich auch durch eine entsprechend provokante Kleidung ausgelöst werden: In Paris ist die Zahl der Vergewaltigungen nach der Einführung des Minirocks um 300 Prozent gestiegen! So dürfen wir also bei allem Verständnis für eine schicke Kleidung, die ruhig auch die Ästhetik des Körpers unterstreichen darf, nicht den Anstand und die Sitte verletzen. Es ist durchaus möglich, elegant und hübsch gekleidet zu sein, ohne deswegen aufreizend zu wirken. Es ist auch möglich, flotte und sonnenfreundliche Badeanzüge zu tragen, ohne deswegen seine Reize zur Schau zu stellen. Wenn wir bei der Mode wieder mehr Wert auf die Sittlichkeit legen, können wir viele Verfehlungen und Sünden vermeiden.

6. Erotische Tänze

Eine erotische Überreizung lässt sich heute auch bei gewissen Tänzen feststellen: In verschiedenen Fernsehsendungen treten Tänzer und Tänzerinnen auf, die fast alle Hüllen fallen lassen. In vielen Diskotheken werden Tänze aufgeführt, die die Sinne aufheizen und Jungen und Mädchen in sinnliche Ekstase versetzen. Bei den meisten Rockkonzerten kommt es durch die hämmernden Rhythmen zu einer Enthemmung und Entfesselung der jungen Leute. Bei vielen privaten Partys gibt es provokante Tänze mit erotischen Untergriffen. Alle diese Formen entsprechen nicht mehr dem eigentlichen Wesen des Tanzes. Der Tanz sollte ein körperlicher Ausdruck der Seele sein. Er sollte von Freude und Feinheit und von Anstand und Anmut geprägt sein. Der Tanz darf auch Ausdruck von Fröhlichkeit und Schabernack sein, aber er darf nie die Würde des Partners und das Schamgefühl verletzen. Der Tänzer darf eine Tänzerin umfangen und an sich ziehen, aber er sollte sie nicht unanständig berühren. Die Tänzerin darf sich an einen Tänzer schmiegen und seine Nähe suchen, aber sie sollte ihn nicht verführen. Der Tanz darf also zur faszinierenden und beglückenden Begegnung unter den Geschlechtern führen, aber er sollte nicht die Grenzen des Schicklichen überschreiten. Gerade in der zarten und hingebungsvollen Begegnung des Tanzes braucht es ein feines Taktgefühl, um den Partner nicht durch erotische Aufdringlichkeit zu verletzen. Besonders Frauen haben ein sehr feines Gespür dafür, ob ein Mann sie beim Tanz als Person achtet, oder ob er sie nur als ein erotisches Objekt betrachtet.

Wir müssen uns darum bemühen, den Tanz wieder in geordnete Bahnen zu lenken. Der Tanz muss wieder Ausdruck der Seele und der Kultur werden. Es wird sehr schwierig sein, gegen bestimmte Entartungen des Tanzes anzukämpfen. Aber es sollte möglich sein, wenigstens in verschiedenen Vereinen und in privaten Kreisen eine saubere Tanzkultur zu pflegen.

7. Freikörperkultur

Eine falsche Vorstellung von Sexualität zeigt sich auch in der sogenannten „Freikörperkultur" (FKK). Mit FKK ist das Nacktbaden gemeint, das heute an vielen Orten ge-

stattet wird. In jedem Campingführer gibt es ausführliche Hinweise, in welchen Gegenden FKK-Strände zu finden sind. Das FKK-Angebot nimmt von Jahr zu Jahr zu.
Was ist nun das Problematische an der FKK? Vielleicht kann folgende Anekdote am besten verständlich machen, welche Gefahr von der FKK ausgeht: Ein Mann wurde von seinem Freund gefragt, was er denn empfinde, wenn er auf dem FKK-Strand nackte Frauen sehe. Darauf antwortete der Mann: „Ich empfinde gar nichts mehr!" Da meinte der Freund: „Du solltest aber etwas empfinden. Wenn du nichts mehr empfindest, dann bist du nicht mehr normal." Diese Worte drücken genau die Problematik der „Freikörperkultur" aus: Durch die FKK wird nämlich die Nacktheit etwas so Selbstverständliches, dass sie gar nicht mehr attraktiv wirkt. Auf diese Weise führt also die selbstverständliche Nacktheit zum Tod der Erotik und der sexuellen Anziehung! Es muss uns klar sein, dass die Nacktheit nicht etwas Selbstverständliches, sondern etwas Außergewöhnliches ist. Die Nacktheit ist daher nicht etwas „ganz Natürliches", sondern etwas „ganz Besonderes"! Nur wenn die Nacktheit etwas Außergewöhnliches und Besonderes bleibt, kann sie ihre Anziehungskraft bewahren. Es ist in diesem Zusammenhang auch interessant festzustellen, dass die Natur selbst für den Schutz der Nacktheit sorgt: Sie tut das durch das Schamgefühl, mit dem sie den Menschen davor bewahrt, sich zu entblößen und sich nackt zu zeigen. Der Schutz der Nacktheit hat aber noch eine andere fundamentale Bedeutung: er ermöglicht die Entstehung von intimen Beziehungen. Solche Beziehungen können nämlich nur dann entstehen, wenn die Nacktheit auf private und persönliche Beziehungen beschränkt ist. Wenn aber die Nacktheit öffentlich wird, dann ist damit

auch keine intime und persönliche Beziehung mehr möglich. Auf diese Weise führt also die selbstverständliche und öffentliche Nacktheit zu einer Gefährdung der sexuellen Anziehung und der intimen Beziehungen. Aus diesem Grund ist also die „Freikörperkultur" ein höchst subtiler Angriff auf die Sexualität!

8. Beginn des Schwachsinns

Vielleicht hat Sigmund Freud auch an die Torheit der schamlosen Nacktheit gedacht, als er das berühmte Wort prägte: „Der Verlust der Scham ist der Beginn des Schwachsinns." Wenn wir daran denken, zu welchen Folgen die falsch verstandene Nacktheit führt, dann müssen wir sagen, dass der systematische Abbau des Schamgefühls in der heutigen Zeit ein hochgradiger Schwachsinn ist. Wir wollen daran erinnern, dass es bereits in der Spätantike zu einem regelrechten Kult der Nacktheit kam. Die Folge war schon damals eine schleichende Zerstörung der Sexualität. Langfristig führt der Kult der Erotik und der Sexualität zum Verfall und Untergang eines Volkes: Nach einer anfänglichen Überbetonung der Sexualität folgt oft eine zunehmende Gleichgültigkeit und Impotenz, die auch durch ein Aphrodisiakum und Viagra nicht mehr aufzuhalten ist. An alle diese Dinge gilt es zu denken, wenn man die heutige Fehlentwicklung im sexuellen Bereich verstehen will.

9. Korrektes Verhalten

Nach dieser kritischen Betrachtung des erotischen Umfelds wollen wir nun auf das eigentliche Anliegen des neunten Gebotes zu sprechen kommen. Das neunte Gebot betrifft in erster Linie die geistige Treue gegenüber dem Ehepartner. Bei der kirchlichen Hochzeit versprechen sich die Partner die immerwährende Treue. Viele Männer und Frauen sind ihrem Ehepartner auch wirklich ein Leben lang treu, zumindest nach außen hin. Aber wie schaut es in ihrem Inneren aus? Sind sie ihrem Partner auch geistig treu? Ist es nicht so, dass viele Verheiratete bereits nach einigen Jahren lüstern nach anderen Männern und Frauen Ausschau halten?! Wie viele verheiratete Männer und Frauen stellen sich in ihrem Inneren vor, wie es wäre, wenn sie mit einem anderen Partner oder einer anderen Partnerin beisammen wären?! Für den Christen ist auch diese geistige Untreue ein Ehebruch. Christus selbst sagt: „Wer eine Frau auch nur lüstern ansieht, hat in seinem Herzen schon Ehebruch mit ihr begangen" (Mt 5,28). Dieses Wort Jesu weist uns darauf hin, dass wir auch in unserem Herzen um die Treue bemüht sein müssen. Dieses Bemühen um die geistige Treue ist letztlich auch die beste Voraussetzung dafür, dass wir in der Praxis treu bleiben.

Neben der geistigen Treue verlangt das neunte Gebot ein korrektes Verhalten der Verheirateten gegenüber anderen Männern und Frauen. Das Verhalten von Ehemännern und Ehefrauen sollte stets von einer gewissen Zurückhaltung geprägt sein: Sie werden zwar dem anderen Geschlecht freundlich und hilfsbereit begegnen, aber sie werden doch einen gewissen inneren Abstand halten. Sie sollten sich darum bemühen, ihre Blicke zu beherrschen, um keine falschen Erwartungen zu wecken; sie sollten keine zweideutige Sprache verwenden und keine Anspielungen machen. Sie werden auch bei ihren Gesten vorsichtig sein und nicht durch zu intensive Küsse und Körperberührungen falsche

Vorstellungen wecken. Sie achten darauf, dass sie bei der Wahl von Geschenken keine zu persönlichen Präsente wie Parfums und Goldketten aussuchen, die den anderen zu persönlich berühren oder gar verpflichten und binden. Sie vermeiden es, am Arbeitsplatz allzu private Gespräche zu führen und unternehmen mit den Kolleginnen und Kollegen des Betriebs auch keine allzu privaten Geschäftsreisen. Sie wissen schließlich auch, dass es im Fasching und im Urlaub keine Aufhebung der Zehn Gebote gibt. Es darf daher keinen „Kurschatten" im Thermalbad und keine Safari-Bekanntschaft in Kenia geben. Auch das „Après-Ski" und die gemischte Sauna sollen nicht verharmlost werden und schließlich soll keiner meinen, dass es „auf der Alm keine Sünde gibt". Ein korrektes Verhalten ist auch gegenüber den Ehepartnern unserer besten Freunde angesagt: Der lockere Umgang im engsten Freundeskreis führt immer wieder dazu, dass plötzlich der Funke zu den Ehepartnern der Freunde überspringt und eine leidenschaftliche Beziehung auslöst. Wenn Eheleute ganz allgemein ihr Verhalten gegenüber anderen Männern und Frauen überprüfen wollen, dann brauchen sie sich in gewissen Situationen nur die Frage zu stellen: Was würde mein Mann bzw. meine Frau sagen, wenn er bzw. sie mich jetzt sehen würde? Diese ehrliche Gewissensfrage würde viele falsche Verhaltensweisen von vorneherein unterbinden.

10. Ledige

Das neunte Gebot verpflichtet genauso Ledige zum korrekten Umgang mit verheirateten Personen. Ein lediger Mann darf nicht eine Frau begehren, wenn er weiß, dass sie verheiratet ist. Auch eine ledige Frau darf nicht nach einem Mann Ausschau halten, wenn dieser bereits gebunden ist. Leider wird dieses Gebot in der Praxis oft nicht eingehalten. Für manche ledige Frauen scheinen verheiratete Männer besonders interessant zu sein, genauso wie manche ledige Männer es auf verheiratete Frauen abgesehen haben. Sie signalisieren verheirateten Personen ihre Bereitschaft und beschwören dadurch oft großes Elend herauf. Ledige Personen sollten sich auch dann nicht an verheiratete Personen heranmachen, wenn deren Ehe in einer Krise ist. Durch ihr Eindringen in eine Ehe werden deren Probleme sicher nicht geringer, sondern nur noch größer. Das neunte Gebot muss also auch von den ledigen Männern und Frauen eingehalten werden.

Alle diese Überlegungen sollten uns bewusst machen, wie wichtig das neunte Gebot ist. Wenn wir heute eine glückliche und stabile Ehe aufbauen wollen, dann ist die Einhaltung dieses Gebotes die unbedingte Voraussetzung dazu. Dieses Gebot verpflichtet uns, für ein gesundes geistiges Umfeld zu sorgen und den erotischen Sumpf trockenzulegen.

ZEHNTES GEBOT: DU SOLLST NICHT BEGEHREN DEINES NÄCHSTEN GUT!

Das zehnte Gebot wendet sich gegen Habsucht und Neid und fördert damit in entscheidender Weise den sozialen Frieden. Das zehnte Gebot steht in einem direkten Bezug zum siebten Gebot: Es betrifft die inneren Fehlhaltungen gegenüber dem Eigentum und soll dazu führen, dass es nicht zu falschen Handlungen im Sinne des siebten Gebotes kommt. Die Beachtung des zehnten Gebotes ist gerade in unserer materialistisch geprägten Gesellschaft von größter Bedeutung.

1. Materielle Begierden

Das zehnte Gebot bezieht sich auf die ungeordneten Begierden gegenüber materiellen Dingen. Diese Begierden können das Essen und Trinken betreffen, sie können sich aber auch auf Geld, Häuser und Besitz beziehen. Wenn diese leiblichen und materiellen Güter unser ganzes Streben erfüllen, dann riskieren wir, dass unser Menschsein nur noch aus Haben besteht. Wir vergessen dann, dass der Sinn unseres Lebens nicht im Haben, sondern in der Vollendung unseres Seins besteht. Dieser ungezügelte Drang nach dem Haben kann sogar so weit gehen, dass wir dabei unsere Seele und unser ewiges Heil vergessen. Für uns gelten dann die eindringlichen Worte Jesu: „Was nützt es einem Menschen, wenn er die ganze Welt gewinnt, dabei aber sich selbst verliert und Schaden nimmt?" (Lk 9,25).

2. Habgierige Spekulationen

Das zehnte Gebot wendet sich vor allem gegen die Habgier auf Kosten der Mitmenschen. Wenn ein Kaufmann danach trachtet, einem Kunden mehr Geld abzuknöpfen, als die Ware tatsächlich wert ist, dann sündigt er durch Habgier. Wenn ein Vermieter sich dazu entschließt, einem Arbeiter aus der Dritten Welt eine hohe Miete abzuverlangen, dann nützt er die Notsituation dieses Menschen aus. Wenn ein Zahnarzt eine Behandlung empfiehlt, die es eigentlich nicht bräuchte, dann handelt er aus Habgier. Wenn ein Handwerker mehr Kosten veranschlagt als nötig sind, will er den Kunden ausnehmen. Es gibt sogar Menschen, die regelrecht mit Notsituationen spekulieren, um mehr Gewinn einzuheimsen: Ein Kaufmann hortet die Ware, um sie in Notzeiten teurer zu verkaufen; ein Automechaniker freut sich über den Neuschnee, weil es dadurch mehr Unfälle gibt; ein Polizist begibt sich an neuralgische Verkehrspunkte, weil er dort mehr Strafzettel verteilen kann; eine Polizeistreife postiert ihr Radargerät an einer pfeilgeraden Strecke, damit mehr Autos in die Radarfalle fahren; der Rechtsanwalt freut sich über die vielen Scheidungen, weil er dadurch eine Unmenge Geld verdient. Eine solche Einstellung widerspricht aber völlig der Nächstenliebe.

3. Materielle Güter

Das zehnte Gebot warnt uns auch vor dem Neid auf die Güter unserer Mitmenschen. Bei diesen Gütern handelt es sich meistens um die materiellen Güter von Leuten aus unserem Bekanntenkreis: Der eine ist neidisch, weil sich der Nachbar schon wieder ein neues Auto leisten kann; der andere ist neidisch auf die Villa seines Kollegen und ärgert sich, dass dieser sich jetzt sogar ein Reitpferd gekauft hat. Eine junge Dame ist giftig, weil ihre Kollegin im Büro schon wieder ein neues Kleid aus der Boutique hat. Der Oberhuber hört mit Neid, wie der Unterhuber von seiner Reise auf die Seychellen berichtet. Die Leute im grünen Wohnblock wurmt es, dass ihre Nachbarn im roten Wohnblock schon wieder neue Möbel gekauft haben.

4. Persönliche Güter

Der Neid kann sich auch auf die persönlichen Güter unserer Mitmenschen beziehen. Ein junger Mann beneidet seinen Bekannten, der mit seiner großen Intelligenz das Studium spielerisch bewältigt. Ein Handwerker ist neidisch auf die große manuelle Geschicklichkeit eines Konkurrenten, die ihm ein gutes berufliches Fortkommen sichert. Eine junge Dame ist neidisch auf die künstlerischen Fähigkeiten ihrer Kollegin, die dadurch interessante Aufträge erhält. Eine Basketballspielerin ist voll Neid auf die außergewöhnliche sportliche Begabung ihrer Kameradin, die nun eine Berufung in die Nationalmannschaft erhalten hat. Und schließlich ist es für eine junge Dame unerträglich, dass ihre Mitarbeiterin außerordentlich hübsch ist und damit alle Männerblicke auf sich zieht.

5. Soziale Güter

Der Neid kann sich schließlich auch auf soziale Güter beziehen. Ein „Adabei" beneidet einen Mitmenschen, der in der Gesellschaft hohes Ansehen genießt: Er erlebt, wie der andere im Mittelpunkt des Interesses steht und von allen geehrt wird. Ein kleiner Gemeinderat ist voll Neid gegen-

über einem Abgeordneten, der im Bundestag bzw. im Nationalrat sitzt: Er beobachtet, wie dieser Politiker von allen hofiert wird und wie sich ihm sämtliche Türen öffnen. Ein Wirtschaftsmanager empfindet einen grimmigen Neid gegenüber einem Kollegen, der mehr Erfolg hat als er: Dieser Kollege hat Karriere gemacht und ist zum Spitzenmanager eines großen Konzerns aufgestiegen.
Wir können heute ohne Übertreibung feststellen, dass in allen Bereichen des Lebens und der Gesellschaft ein ungeheurer Neid vorherrscht. Ein kritischer Zeitgenosse hat sehr treffend bemerkt, dass wir heute in einer regelrechten „Neidgesellschaft" leben.

6. Folgen des Neids

Wir wollen uns nun fragen, welche Folgen der Neid hat. Der Neid führt zunächst zur inneren Unzufriedenheit. Wenn wir anderen Menschen gegenüber ständig Neid empfinden, gewinnen wir immer mehr den Eindruck, dass wir selbst zu kurz gekommen sind. Wir entwickeln ein Gefühl, als ob wir Menschen zweiter Klasse wären. Wir fühlen uns vom Schicksal benachteiligt, weil wir bei diesem Lebensstil nicht mithalten können. Der Neid bewirkt, dass wir uns trotz des üppigen Wohlstandes, in dem wir alle leben, als arme Schlucker fühlen. Manche von uns blendet der Neid so sehr, dass sie die vielen Dinge, die sie besitzen, nicht mehr sehen. Sie werden unfähig, sich an dem, was sie haben, zu freuen. Sie sehen nur, was sie nicht haben. Auf diese Menschen trifft das Wort des Alten Testaments zu: „Neid und Ärger verkürzen das Leben, Kummer macht vorzeitig alt" (Buch Jesus Sirach 30,24). Der Neid führt zu einem heimlichen Groll und Hass auf jene

Menschen, denen es besser geht als uns. Wir haben oft sogar den Eindruck, dass es ungerecht sei, wenn es anderen Menschen gut geht. Nach unserem Dafürhalten haben es manche Leute gar nicht verdient, dass sie so hinaufgehoben werden. Im Grunde genommen hätten wir es viel eher verdient, gewisse Positionen und Auszeichnungen zu erhalten. Durch diesen inneren Groll und Hass kommt es unweigerlich zu gestörten Beziehungen zu unseren Mitmenschen. Der Neid verleitet uns dazu, die anderen unfreundlich und unwirsch zu behandeln. Nicht selten sagen wir ihnen Gemeinheiten ins Gesicht, um unseren Frust loszuwerden. Oft kommt es auch zu einer völligen „Funkstille" gegenüber den engsten Kollegen und Mitarbeitern. Manchmal brechen wir auch den Kontakt zu unseren Nachbarn ab und grüßen sie nicht mehr. Auf diese Weise führt der Neid oft zu großen sozialen Spannungen und Konflikten. Das traurige Ergebnis des Neids ist schließlich der Verlust des sozialen Friedens.

7. Überwindung des Neids

Angesichts dieser schwerwiegenden Auswirkungen des Neids sollte uns klar sein, dass wir alles daransetzen müssen, um den Neid zu überwinden. Wir wollen deshalb überlegen, wie wir mit dem Neid fertig werden können.
Ein erster Schritt zur Überwindung des Neids besteht darin, dass wir uns um echte Großmütigkeit gegenüber unseren Mitmenschen bemühen. Wir sollten imstande sein, uns darüber zu freuen, wenn sich der andere ein neues Auto oder eine neue Wohnung leisten kann. Wir sollten es dem anderen von Herzen gönnen, dass er eine hohe Position erreicht hat. Es sollte uns froh und dankbar stim-

men, dass es in unserer Gesellschaft Menschen mit außergewöhnlichen Begabungen gibt. Es sollte für uns auch selbstverständlich sein, dass wir einem sportlichen Gegner in fairer Weise zu seinem Sieg gratulieren.
Eine weitere Maßnahme gegen den Neid ist ein bescheidenes Verhalten, wenn wir uns gewisse Güter zulegen oder bestimmte Auszeichnungen erhalten. Wir sollten uns darum bemühen, die neu erworbenen Güter nicht in protziger Weise zur Schau zu stellen. Ebenso sollten wir nicht mit unseren Beförderungen und Auszeichnungen angeben. Wir dürfen den anderen nicht spüren lassen, dass wir ihm auf bestimmten Gebieten überlegen sind. Es wäre klug, wenn wir unseren Mitmenschen nach Möglichkeit unsere Güter und Mittel wie auch unsere Begabungen und Fähigkeiten zur Verfügung stellen würden. Wir sollten es so einrichten, dass sich die anderen an unseren Gütern mitfreuen und aus unseren Gütern Nutzen ziehen können. Auf diese Weise würden wir dem Neid von vorneherein keine Chance geben.
Eine heilsame Maßnahme gegen den Neid ist schließlich die Erkenntnis, dass nicht alles Gold ist, was glänzt. Wir sollten uns vor Augen halten, dass viele Leute, die mit ihren materiellen Gütern angeben, riesige Schulden haben. Viele dieser Großtuer übernehmen sich und sind früher oder später bankrott. Die Klugheit sollte uns erkennen lassen, dass es besser ist, nicht über die eigenen Verhältnisse zu leben, sondern nur das zu kaufen, was wir uns wirklich leisten können. Wir sollten verstehen lernen, dass materielle Güter keine Garantie für das Glück sind. Was nützt die schönste Villa, wenn die Ehe zerbricht?! Was bedeutet ein florierendes Geschäft, wenn der Sohn in der Drogenszene landet?! Was bringen die schönsten Kleider und der teu-

erste Schmuck, wenn jemand unheilbar krank ist?! Hinter der glitzernden Fassade des Reichtums verbirgt sich oft manches Elend. Ja, wir können fast behaupten, dass durch den materiellen Reichtum erst manche Probleme entstehen, die es sonst gar nicht gäbe. Wer die Probleme der Reichen näher kennengelernt hat, weiß, dass Reichtum oft seine Schattenseiten hat. In diesem Sinn ist das zehnte Gebot auch eine Mahnung, die uns hilft, unser irdisches und ewiges Glück leichter zu finden.

DER SINN DES LEBENS

Die wichtigste Frage des Menschen ist die Frage nach dem Sinn des Lebens. Wenn es dem Menschen gelingt, diesen Sinn zu finden, dann ist sein Leben voll Freude und Erfüllung. Kann er diesen Sinn aber nicht finden, dann ist er unglücklich und innerlich leer. Wir wollen uns nun fragen, wie es möglich ist, einen Sinn in unserem Leben zu entdecken. Bei dieser Suche nach dem Sinn des Lebens wollen wir uns an einigen Grundgedanken des christlichen Philosophen Hans Pfeil (1903–1996) orientieren, die er in einem bemerkenswerten Büchlein über den Sinn des Lebens dargelegt hat (vgl. Pfeil, *Vom Sinn des Lebens und der Einsamkeit)*.

TEILSINN, VOLLSINN UND LETZTSINN

Bei unserer Suche nach dem Sinn des Lebens müssen wir zunächst drei verschiedene Arten von Sinn unterscheiden: den Teilsinn, den Vollsinn und den Letztsinn. Diese drei Arten von Sinn beziehen sich auf drei verschiedene Ziele: Der Teilsinn bezieht sich auf die verschiedenen Teilziele des menschlichen Lebens und betrifft die verschiedenen Teilbereiche und Einzelinteressen des Menschen. Der Vollsinn bezieht sich auf das Vollziel des Menschen und betrifft die Entfaltung des ganzen menschlichen Wesens. Der Letztsinn bezieht sich auf das Letztziel des Menschen und betrifft das absolute und ewige Ziel des Menschen. Die drei Sinn-Arten haben auch eine klare Rangordnung:

An unterster Stelle steht der Teilsinn, dann folgt der Vollsinn und schließlich der Letztsinn. Der Teilsinn ist also dem Vollsinn untergeordnet, und der Vollsinn ist wiederum dem Letztsinn untergeordnet.

1. Der Teilsinn

a) Die verschiedenen Teilziele

Der Teilsinn kommt durch die Verwirklichung von Teilzielen zustande. Zu diesen Teilzielen gehören: Das körperliche Teilziel, bei dem es um die Entfaltung der körperlichen Fähigkeiten geht; das wirtschaftliche Teilziel, das uns nach materiellen Gütern streben lässt; das soziale Teilziel, das wir in der Familie und in der Gesellschaft zu verwirklichen trachten; das wissenschaftlich-technische Teilziel, das uns zu wissenschaftlicher, technischer und kultureller Tätigkeit anspornt; das künstlerische Teilziel, das uns in der Kunst und in der Musik Erfüllung suchen lässt. Alle diese Teilziele vermitteln uns einen Teilsinn, der unser Leben mit Glück und Freude erfüllt.

b) Die relative Bedeutung der Teilziele

Die Teilziele sind aber im Hinblick auf das Vollziel, nämlich auf die volle Entfaltung unseres menschlichen Wesens, von relativer Bedeutung. Sportliche Leistungen, materieller Wohlstand, gesellschaftlicher Einfluss, großes Wissen und geniale Kunst bedeuten noch lange nicht, dass wir deshalb auch schon gute Menschen sind. So können große Sportler egoistisch und eingebildet, tüchtige Kaufleute können habgierig und geizig sein; mächtige Politiker sind oft korrupt; große Wissenschaftler sind oft ohne Herzensbildung; geniale Künstler führen oft ein abstoßendes Leben. Das Erreichen von Teilzielen bedeutet also noch lange nicht, dass wir unser menschliches Vollziel erreicht haben. Die Teilziele beziehen sich oft nur auf das menschliche Haben, aber nicht auf das menschliche Sein.

c) Volles Menschsein auch ohne bestimmte Teilziele
Es gilt aber auch festzuhalten, dass ein Mensch, der die genannten Teilziele nicht erreicht, dennoch sein menschliches Vollziel erreichen kann. So kann z. B. jemand gelähmt und trotzdem ein sehr wertvoller Mensch sein. Das Gleiche gilt auch von Menschen, die nur wenig materielle Güter besitzen, die keinen gesellschaftlichen Einfluss haben, die nur wenig Wissen aufweisen und kaum eine Ahnung von der Kunst haben: Alle diese Menschen können trotzdem eine hohe menschliche Entfaltung erreichen. Die Teilziele betreffen also nicht das eigentliche Wesen des Menschen und sind so für das Erreichen des menschlichen Vollsinns nicht entscheidend.

2. *Der Vollsinn*

Der Vollsinn kommt durch die Verwirklichung des menschlichen Vollziels zustande. Das Vollziel des Menschen betrifft die Entfaltung des menschlichen Wesens. Dazu sind bestimmte Eigenschaften und Haltungen im persönlichen, sozialen und kulturellen Bereich notwendig. Durch das Bemühen um diese Haltungen gelangt der Mensch schließlich zum personalen, sozialen und kulturellen Vollsinn seines Menschseins.

a) Bewusstes Leben

Der Mensch muss sich zunächst darum bemühen, ein bewusstes personales Leben zu führen. Er muss über seine eigene Person und über sein persönliches Leben nachdenken. Auf diese Weise wird er von einem unbewussten Wesen zu einer bewussten Person. Durch seine bewusste Lebensführung lebt der Mensch nicht mehr sinnlos in den Tag hinein, sondern versucht bewusst, aus seinem Leben etwas Sinnvolles zu machen. Er beginnt, sich nach dem tieferen Sinn des Lebens zu fragen und versucht, das Ziel und den Sinn seines Lebens zu entdecken. Er bemüht sich, sein ganzes Leben bewusst nach dem tieferen Sinn des Lebens zu gestalten.

b) Innere Freiheit

Durch das bewusste Leben erlangt der Mensch die personale Freiheit. Er ist nun imstande, sein eigenes Leben bewusst in die Hand zu nehmen. Er ist nun nicht mehr von innen getrieben und von außen manipuliert, sondern steht sich selbst und der Umwelt frei und kritisch gegenüber. Gleichzeitig begreift dieser Mensch aber auch, dass Freiheit nicht Willkür bedeutet, sondern dass jede Freiheit der Orientierung bedarf. Er versucht deshalb, die Gesetze der menschlichen Natur zu achten und folgt der Stimme seines Gewissens. Auf diese Weise wird das freie Handeln des Menschen zu einem geordneten und gewissenhaften Handeln.

c) Geistige Bildung

Das Streben nach dem personalen Vollsinn setzt dann auch das Bemühen um geistige Bildung voraus. Es geht dabei nicht um Fachwissen und Gelehrsamkeit, sondern um jene Kenntnisse, die das Wesen des Menschen und das Leben betreffen: Was bedeuten Geburt und Leben, Freundschaft und Liebe, Ehe und Familie, Arbeit und Muße, Freiheit und Kreativität, Normen und Gebote, Spiritualität und Mystik, Glück und Frieden, Leid und Tod? Diese Fragen führen dann zu den metaphysischen Fragen: Woher kommt der Mensch? Wohin geht der Mensch? Es geht bei dieser geistigen Bildung also um die Fragen, die den Menschen als Menschen betreffen.

d) Herzensbildung

Der personale Vollsinn verlangt auch das Streben nach Herzensbildung. Es geht dabei um jenen inneren Feinsinn, der uns die Menschen und die Welt mit tieferen Augen als der Verstand sehen lässt. Es geht um jenes innere Gespür, das uns zu Achtung, Verständnis und Liebe gegenüber unseren Mitmenschen befähigt. Wir spüren dann, wie dem anderen innerlich zumute ist, wir sind dann imstande, ihm eine Freude zu bereiten, ihn zu ermutigen oder ihn zu trösten. Auf diese Weise beherzigen wir das bekannte Wort: „Man sieht nur mit dem Herzen gut."

e) Charakterliche Bildung

Der personale Vollsinn erfordert auch die konsequente Einübung von bestimmten charakterlichen Grundhaltungen. Er verlangt eine ständige Willensanstrengung, um sich verschiedene Grundhaltungen wie Wahrhaftigkeit, Gerechtigkeit, Mäßigkeit, Tapferkeit, Treue, Geduld, Demut, Sanftmut und Friedfertigkeit anzueignen. Diese Grundhaltungen müssen so lange eingeübt werden, bis sie in Fleisch und Blut übergehen und zur guten Gewohnheit werden.

f) Beherrschung des Körpers

Der personale Vollsinn verlangt schließlich die Beherrschung des Körpers. Der Mensch soll sich vernünftig und maßvoll ernähren. Er soll sich genügend bewegen und sich auch im höheren Alter eine gewisse körperliche Leistung abverlangen. Zur Beherrschung des Körpers gehört auch die Beherrschung des Geschlechtstriebs. Durch diese Pflege und Beherrschung bleibt der Körper gesund und leistungsfähig und wird zu einer Quelle der Kraft und Freude.

g) Achtung und Nächstenliebe

Zu seiner vollen Menschwerdung muss der Mensch auch seine sozialen Anlagen entfalten und in den Dienst der Gemeinschaft stellen. Der Mensch muss zunächst lernen, im Mitmenschen seinen Nächsten zu sehen und ihm mit Achtung und Wohlwollen zu begegnen. Er muss bereit sein, die Eigenständigkeit und Andersartigkeit seiner Mitmenschen zu respektieren. Er ist auch dazu aufgerufen, die anderen Menschen in ihrer Entfaltung zu unterstützen. Seine Nächstenliebe sollte zu persönlichen Opfern bereit sein; seine Liebe soll aber auch barmherzig sein und nach erlittenem Unrecht dem anderen verzeihen. Diese Liebe soll allgemein sein und sich nicht nur auf den Freund beziehen; sie soll auch dem Feind mit Gerechtigkeit und Versöhnlichkeit begegnen.

h) Verantwortung für die Gemeinschaft

Der Mensch soll sich für das Wohl der Gemeinschaft verantwortlich wissen und in solidarischer Zusammenarbeit mit den anderen das Gemeinwohl erstreben. Er soll bereit sein, gewisse Aufgaben für die Gemeinschaft zu übernehmen und auch ehrenamtliche Dienste zu leisten. Bei der

Erfüllung dieser Aufgaben muss er sich durch Ehrlichkeit, Uneigennützigkeit und Gerechtigkeit auszeichnen. Er soll schließlich auch seinen materiellen Beitrag für das Gemeinwohl leisten.

i) Das rechte Verhältnis zur Natur

Zum Vollsinn des Menschen gehört auch seine Entfaltung im Bereich der Natur und der Kultur. Der Mensch ist bei seiner Entfaltung auch ganz entscheidend auf die Natur angewiesen. Die Natur schenkt dem Menschen verschiedenste Lebensgüter wie Licht, Luft, Wasser und Nahrung. Die Natur erfreut ihn durch ihre vielfältige Schönheit von Land und Meer, Bergen und Seen, Blumen und Tieren, Sonne und Sternen. Diese Entfaltung des Menschen durch die Natur setzt aber das rechte Verhältnis des Menschen zur Umwelt voraus. Der Mensch muss einen Sinn für die Wunder und die Schönheit der Natur haben und bereit sein, ihre Gesetze zu beachten. Er darf die Natur nur maßvoll in Anspruch nehmen und muss jede Ausbeutung und Zerstörung der Natur vermeiden. Er darf keine Rohstoffe verschwenden und kein unbegrenztes Wachstum anstreben; er darf nicht Wasser, Luft und Boden verseuchen und muss die Pflanzen und Tiere schützen. Er wird schließlich auch nicht zu riskante Formen der Energie verwenden. Nur wenn der Mensch richtig mit der Natur umgeht, kann er seine Entfaltung in der Natur finden.

j) Die Pflege der Kultur

Der Mensch bedarf zu seiner Entfaltung auch der Kultur und der Zivilisation. Bei der Zivilisation geht es um die Strukturen, die die Welt erschließen; bei der Kultur geht es um die Formen, die das Leben veredeln. Jeder Mensch ist dazu verpflichtet, seinen Beitrag zum Ausbau der Zivilisation und zum Aufbau der Kultur zu leisten. Er soll seine besonderen Gaben dazu verwenden, die Zivilisation und Kultur in seiner Umwelt zu fördern und zu erhalten. Dabei muss er allerdings stets darauf bedacht sein, dass sein Einsatz für Zivilisation und Kultur wirklich dem Menschen dient und das Wesen des Menschen fördert und entfaltet.

Die Verwirklichung des personalen, sozialen und kulturellen Vollsinns ist eine gewaltige und sinnvolle Aufgabe. Das Streben nach guten personalen Eigenschaften, der Dienst an der Gemeinschaft und die Schaffung von Kultur gibt unserem Leben einen tiefen Sinn.

3. *Der Letztsinn*

Der Mensch begnügt sich aber nicht mit dem Vollsinn und der vollen Entfaltung seines eigenen Menschseins. Er fragt über sich selbst hinaus und sucht nach einem Letztsinn. Er fragt sich nach seinem letzten Ziel und sucht nach einem endgültigen und absoluten Sinn. Wie lässt sich nun ein solcher Sinn finden?

a) Die Ordnung des Kosmos

Wir können zunächst feststellen, dass der Mensch in einen äußeren und inneren Kosmos hineingestellt ist, von dessen Ordnung er abhängig ist. Wenn der Mensch ein Vollmensch werden will, dann muss er die Gesetze dieses äußeren und inneren Kosmos bejahen und beachten. Der Mensch kann also nur dann den Vollsinn seines Menschseins finden, wenn er in Einklang mit der vorgegebenen Ordnung des äußeren und inneren Kosmos steht.

b) Gott als Schöpfer und Vater

Wir können weiter feststellen, dass dieser Kosmos nicht in sich selbst seine Ursache hat, sondern über sich hinausweist. Der Kosmos weist auf einen Schöpfer hin, der diesen Kosmos erschaffen und bestimmte Gesetze in ihn hineingelegt hat. Hinter dem Kosmos steht ein personaler Geist, der den Kosmos, die Natur und den Menschen erdacht und gewollt hat. Hinter dem Kosmos steht ein liebender Vater, der den Menschen ins Dasein gerufen hat und ihn im Lauf des Lebens und im Lauf der Geschichte immer wieder anruft. Der personale und liebende Gott meldet sich ständig im Gewissen des Einzelnen und offenbart sich in der Geschichte der Völker.

c) Gott als Letztsinn des Menschen

Gott ist der Urheber der gesamten Ordnung und ist damit auch das oberste Maß des Menschen. Gott wird damit zum Maßstab für die rechte Entfaltung des Menschen und zum Maßstab für den Sinn des menschlichen Lebens. Auf diese Weise kann der Mensch als geschaffenes Wesen nur in der Einheit mit seinem Schöpfer seine volle Entfaltung und seinen letzten Sinn erfahren. Der endliche Mensch kann deshalb nur im unendlichen Gott seinen letzten Sinn finden. Der relative Mensch strebt deshalb nach dem absoluten Gott, weil er nur in Gott seine absolute Verwirklichung und Erfüllung finden kann. Nur Gott ist imstande, die letzte Sehnsucht des Menschen zu stillen. Zu Recht schreibt deshalb Augustinus: „Du hast uns auf dich hin geschaffen, o Gott, und unruhig ist unser Herz, bis es ruht in dir."

d) Der Letztsinn des Lebens

Der Letztsinn des Lebens besteht also darin, dass der Mensch einmal zu Gott gelangt. Das Leben ist demnach eine Vorbereitung und Bewährung im Hinblick auf die Einheit mit Gott. Da Gott selbst ein geistiges, liebendes und heiliges Wesen ist, setzt die Einheit mit ihm voraus, dass der Mensch sich darum bemüht, auch ein möglichst geistiges, liebendes und heiliges Wesen zu werden. Nur wenn der Mensch in seinem irdischen Leben gelernt hat, ein geistiges, liebendes und heiliges Wesen zu sein, kann er in der Ewigkeit in Einheit und Gemeinschaft mit Gott leben.

e) Das Streben nach Heiligkeit

Wenn wir diese Erkenntnis vom Letztsinn in die Praxis umsetzen wollen, dann müssen wir uns zunächst darum bemühen, das Gebet zu pflegen. Durch das Gebet orientieren wir unser Leben nach Gott und gelangen wir zur inneren Vereinigung mit Gott. Wir müssen uns auch darum bemühen, geistige Menschen zu werden, um auf diese Weise die Einheit mit dem geistigen Gott zu ermöglichen. Aus diesem Grund werden wir die sinnlichen Begierden und die materiellen Güter immer mehr zurückstellen und die weltlichen Ehren und Würden als nebensächlich und unwichtig erachten. Wir werden uns auch darum bemühen, liebende Menschen zu werden, die sich ihren Mitmenschen zuwenden und bereit sind, für sie auch Opfer zu bringen. Wir werden ganz allgemein nach einer immer größeren Vollkommenheit streben und uns darum bemühen, unsere Fehler und Schwächen abzulegen. Alle diese Bemühungen sollen uns einmal dazu befähigen, in Gemeinschaft mit dem absolut heiligen Gott zu leben. Das praktische Ziel unseres Lebens besteht also darin, dass wir uns auf das gemeinsame Leben mit dem absolut heiligen Gott vorbereiten. Wir sollen also selbst heiligmäßige Menschen werden!

f) Die Gnade Gottes

Da der Mensch aus eigener Kraft niemals imstande ist, ein vollendetes geistiges, liebendes und heiliges Wesen zu sein, braucht er auf dem Weg zu seinem Letztziel die Gnade Gottes. Gott muss dem Menschen helfen, sein ewiges Ziel zu erreichen. Er muss ihm die Kraft geben, nach der Vollendung zu streben; er muss ihm aber auch immer wieder die Sünde und Schuld vergeben, die ihn daran hindert, zur Vollendung zu gelangen. Ohne die Kraft und Erlösung Gottes hat der Mensch keine Möglichkeit, sein letztes Ziel, nämlich die Einheit mit Gott, zu erreichen.

g) Das Weiterleben nach dem Tod

Die Einheit mit Gott setzt auch voraus, dass es ein Weiterleben nach dem Tod gibt. Wenn der Mensch mit dem leiblichen Tod endgültig vernichtet würde, dann wäre jede Frage nach einem letzten Sinn völlig absurd. Nur wenn es ein Weiterleben nach dem Tod gibt, hat der Mensch die Möglichkeit, einen endgültigen Sinn zu finden. Das Erreichen des Letztsinns setzt aber auch voraus, dass es sich beim Weiterleben nach dem Tod um ein individuelles Weiterleben handelt. Wenn der Mensch nach dem Tod wie ein Tropfen im göttlichen Ozean aufgehen würde, dann wäre jede menschliche Sinnerfahrung, die immer an ein individuelles Subjekt gebunden ist, von vorneherein unmöglich.

h) Die Gemeinschaft mit Gott

Die Einheit des Menschen mit Gott führt zur Vollendung und Erfüllung des Menschen. Die Einheit mit Gott bedeutet aber nicht, dass der Mensch selbst zu einem göttlichen Wesen wird. Der Mensch bleibt auch in der Einheit und in der Gemeinschaft mit Gott ein geschöpfliches Wesen. Das Letztziel des Menschen besteht also nicht darin, dass er selbst zu Gott wird, sondern dass er als Geschöpf in der Einheit und Gemeinschaft mit dem absoluten Gott lebt.

DAS LEID

Jeder Mensch wird im Laufe seines Lebens mit verschiedenen Formen des Leidens konfrontiert: Wir erfahren körperlichen Leiden, soziale Ungerechtigkeiten, Schicksalsschläge, Todesfälle, Gewalt und Naturkatastrophen usw. Die vielfältigen schmerzlichen Erfahrungen des Leidens lassen uns nach einer Erklärung für das Leid suchen. Wir fragen uns oft recht vehement, ob denn das Leid einen Sinn haben kann. Besonders in unserer Zeit, in der sich das Leid wie nie zuvor zu verdichten scheint, gilt dieser Frage unser vertieftes Interesse. Noch nie waren die Menschen weltweit mit einem solchen Ausmaß an Leid konfrontiert wie heute: Krebs, AIDS, Hungerkatastrophen, Überschwemmungen, Erdbeben, Vulkanausbrüche, Terror, Revolution und Krieg suchen den physischen Menschen heim. Egoismus, Untreue, Hass, Neid und Gleichgültigkeit fügen dem seelischen Menschen tödliche Wunden zu. Körperliche Leiden, tragische Verluste, Einsamkeit, Anonymität, Enttäuschung, Angst und Depressionen sind das Schicksal von vielen Millionen Menschen. Das Leid schaut aus vielen Augen heraus, die Klagen sind fast in aller Munde, die Angst steht in vielen Gesichtern geschrieben. Immer mehr scheint sich die Welt in eine Stätte des Wahnsinns und des Grauens zu verwandeln . Die bittere Ernte aber ist überall das Leid! Und da kommt es dann zu den berühmten Fragen: „Wie kommt das Leid in die Welt?" „Wie kann Gott das Leid zulassen?" „Wie können wir es abwenden?" „Wie sollen wir es tragen?" „Wie ist es zu deuten?" Das sind Fragen, die uns innerlich bewegen und quälen! Diese Fragen verlangen dringend nach einer Antwort!

Was können wir nun aus christlicher Sicht über das Leid sagen? Welche Antworten kann das Christentum den unzähligen leidenden Menschen geben? Welchen Trost kann es den zahllosen Opfern und Betroffenen spenden?

1. Mögliche Erklärungen für das Leid

Wenn wir versuchen wollen, das Leid aus christlicher Sicht zu erklären, so müssen wir davon ausgehen, dass es verschiedene Arten des Leidens gibt: das schuldige Leid, das unschuldige Leid, das absurde Leid und das Leid, das durch die Begrenztheit der Natur verursacht wird. Diese verschiedenen Arten des Leids erfordern eine unterschiedliche Beurteilung und Erklärung.

a) Das schuldige Leid

Das Christentum weist uns zunächst darauf hin, dass das Leid in vielen Fällen durch eine persönliche Schuld des Menschen verursacht wird. Wenn der Mensch bewusst seine eigene Natur missachtet und sich gegenüber den Mitmenschen bewusst falsch verhält, so führt das früher oder später zu verschiedenen Formen des Leids: Es kommt dann zu gesundheitlichen und psychischen Schäden, zu Konflikten mit den Mitmenschen, zu sozialen Auseinandersetzungen, zu Gewalt, Terror und Krieg. Wenn der Mensch sich bewusst gegen die Natur wendet und sie ausbeutet und zerstört, dann kommt es früher oder später zu Folgeerscheinungen, die für den Menschen schädlich und schmerzhaft sind. Das Leid hat in diesem Fall die Funktion eines Alarmsignals, das den Menschen auf sein schuldhaftes Fehlverhalten aufmerksam macht. Es erinnert den Menschen mit äußerem und innerem Nachdruck daran,

dass es so nicht weitergehen kann und dass er sein Leben ändern muss.
Das Tragische ist aber, dass der moderne Mensch seine Schuld an manchem Leid oft nicht einsehen will. Er wehrt sich mit Händen und Füßen dagegen, von verschiedenen Fehlhaltungen und Lastern Abschied zu nehmen. Die Folge davon ist, dass das Leid immer mehr zunimmt und noch schmerzlicher und massiver wird. Es braucht dann oft fast einen Orkan von Leid, bis ein solcher Mensch zur Einsicht kommt. Manchmal kann ihn erst die Todesfurcht dazu bewegen, die Gesetze des Lebens anzuerkennen.
Besonders deutlich zeigt sich diese Verstocktheit des modernen Menschen auch im religiösen Bereich. Wie wehrt er sich oft innerlich dagegen, wenn er merkt, dass ihn Gott durch verschiedene leidvolle Erfahrungen zur Umkehr rufen möchte! Er will und will von Gott nichts wissen! Erst ein sehr massives Leid – wie ein totales persönliches Scheitern, ein seelischer Zusammenbruch oder eine sehr schmerzhafte und lange Krankheit – kann diesen Menschen aufrütteln und zur Besinnung und Umkehr führen. Erst regelrechte Donnerschläge sind imstande, die inneren Krusten dieses Menschen zu durchbrechen und ihm den Weg zu Gott zu weisen.
Wir können also sagen, dass viel Leid durch eigene Schuld verursacht wird. Dieses schuldige Leid hat aber die Aufgabe, den Menschen auf ein Fehlverhalten aufmerksam zu machen und ihn zur Umkehr zu bewegen.

b) Das unschuldige Leid

Viel schwieriger ist es, auf die Frage des unschuldigen Leids eine Antwort zu geben. Was soll man da sagen, wenn Hunderttausende unschuldiger Kinder verhungern, wenn Millionen Menschen zu Opfern von sozialen Ungerechtigkeiten und Bürgerkriegen werden, wenn Hunderttausende Menschen ohne eigenes Verschulden zu Opfern von Verkehrsunfällen werden? Die christliche Lehre weist uns darauf hin, dass der Mensch „aus seiner innersten Natur ein gesellschaftliches Wesen" *(Gaudium et spes,* 12) ist und dass jeder Einzelne von den Entscheidungen seiner Mitmenschen mitbetroffen wird. Das gilt sowohl für die guten als auch für die schlechten Entscheidungen. Überall dort, wo Menschen miteinander in Berührung kommen, wirkt sich das Verhalten der einen auf die anderen aus: entweder gereicht es den Mitmenschen zum Segen oder es zieht sie in Mit-Leidenschaft. Diese Tatsache wird immer spürbarer: „In unserer gegenwärtigen Zeit mehren sich beständig aus verschiedenen Ursachen die gegenseitigen Verflechtungen und Abhängigkeiten" *(Gaudium et spes,* 26). Deshalb wird der Mensch auch immer stärker von den Fehlentscheidungen anderer betroffen. Es lässt sich feststellen, dass der Mensch infolge der zunehmenden globalen Vernetzung immer mehr von den negativen Entscheidungen seiner Mitmenschen betroffen wird. Was auf der einen Hälfte des Globus passiert, hat auch Auswirkungen für die andere Hälfte.

Diese Feststellung führt zwangsläufig zu einer tieferen Frage: Wie konnte Gott dem Menschen die Freiheit geben, wenn dieser sie dann auch gegen seine Mitmenschen einsetzen kann? Dazu lässt sich Folgendes sagen: Wenn Gott den Menschen ohne Freiheit erschaffen hätte, dann wäre der Mensch bestenfalls ein Roboter. Er wäre dann nicht mehr imstande, sein Leben selbst zu gestalten, er könnte keine eigenen Entscheidungen treffen, er würde aufhören, ein eigenständiges Wesen, eine Person zu sein. Damit aber würde er aufhören, ein Mensch zu sein! Die Freiheit ist also für das Menschsein unerlässlich: sie ist die Grundbedingung jeder menschlichen Selbst-Entfaltung! Gleichzeitig bedeutet die Freiheit für den Menschen aber auch die Gefahr, sein Menschsein zu verfehlen: jeder Missbrauch der Freiheit führt dazu, dass der Mensch sein eigentliches Wesen zerstört. Die Freiheit wird dann für ihn, aber auch für andere zum Unheil.

Zu dieser Frage wäre aber auch zu sagen, dass Gott den Menschen ursprünglich dazu befähigt hat, die Freiheit im guten Sinn zu verwenden. Erst durch die Grundentscheidung des Menschen gegen Gott kam es auch zum Missbrauch der Freiheit. Damit liegt aber die Schuld am Missbrauch der Freiheit nicht bei Gott, sondern beim Menschen. Der Mensch darf also nicht Gott anklagen, wenn er selbst die Freiheit in falscher Weise gebraucht.

c) Das absurde Leid

Besonders schwierig ist es, das absurde Leid zu deuten. Was sollen wir uns denken, wenn der Tod unersetzliche Menschen hinwegrafft, die noch lange hätten leben können? Wie sollen wir z.B. den Tod einer Mutter von mehreren kleinen Kindern oder den Tod eines jungen Mannes, der für eine Gemeinschaft unersetzbar ist, verstehen? Oder wie sollen wir den Tod eines einzigen Kindes oder das jahrelange Dahinsiechen eines Jugendlichen begreifen? Steht dieses Leid nicht in einem unerträglichen und grotesken Widerspruch zum Leben? Bei solchem Leid stoßen wir mit unserem menschlichen Begreifen an absolute Grenzen! Nach christlichem Verständnis aber soll uns das Erleben dieser tragischen Grenzen darauf hinweisen, dass das irdische Leben nicht als das Letzte und Absolute gesehen werden darf. Die Abberufung unersetzlicher Menschen soll uns eindringlich verdeutlichen, dass die Berufung des Menschen zur ewigen Gemeinschaft mit Gott unendlich bedeutsamer ist als jede Aufgabe und Mission im irdischen Leben. Auch der Tod eines jungen Menschen soll uns vor Augen führen, dass das ewige Leben des Menschen unendlich wichtiger ist als seine kurze irdische Frist. So hat das vordergründig absurde Leid eine tiefe hintergründige Bedeutung: Es soll den Menschen nachhaltig an seine ewige Bestimmung erinnern und ihn mahnen, sein Leben auch in der Perspektive der Ewigkeit zu sehen!

d) Das Leid durch Naturkatastrophen

Unverständlich ist uns auch das riesige Leid, das durch verschiedenste Naturkatastrophen bewirkt wird. Gerade in unserer Zeit, da die Naturkatastrophen von Jahr zu Jahr zunehmen, fragen wir uns, wie Gott denn diese verheerenden Erdbeben, Orkane, Flutwellen, Vulkanausbrüche u.a. zulassen könne? Ja, wir fragen uns manchmal sogar, ob diese Welt überhaupt von Gott stammen kann, wenn sie solche Unvollkommenheiten aufweist!

Aus christlicher Sicht können wir bei dieser Art von Leid auf mehrere Dinge hinweisen: Wir müssen uns zunächst fragen, ob der Mensch die Natur im Sinne Gottes gebraucht. Hat der moderne Mensch die Natur nicht weitgehend aus dem ökologischen Gleichgewicht gebracht? Hat er die Natur nicht weitgehend geplündert, verseucht und vernichtet? Dürfen wir uns da wundern, wenn die Natur entsprechend reagiert? Sind wir nicht z. T. selbst an den schwerwiegenden klimatischen Veränderungen, am Treibhauseffekt, am Ozonloch, an der Wasser- und Luftverschmutzung usw. schuld? Ob diese Katastrophen für

uns nicht eine sehr deutliche Mahnung sein sollen, die Natur im Sinne ihres Schöpfers zu gebrauchen?
Die Übel in der Natur haben aus christlicher Sicht aber auch einen metaphysischen Sinn. Es „wäre nicht ausgeschlossen, dass den erwähnten Sinnwidrigkeiten noch ein wertvoller und gottgewollter Sinn innewohnte. Man bedenke nur, wie sehr die Menschen aller Zeiten und Zonen geneigt sind, die Welt im Ganzen, weil sie so groß und so machtvoll, so schön und so erhaben ist, oder einen ihrer Teile, sei es die Sonne oder das Meer, den Boden oder das Blut … für Gott selbst zu halten und zum höchsten Wert zu erheben. Sollten da den Sinnwidrigkeiten die Funktion übertragen sein, uns vor dem Irrtum der Vergötzung der Welt zu bewahren?" (Hans Pfeil) So dachte wohl auch Blaise Pascal, wenn er sagte: „Die Natur hat Vollkommenheiten, um zu zeigen, dass sie das Abbild Gottes ist, und Mängel, um zu zeigen, dass sie nur das Abbild ist." Das Leid, das von der Natur verursacht wird, soll somit auch für alle jene eine Lektion sein, die in der Natur etwas Göttliches oder Absolutes sehen.

2. *Der Sinn des Leidens*

a) Das Leiden als Läuterung

Das Christentum weist uns auch auf manche positiven Seiten des Leidens hin. Das Leid ist vor allem eine unersetzliche Schule für die innere Läuterung des Menschen. Das Leid macht den Menschen innerlich sensibel: Er fühlt seine eigene Schwäche und wird so verständnisvoll für die Schwäche seiner Mitmenschen; er leidet an seinem eigenen Versagen und wird dadurch gütig beim Versagen der anderen; er stößt schmerzlich an seine eigenen Grenzen und versteht so auch leichter die Grenzen der anderen; er muss seine eigenen Unvollkommenheiten ertragen und ist so auch bereit, die Fehler der anderen zu ertragen. Das Leid ist eine Schule der Demut, des Verstehens, des Erbarmens, der Güte und der Geduld. Es lehrt den Menschen das Wesentliche zu erkennen und verleiht ihm so eine tiefe Weisheit. Es lehrt ihn aber auch, schwierigste Situationen zu meistern und lässt ihn verborgendste Kräfte der Seele entdecken. Es zeigt ihm schließlich auch, wer und was ihm in diesen fürchterlichen Zeiten einen inneren Halt gibt: der treue Ehepartner, der gute Freund, der Glaube, das Gebet. Viele große Menschen sind erst durch das Leid gereift und zu wahrer Menschlichkeit emporgewachsen. Es gibt wohl keinen reifen Menschen, der nicht auch durch das Leid zu seiner Reife gefunden hat. Das Leid eröffnet uns die tiefste Schau des Lebens: Es blickt tiefer als der klarste Verstand, es ahnt mehr als die reinste Liebe. Das Leid ist das tiefste Lied unseres Lebens!

b) Das Leid als Herausforderung

Aus christlicher Sicht können wir auch sagen, dass das Leid eine ungeheure Herausforderung an die Liebe darstellt. Immer wieder zeigt es sich, dass das Leid größte Kräfte der Liebe freisetzt. Denken wir nur daran, wie viele Menschen sich in den vergangenen Jahren für Menschen in Not eingesetzt haben: für die Opfer von Naturkatastrophen, die Hungernden, die Flüchtlinge, die Opfer von Krieg und Gewalt … Wie viele Menschen setzen sich aber auch im privaten Bereich für leidende Mitmenschen ein: für die Kinder, die ihre Mutter verloren haben; für den alten Mann, dessen Frau gestorben ist; für die Nachbarin, die einen Autounfall gehabt hat; für den Sportkameraden,

der eine Querschnittlähmung erlitten hat. Das Leid ist wirklich eine mächtige Herausforderung der Liebe!
Das Leid kann aber auch eine Herausforderung zur Versöhnung sein. Wie oft kommt es vor, dass das Leid verfeindete Menschen wieder zusammenführt: Zwei verfeindete Brüder treffen sich am Sterbebett ihrer Mutter und schließen nach langer Zeit endlich Frieden; zwei getrennte Ehepartner kommen nach der schweren Operation ihres Kindes zusammen und beginnen wieder miteinander zu reden; die jahrelang zerstrittenen Nachbarn begegnen sich nach einer Unwetterkatastrophe und geben einander die Hand; die politischen Gegner versuchen nach zermürbenden Kämpfen wieder einen konstruktiven Dialog zu führen; die verschiedenen Parteien sind nach einem blutigen Bürgerkrieg bereit, miteinander Frieden zu schließen. Je unerträglicher das Leid wird, desto unüberhörbarer wird auch seine Herausforderung zur Versöhnung!
Das Leid kann aber auch eine geistige Herausforderung sein. Viele Menschen werden durch die Erfahrung von Leid sehr intensiv dazu angeregt, über die geistigen Ursachen dieses Leidens nachzudenken. Bei den meisten modernen Menschen ist es vor allem das Leid an der Sinnlosigkeit des eigenen Lebens, das sie zum Nachdenken führt. Zu allen Zeiten aber war das Leid für viele große Menschen der Anstoß zu neuen Gedanken, Wertvorstellungen, Kunstwerken, Erfindungen. Denken wir nur an Beethoven, Kierkegaard, Heidegger, Jaspers, Kafka, Musil, Camus, Kollwitz, Sauerbruch, Braille, Frankl – sie alle wurden auf verschiedensten Gebieten durch die Konfrontation mit dem Leid zu größten geistigen Leistungen herausgefordert!
Das Leid kann schließlich auch Berufungen hervorbringen. Oft haben Menschen erst durch die intensive Begeg-

nung mit dem Leid zu ihrer eigentlichen Berufung gefunden. Sie haben plötzlich die Berufung verspürt, sich für ganz bestimmte Menschen oder für eine ganz bestimmte Sache einzusetzen und damit einem großen Leid abzuhelfen. Denken wir an Henri Dunant, den Gründer des „Roten Kreuzes", an Albert Schweitzer, den Urwalddoktor von Lambarene, an Mahatma Gandhi, den Vater des unabhängigen Indien, an Martin Luther King, den Vorkämpfer der Farbigen in den USA, an Mutter Teresa von Kalkutta und Schwester Emmanuelle von Kairo, die alle durch ein besonderes Leid so betroffen waren, dass ihnen aus diesem Leid ihre Lebensberufung erwuchs. So wird das Leid oft gerade für die Besten zum Anlass ihrer eigentlichen Berufung!

c) Das Leid als Sühne

Aus christlicher Sicht kann das Leid auch eine Sühne für andere Menschen sein. Die Sühne ist ein freiwilliges Leid für andere, das viele Menschen retten kann. Wer z.B. einen Trinker erträgt, sorgt dafür, dass er nicht zugrunde geht. Wer ein schwieriges Kind aushält, gibt ihm eine Chance, dass es nicht verloren geht. Wer einen Depressiven geduldig behandelt, kann ihm über eine schwere Krise hinweghelfen. Wer einen schwachen Mitarbeiter nicht fallen lässt, bewahrt ihn und seine Familie vor dem Absturz. Wenn ein Mensch bereit ist, die Schwäche eines anderen zu ertragen, wird diese Schwäche abgetragen. Wenn einer bereit ist, das Böse eines anderen auf sich zu nehmen, wird dieses Böse überwunden. Auf diese Weise werden die Schwächen und das Böse vieler Menschen abgefangen und abgeleitet. Sie können diesen Menschen dann keinen Schaden mehr zufügen. So aber wird das Leid des einen

zum Segen für den anderen. So wird das Leid der Sühne zum Ausgleich für das Schwache und Böse. Das Leid der Sühne hält die Welt im Gleichgewicht!
Der sühnende Mensch ist vielleicht der Einzige, der die heutige Welt noch retten kann: er allein ist imstande, den anderen die Waffen des Bösen gewaltlos aus der Hand zu nehmen. Der sühnende Mensch ist aber auch ein unüberhörbarer Aufruf zur Umkehr: seine Bereitschaft zum wehrlosen Leid wird für viele zur unwiderstehlichen Aufforderung, sich endlich zu bekehren. So ist das Leid der Sühne etwas vom Gewaltigsten, das das Christentum der Welt von heute zu verkünden hat: es ist die einzige Macht, die die heutige Welt noch heilen kann!

d) Das Mit-Leid Gottes

Alle diese Deutungen des Leidens aus christlicher Sicht sind von beachtlicher Tiefe. Aber sie sind dennoch nicht imstande, die entsetzlichen Abgründe des Leidens auszuloten. Wir alle spüren, dass das Leid tiefer reicht als die tiefste Theologie. Und auch die Theologie selbst weiß, dass sie das Leid oft nicht erklären kann. Bedeutet diese theologische Verlegenheit nun aber, dass das Christentum gerade beim Leid mit seiner Weisheit am Ende ist? Hat das Christentum im Grunde auf diese entscheidende Frage auch keine Antwort?
Doch, das Christentum hat eine Antwort! Aber diese Antwort ist so ganz anders, als wir sie uns je erwartet hätten. Erst jetzt, da alle theologischen Erklärungen sich als unzulänglich erweisen, ist für das Christentum der Augenblick gekommen, um seine tiefste Offenbarung über das Leid mitzuteilen. Es verkündet uns, dass Gott selbst in Christus auf die Welt gekommen ist, um das Leid per-

sönlich auf sich zu nehmen. Es verkündet uns, dass Gott Mensch geworden ist, um sich des menschlichen Leidens annehmen zu können. Gott hat sich in Christus ganz und gar dem Leid ausgeliefert und hat das Leid seelisch und körperlich in seinen grausamsten Formen erfahren. Er wurde in Christus in fürchterlichster Weise vom Leid heimgesucht: er wurde verfolgt, gequält, gefoltert, gemartert und schließlich gekreuzigt! Dieser Gott hat sich in Christus zutiefst mit dem leidenden Menschen solidarisch erklärt, er hat allen menschlichen Schmerz, alles Dunkel und Verzweifelte des Leidens mit dem Menschen geteilt. Das Leid des Menschen war diesem Gott nicht gleichgültig, sondern war für ihn Anlass genug, selbst Menschengestalt anzunehmen.

Nach dieser Offenbarung des Christentums hilft Gott dem Menschen also „nicht mit seiner Allmacht, sondern mit seiner Schwäche" (Dietrich Bonhoeffer). Die Antwort Gottes auf das Leid des Menschen ist also weder eine umfassende Erklärung noch ein spektakuläres Wunder, sondern Christus, der Gekreuzigte! Diese Offenbarung des Christentums sagt uns letztlich, dass Gott das Leid des Menschen zu seiner ganz persönlichen Angelegenheit gemacht hat. Damit aber beseitigt das Christentum „den Skandal eines tyrannischen Gottes, der sich am Leid seiner Geschöpfe erfreut, schafft aber dafür einen noch größeren Skandal" (Jacques Natanson).

In keiner anderen Religion wird das Leid so persönlich von Gott getragen wie im Christentum. Der christliche Gott hat sich den Menschen gleichgemacht und trägt gemeinsam mit ihnen das viele Leid, das durch die Schwäche, das Böse und das Übel verursacht wird. Durch sein Beispiel lehrt er die Menschen, wie sie das Leid tragen sollen. Er schenkt ihnen auch die Kraft, das Leid in Geduld zu ertragen. Gott ist dem Menschen nirgends so nahe wie im Leid. So können wir schließlich sagen: Gott hat in Christus „das Leid nicht unterdrückt; er wollte auch nicht sein volles Geheimnis enthüllen: er hat es auf sich genommen und das genügt, dass wir seinen vollen Wert begreifen" (II. Vatikanum, Schlusserklärung).

HINTERGRÜNDE DES WERTECHAOS

Viele Menschen beklagen das große Wertechaos, das in unserer Gesellschaft vorherrscht. Um dieses Wertechaos begreifen zu können ist es notwendig, nach seinen Hintergründen zu fragen. Wie konnte es kommen, dass wir in unserer postmodernen Zeit in ein solches Chaos geraten sind? Für dieses Wertechaos gibt es mehrere weltliche, aber auch mehrere kirchliche Hintergründe.

1. Welt

In unserer westlichen Welt haben sich verschiedene weltanschauliche und moralische Lehren durchgesetzt, die zu einer völligen „Umwertung aller Werte" (Nietzsche) führten.

a) Das gottlose Glaubensbekenntnis

In den vergangenen Jahrzehnten hat sich fast unbemerkt ein gottloses Glaubensbekenntnis eingeschlichen, das fast alle geistigen und moralischen Grundlagen infrage stellt und zu einer reduzierten Sicht der Wirklichkeit führt:

– Urprinzip:	Urknall
– Evolution:	Zufall und Notwendigkeit
– Mensch:	höherentwickelter Affe
– Denken:	Gehirn
– Wahrheit:	Relativismus
– Freiheit:	mein Wille

– Moral:	subjektive und gesellschaftliche Normen
– Sinn:	persönliche Interessen
– Tod:	alles aus

In einer solchen Weltanschauung ist kein Platz für Gott, für eine Schöpfung und für eine höhere Ordnung. In einer solchen Weltanschauung kann es keine universalen und unbedingten moralischen Werte geben. Damit sind natürlich auch die Zehn Gebote hinfällig.

b) Die Abschaffung der Moral

In den letzten Jahrzehnten kam es zu einer regelrechten Abschaffung der moralischen Grundwerte. Diese Abschaffung der Grundwerte zeigt sich konkret in folgenden Punkten:

- Freie Verbindungen
- Partnerschaft auf Zeit
- Scheidung
- Abtreibung
- Verhütung
- Sterilisation
- Homosexualität
- Gender Mainstreaming
- Euthanasie

Diese neuen Verhaltensweisen stellen die Grundwerte der Ehe, der Familie, des Lebens und der Fruchtbarkeit in Frage und gefährden die Existenz des Einzelnen und der Gesellschaft.

2. *Kirche*

In den vergangenen Jahrzehnten kam es aber auch in der katholischen Kirche zu Entwicklungen, die zu einer Schwächung des christlichen Glaubens und der christlichen Moral geführt haben.

a) Die Aushöhlung des Glaubens

In der Theologie kam es zu einer Aushöhlung des christlichen Glaubens, die das Übernatürliche des Glaubens weitgehend in Frage stellte.

- Jesus Christus: Keine Gottheit Jesu Christi
  Nur „Bevollmächtigter" und „Stellvertreter" Gottes
- Wunder: Keine wirklichen Ereignisse
  Nur Legenden und Mythen
- Auferstehung: Keine Auferstehung aus dem Grab
  Nur eine innere Erfahrung und Vision der Apostel
- Eucharistie: Keine wirkliche Gegenwart Jesu in der Eucharistie
  Nur symbolische Bedeutung
- Sakramente: Keine Real-Symbole, die Gnaden vermitteln
  Nur Symbole für Gottes Gegenwart und Wirken
- Kirche: Keine heilsnotwendige Vermittlerin der Heilsgüter
  Nur Gemeinschaft der an Jesus Christus Glaubenden
- Papst: Kein Felsen-Fundament der Kirche
  Nur Symbol der christlichen Einheit
- Priester: Kein Weihepriestertum mit Vollmachten
  Nur Funktionär der Gemeinde

– Maria: Keine Vermittlerin der Gnaden
  Nur Mutter Jesu
– Heilige: Keine Fürsprecher im Himmel
  Nur christliche Vorbilder
– Engel: Keine personalen geistigen Wesen
  Nur „Personifikationen" für das Wirken Gottes
– Teufel: Kein personales geistiges Wesen
  Nur „Personifikation" für „das" Böse
– Weiterleben: Kein Weiterleben der Seele nach dem Tod
  Nur „Auferstehung" mit neuer Seele
– Letzte Dinge: Keine Verdammnis und keine Hölle
  Nur Vergebung und Barmherzigkeit Gottes

Die Aushöhlung des Glaubens führte dazu, dass das Übernatürliche des Christentums weitgehend aufgegeben wurde. Das hat zur Folge, dass auch das übernatürliche Heilsgeschehen zur Stärkung, Heilung und Rettung des Menschen infrage gestellt wurde.

b) Die Liberalisierung der Moral

In der Moral kam es zu einer weitgehenden Anpassung an die liberale weltliche Moral. Der „mündige" Christ fühlt sich dazu ermächtigt, im Bereich der Moral nach seinem eigenen Gewissen zu entscheiden. Daraus entwickelten sich folgende unchristliche Verhaltensweisen:

– Voreheliche Beziehungen
– Wiederverheiratung der Geschiedenen
– Empfängnisverhütung
– Künstliche Befruchtung

- Homosexualität
- Abtreibung bei medizinischer Indikation
- Abtreibung bei Vergewaltigung
- Euthanasie bei speziellen Notfällen

Die Moral der „mündigen" Christen hat zu einer Anpassung an die weltliche Moral geführt. Diese Moral ist keine Alternative zur liberalen Moral und kann daher nicht zur Überwindung des Wertechaos beitragen.

c) Die anti-römische Kirche

In der Kirche kam es zur Entwicklung einer anti-römischen Richtung, die ständig die römisch-katholische Kirche bekämpft:

- Die „Kirche von unten" gegen die Hierarchie
- Die Ortskirche gegen die Weltkirche
- Das „Lehramt der Theologen" gegen das Lehramt des Papstes
- Das „Forum der Laien" gegen die „Amtskirche"

Die anti-römische Richtung führte in theologischer, moralischer und kirchlicher Hinsicht zu einer weitgehenden Entfremdung von der römisch-katholischen Kirche. Ein großer Teil der Kirche in den deutschsprachigen Ländern hat sich innerlich von der römisch-katholischen Weltkirche verabschiedet.
Die eigentliche Tragik dieser Kirche besteht aber darin, dass sie aufgrund ihres ausgehöhlten Glaubens, ihrer moralischen Anpassung und ihrer ständigen Opposition gegen die römisch-katholische Kirche so geschwächt ist, dass sie kein wirksames Gegengewicht gegen die Glau-

benslosigkeit und Wertelosigkeit der postmodernen Gesellschaft bilden kann.

3. *Eine gottlose Welt*

Die problematischen Entwicklungen der letzten Jahrzehnte haben die Welt radikal verändert. Wir leben heute in einer Welt, die weitgehend nicht mehr vom Glauben und von moralischen Wertvorstellungen geprägt wird. Man gewinnt immer mehr den Eindruck, dass eine nihilistische Welt heraufsteigt, wie sie von Friedrich Nietzsche (1844–1900) bereits vor über hundert Jahren prophezeit wurde:

- Mensch und Gesellschaft ohne Gott
- Ende der Kultur und Beginn der Barbarei
- Unruhe des orientierungslosen Menschen
- Jagd nach hedonistischem Glück
- Problem der Langeweile
- Drogen und Rausch (Musik)
- Blinde Anbetung von Idolen
- Entartung der Frau
- Entartung durch die Demokratie
- Revolution und Anarchie
- Angst und Feigheit
- Gefühl der Ohnmacht
- Blindheit für die wirkliche Lage
- Vermassung und Gleichschaltung des Menschen
- Kapitalismus und Militarismus
- Besinnungslose Arbeit
- Kunst ohne Seele und Originalität
- Zersplitterung der Wissenschaften
- Versagen der Gelehrten und Gebildeten

- Nationalismus und Staatsvergötzung
- Welt ohne Liebe ...

4. *Besinnung und Umkehr*

a) Die Leiden des gottlosen Menschen

Heute spüren immer mehr Menschen in ihrem ganz persönlichen Leben die furchtbaren Auswirkungen einer glaubenslosen und wertelosen Welt. Diese Menschen erfahren Tag für Tag, dass ihr eigenes Leben in einer solchen Gesellschaft höchst problematisch ist.

- Orientierungslosigkeit
- Gestörte Beziehungen
- Gewalt
- Einsamkeit
- Sinnlosigkeit
- Ruhelosigkeit
- Erziehungsprobleme
- Postabortion-Syndrom
- Burnout-Syndrom
- Depressionen
- Verzweiflung
- Selbstmord

b) Die Heimkehr zu Gott

Die überaus schmerzlichen Folgen einer glaubens- und wertelosen Welt führen dazu, dass viele Menschen nachdenklich werden. Sie möchten aus dieser verrückten Situation heraus und suchen nach einer neuen Orientierung. Viele versuchen es zunächst mit einer neumodischen

Heilslehre und landen in der Esoterik. Aber nach einiger Zeit stellen sie fest, dass „kosmische Kräfte" und „göttliche Energie" doch zu wenig sind, um zu einem erfüllten Leben zu gelangen. Und so kommen sie schließlich zum Christentum, das sie nach vielen Jahren des Irrens als Weg zum Heil begreifen:

- Gott: Schöpfer, Herr, Vater und Richter
- Jesus Christus: Mittler zu Gott
- Evangelium: Frohe Botschaft von Gott
- Gebet: Persönliche Begegnung mit Gott
- Zehn Gebote: Grundwerte für ein erfülltes Leben
- Sakramente: Göttliche Heilsmittel
- Kirche: Gemeinschaft in Christus
- Nächstenliebe: Liebe zu allen Menschen
- Erlösung: Mit Gottes Hilfe Chance auf einen Neubeginn
- Letzte Dinge: Leben nach dem Tod, Gemeinschaft mit Gott

Viele dieser Menschen gleichen dem bekannten Kirchenvater Augustinus (354–430), der nach vielen Jahren des „dolce vita", aber auch des inneren Suchens zu Gott fand und den berühmten Satz prägte: „Unruhig ist unser Herz, bis es ruht in dir, o Gott" (Augustinus, *Bekenntnisse*). Am Ende werden viele dieser heimgekehrten Mensch voll Dankbarkeit sagen: „... ich preise alle Tage meines Lebens meinen Erlöser ... der aus einem Menschen voller Schwächen, Erbärmlichkeiten, Begehrlichkeit, Stolz und Ehrgeiz einen Menschen gemacht hat, der von allen diesen Übeln befreit ist durch die Kraft seiner Gnade, der aller Ruhm gebührt, da sie bei mir nur Erbärmlichkeit und Irrtum findet" (Blaise Pascal (1623–1662), *Gedanken*, Nr. 322).

SCHLUSSWORT

Die Betrachtung der Zehn Gebote hat uns gezeigt, dass diese Gebote alle Bereiche des menschlichen und gesellschaftlichen Lebens erfassen. Die Auseinandersetzung mit den Zehn Geboten lässt uns begreifen, dass diese Gebote der Schlüssel für die Erneuerung unseres eigenen Lebens und unserer Gesellschaft sind. Die Einhaltung der Zehn Gebote ist der einfachste und sicherste Weg für das persönliche Glück und Heil. Die Beachtung dieser Gebote erweist sich als die beste Methode für eine menschliche und gerechte Gesellschaftsordnung. Deshalb sollte sich jeder von uns bemühen, auf seinem Platz die Zehn Gebote zu befolgen. Wenn wir dabei Gott um seine Hilfe bitten, wird uns das auch gelingen.

ANHANG

1. Bestelladressen

Die folgenden Bestelladressen ermöglichen es Ihnen, verschiedene kirchliche Dokumente, päpstliche Rundschreiben, Bücher und Texte zu bestellen:

Kirchliche Dokumente und päpstliche Enzykliken
Sekretariat der Deutschen Bischofskonferenz
Kaiserstraße 161, D-53113-Bonn

Kleinschriften von Hochw. Dipl. Ing. Dr. theol. Herbert Madinger
Katholische Glaubensinformation der Erzdiözese Wien
Kirchenplatz 1, A-2625-Schwarzau am Steinfeld
Tel. 0043/(0)2627/8223070

2. Internet

Die folgenden Internet-Adressen ermöglichen einen direkten Zugang zu Bibelstellen und kirchlichen Dokumenten:
www.vatican.va
www.dbk.de
www.stjosef.at

3. Bibelstellen (Auswahl)

ALLGEMEINE ANGABEN

Wortlaut der Zehn Gebote: Exodus 20,1–17; Deuteronomium 5,6–21.
Erfüllung der Gebote: Matthäus 5,17–19.

ERSTES GEBOT

Wortlaut des Gebotes: Exodus 20,2–5; Deuteronomium 6,13–14.
Erkenntnis Gottes: Römer 1,19–20.
Liebe zu Gott: Matthäus 22,37.
Gott allein dienen: Matthäus 4,10.
Vaterunser: Matthäus 6,9–13.
Verbot des Okkultismus: Deuteronomium 18, 10–13.

ZWEITES GEBOT

Wortlaut des Gebotes: Exodus 20,7; Deuteronomium 5,11.
Nicht schwören: Matthäus 5,33–37.

DRITTES GEBOT

Wortlaut des Gebotes: Exodus 20,8–10; 31,15; Deuteronomium 5,12–15.
Einsetzung der Eucharistie: Matthäus 26,26–28.
Notwendigkeit der Eucharistie: Johannes 6,51–58.

VIERTES GEBOT

Wortlaut des Gebotes: Exodus 20,12; Deuteronomium 5,16.
Ehre Vater und Mutter: Jesus Sirach 3,12; 3,16; Epheser 6,1–3.
Erziehung: Epheser 6,4; Kolosser 3,21.

FÜNFTES GEBOT

Wortlaut des Gebotes: Exodus 20,13
Kein Zorn gegenüber dem Bruder: Matthäus 5,21–23.
Mensch bereits im Mutterleib: Jeremias 1,5.

SECHSTES GEBOT

Wortlaut des Gebotes: Exodus 20,14; Buch Deuteronomium 5,18.
Mann und Frau: Genesis 1,27.
Vereinigung von Mann und Frau: Genesis 2,22.24.
Fruchtbarkeit von Mann und Frau: Genesis 1,28.
Ehebruch: Matthäus 5,27–28; Matthäus 19,4–9.
Wiederverheiratung: Matthäus 19,3–9; Markus 10,11–12; 1 Korinther 7,11.
Homosexualität: Levitikus 18,22; 20,13; Römer 1,26–27.
Pädophilie: Matthäus 18,6–7; 1 Korinther 6,9; 1 Timotheus 1,10.

SIEBTES GEBOT

Wortlaut des Gebotes: Exodus 20,15; Deuteronomium 5,19.
Verhältnis zum Eigentum: Matthäus 6,19–34.
Lohn: Matthäus 10,10.
Gerechtigkeit: Matthäus 5,6.
Gefahr des Reichtums: Matthäus 16,26; 19,23–24, Lukas 12,16–21;
1 Timotheus 6,9.
Habsucht: 1 Timotheus 6,10.

Steuer: Matthäus 22,21.
Achtung vor dem Staat: Römer 13,1–6; 1 Petrus 2,13–17.
Trennung von Staat und Religion: Matthäus 22,21.

ACHTES GEBOT

Wortlaut des Gebotes: Exodus 20,16.
Wahrhaftigkeit: Matthäus 5,37.
Lüge: Levitikus 19,11; Epheser 4,25.

NEUNTES GEBOT

Wortlaut des Gebotes: Exodus 20,17.
Begehren der Frau: Matthäus 5,28.

ZEHNTES GEBOT

Wortlaut des Gebotes: Exodus 20,17; Deuteronomium 5,21.
Begehren materieller Güter: Matthäus 6,21.
Vergänglichkeit des Irdischen: 1 Johannes 2,16.

4. *Kirchliche Dokumente (Auswahl)*

Katechismus der Katholischen Kirche (Kurztitel = KKK)
KKK, Pattloch-Verlag, München 1993.
Kompendium des Katechismus der Katholischen Kirche, Pattloch Verlag, München 2005.

Zweites Vatikanisches Konzil
Kirche: *Lumen gentium (LG).*
Kirche in der Welt von heute: *Gaudium et spes (GS).*
Liturgie: *Sacrosanctum Concilium (SC).*
Medien: *Inter mirifica (IM).*
Offenbarung: *Dei verbum (DV).*

Päpstliche Enzykliken
Arbeit: Johannes Paul II., *Laborem exercens* (LE), 1981.
Familie: Johannes Paul II., *Familiaris consortio (FC)*, 1981.
Frau: Johannes Paul II., *Mulieris dignitatem (MD)*, 1988.
Glaube: Johannes Paul II., *Fides et ratio (FR)*, 1998.
Leben: Johannes Paul II., *Evangelium vitae (EV)*, 1995.
Leben: Paul VI., *Humanae vitae (HV)*, 1968.
Leid: Johannes Paul II., *Salvifici doloris (SD)*, 1984.

Moral: Johannes Paul II., *Veritatis splendor (VS)*, 1995.
Sonntag: Johannes Paul II., *Dies Domini (DD)*, 1998.
Soziales: Johannes XXIII., *Pacem in terris (PT)*, 1961.
Soziales: Paul VI., *Populorum progressio (PP)*, 1967.
Soziales: Johannes Paul II., *Sollicitudo rei socialis (SRS)*, 1987.
Soziales: Johannes Paul II., *Centesimus annus* (CA), 1991.
Soziales: Benedikt XVI., *Caritas in veritate* (CV), 2009.

Kongregation für den Glauben
Abtreibung: *Quaestio de abortu procurato*, 1974.
Bioethik: *Dignitatis personae* (DP), 2008.
Euthanasie: *Erklärungen zur Euthanasie*, 1980.
Leben und Fortpflanzung: *Donum vitae* (DnV), 1987.
Homosexualität: *Persona humana* (PH), 1975; Seelsorge für homosexuelle Personen, 1986.

Soziallehre der Kirche
Kompendium der Soziallehre der Kirche, Herder, Freiburg i. Br. 2006.

Esoterik/New Age
(Internet: kath.ch/infosekten)
Päpstlicher Rat für Kultur, *Jesus Christus, der Spender lebendigen Wassers. Überlegungen zu New Age aus christlicher Sicht*

Zehn Gebote in kirchlichen Dokumenten (Auswahl)

ERSTES GEBOT

Katechismus der Katholischen Kirche (Kurztitel:*KKK*), Das erste Gebot, § 2084–2141.
Kompendium des Katechismus der Katholischen Kirche, Das erste Gebot, § 442–446.
Erkenntnis Gottes: *KKK*, § 31–35; *Fides et ratio*, 22.
Offenbarung Gottes: *KKK*, § 36–38; *Dei verbum*, 6.
Glaube an Gott: *KKK*, § 198–227.
Gebet: *KKK*, § 2559–2565.
Atheismus: *KKK*, § 2123–2126; *Gaudium et spes*, 19–21.
Keine anderen Götter: *KKK*, § 2110–2121.
Sakrileg: *KKK*, § 2120.
Wahrsagerei und Magie: *KKK*, § 2115–2117.

ZWEITES GEBOT

KKK, Das zweite Gebot, § 2141–2167.
Kompendium des Katechismus der Katholischen Kirche, Das zweite Gebot, §

447–449.
Missbrauch des Namens Gottes: *KKK*, § 2146.
Meineid: *KKK*, § 2.150–2.155.
Gotteslästerung: *KKK*, § 2.148.
Fluchen: *KKK*, § 2.149.

DRITTES GEBOT

KKK, Das dritte Gebot, § 2168–2195.
Kompendium des Katechismus der Katholischen Kirche, Das dritte Gebot, § 450–454.
Sonntag: *KKK*, § 2168–2173; *Dies Domini*.
Sonntagspflicht: *KKK*, § 2180; *Sacrosanctum Concilium*, 106.
Sonntagsheiligung: *KKK*, § 2184–2188.

VIERTES GEBOT

KKK, Das vierte Gebot, § 2197–2257.
Kompendium des Katechismus der Katholischen Kirche, Das vierte Gebot, § 455–465.

Familie
Familie: *KKK*, § 2201–2233; *Gaudium et spes*, 47–52; *Familiaris consortio*.
Familie als Gemeinschaft: *KKK*, § 2204–2206; *Familiaris consortio*, 15; *Centesimus annus*, 39.
Pflichten der Kinder: *KKK*, § 2214–2220.
Pflichten der Eltern: *KKK*, § 2221–2231.
Erziehung: *Familiaris consortio*, 36–37.
Religiöse Erziehung: *Familiaris consortio*, 38–39.
Familie als Hauskirche: *Familiaris consortio*, 55–62.

Familie und Gesellschaft
Familie und Schule: *Familiaris consortio*, 40.
Familie und Dienst an der Gemeinschaft: *Familiaris consortio*, 64.
Familie und Gesellschaft: *KKK*, § 2207–2213; *Gaudium et spes*, 52, *Familiaris consortio*, 42–48; *Centesimus annus*, 39.
Rechte der Familie (Familiencharta): *Familiaris consortio*, 46.
Förderung und Schutz der Familie: *KKK*, § 2209, 2211.

Familie und Kirche
Familie und Kirche: *Familiaris consortio*, 49–54.

FÜNFTES GEBOT

KKK, Das fünfte Gebot, § 2258–2330.
Kompendium des Katechismus der Katholischen Kirche, Das fünfte Gebot, § 466–486.

Tötung des Menschen
Unantastbarkeit des Lebens: *KKK*, § 2258; *Evangelium vitae*, 40.
Würde des Lebens: *KKK*, § 2259–2262; *Gaudium et spes*, 27.
Mord: *KKK*, § 2268–2269; *Evangelium vitae*, 40–41.
Selbstmord: *KKK*, § 2280–2283; *Evangelium vitae*, 66.
Abtreibung: *KKK*, § 2270–2275; *Evangelium vitae*, 58–62.
Euthanasie: *KKK*, § 2276–2279; *Erklärungen zur Euthanasie*.
Organverpflanzungen: *KKK*, § 2296; *Evangelium vitae*, 15, 86.
Todesstrafe: *KKK*, § 2267 (Erweiterung 2003); *Evangelium vitae*, 56.

Krieg und Frieden
Notwehr: *KKK*, § 2265; *Evangelium vitae*, 55.
Terrorismus: *KKK*, § 2297; *Centesimus annus*, 18.
Folter: *KKK*, § 2297–2298; *Gaudium et spes*, 27.
Krieg: *KKK*, § 2307–2317; *Gaudium et spes*, 79–81, 97; Centesimus annus, 17.
Friede: *KKK*, § 2304; *Gaudium et spes*, 77–90; *Pacem in terris*, 167; *Populorum progressio*, 76, 115.

Gefährdung der Gesundheit
Gesundheit und Sport: *KKK*, § 2288–2289; *Gaudium et spes*, 61.
Krankheit und Alter: *KKK*, § 1500–1501; *Evangelium vitae*, 46–47.
Alkohol, Nikotin: *KKK*, § 2290; *Familiaris consortio*, 43, 46, 77.
Drogen: *KKK*, § 2291; *Centesimus annus*, 36; *Caritas in veritate*, 29.

SECHSTES GEBOT

KKK, Das sechste Gebot, § 2331–2400.
Kompendium des Katechismus der Katholischen Kirche, Das sechste Gebote, § 487–502.

Mann und Frau
Mann und Frau: *KKK*, § 369–372; *Gaudium et spes*, 49–50; *Christifideles laici*, 50.
Frau: *Mulieris dignitatem; Brief an die Frauen; Familiaris consortio*, 22–24.

Ehe
Ehe: *KKK*, § 2360–2365; *Gaudium et spes*, 50; *Familiaris consortio*, 11–12.
Eheliche Fruchtbarkeit: *KKK*, § 2366–2370; *Gaudium et spes*, 51.
Empfängnisregelung: *KKK*, § 2368; *Humanae vitae*, 7, 10, 11, 12, 19, 20.
Empfängnisverhütung: *Gaudium et spes*, 47; *Humanae vitae*, 14.

Sterilisation: *Humanae vitae*, 14–15.
Ehebruch: *KKK*, § 2380–2381.
Scheidung: *KKK*, § 2382–2386.
Geschiedene ohne Wiederverheiratung: *Familiaris consortio*, 83.
Geschiedene mit Wiederverheiratung: *Familiaris consortio*, 84.

Sexualität
Geschlechtlichkeit: *Gaudium et spes*, 48–51; *Humanae vitae*, 9–13.
Selbstbefriedigung: *KKK*, § 2352; *Persona Humana*, 9.
Voreheliche Beziehungen: *Persona humana*, 7.
Ehe auf Probe: *Familiaris consortio*, 80.
Freie Verbindungen: *Familiaris consortio*, 81.
Zivile Trauung: *Familiaris consortio*, 82.
Homosexualität: *KKK*, § 2357–2359; *Persona humana*, 8.

Bioethik
Unfruchtbarkeit: *Dignitate humanae*, 13.
Bioethik: *Caritas in veritate*, 74.
Künstliche Befruchtung: *Dignitate humanae*, 14, 15, 16.
Künstliche Insemination: *Dignitate humanae*, 17.
Einfrieren von Embryonen: *Dignitate humanae*, 18, 19.
Gentherapie: *Dignitate humanae*, 25–27.
Klonen: *Dignitate humanae*, 28–30.
Stammzellen usw.: *Dignitate humanae*, 31–35.
Ersatzmutterschaft: *KKK*, § 2376.

SIEBTES GEBOT

KKK, Das siebte Gebot, § 2401–2463.
Kompendium des Katechismus der Katholischen Kirche, Das siebte Gebot, § 503–520.
Kompendium der Soziallehre der Kirche, Herder, Freiburg 2006.
Texte zur katholischen Soziallehre, Ketteler-Verlag, Bornheim 1992 (8. Aufl.).

Eigentum
Eigentum: *KKK*, § 2402–2406; *Gaudium et spes* 69, 71; *Mater et Magistra*, 109–121.
Diebstahl: *KKK*, § 2408–2409.
Arbeit
Arbeit und Mensch: *KKK*, § 2427; *Gaudium et spes*, 31–39; *Laborem exercens*, 1–10.
Arbeit und Kapital: *Laborem exercens*, 11–15.
Arbeit und Eigentum: *Laborem exercens*, 14.
Rechte der Arbeiter: *KKK*, § 2433; *Laborem exercens*, 16–23.
Lohn: *KKK*, § 2434; *Mater et Magistra*, 71; *Laborem exercens*, 19;

Arbeitslosigkeit: *KKK*, § 2436; *Laborem exercens*, 8, 18; Caritas in veritate, 25.

Wirtschaft
Wirtschaft: *KKK*, § 2426–2436; *Gaudium et spes*, 63–72.
Gerechtigkeit: *KKK*, § 2411; *Populorum progressio*, 56–61.
Gemeinwohl: *KKK*, § 1905–1912; *Gaudium et spes*, 26.
Solidarität: *KKK*, § 1940–1941; *Populorum progressio*, 43–55; Caritas in veritate, 58; *Kompendium der Soziallehre der Kirche*, 192–196.
Subsidiarität: *KKK*, § 1883, 1885; *Mater et Magistra*, 53, 117; *Caritas in veritate*, 57.
Soziale Frage: *KKK*, § 2422–2423.
Soziale Marktwirtschaft: *KKK*, § 2431; *Centesimus annus*, 34, 48.

Gesellschaft und Politik
Gesellschaft und Staat: *Gaudium et spes*, 74; *Pacem in terris*, 47, 52, 54, 67, 73.
Steuer: *KKK*, § 2239; *Gaudium et spes*, 30.
Widerstand: *KKK*, § 2243.
Politik: *Gaudium et spes*, 73–76.
Weltsituation: *Gaudium et spes*, 4–10.
Dritte Welt: *KKK*, § 2437–2441; *Populorum progressio*, 47.
Nationalismus: *Populorum progressio*, 62.
Rassenwahn: *Populorum progressio*, 63.
Terrorismus: *KKK*, § 2297; *Centesimus annus*, 18; *Soziallehre*, 513–515.

Globale Probleme
Globalisierung: *Caritas in veritate*, 42.
Internationale Gemeinschaft: *Gaudium et spes*, 83–90; *Populorum progressio*, 46, 61, 78, 84; *Caritas in veritate*.
Technik: *KKK*, § 2293–2294; *Gaudium et spes*, 5, 15; *Laborem exercens*, 5; *Caritas in veritate*, 67, 70, 77.
Ökologie: *KKK*, § 2415–2418; *Centesimus annus*, 37–38; *Caritas in veritate*, 48–51.

ACHTES GEBOT

KKK, Das achte Gebot, § 2464–2513.
Kompendium des Katechismus der Katholischen Kirche, Das achte Gebot, § 521–526.

Wahrheit und Lüge
Wahrheit: *KKK*, § 2467.
Wahrhaftigkeit: *KKK*, § 2468–2469.
Zeugnis für die Wahrheit: *KKK*, § 2471–2472.
Lüge: *KKK*, § 2482–2485.
Verpflichtung zur Wiedergutmachung: *KKK*, § 2487.

Falsches Zeugnis und Meineid: *KKK*, § 2476.

Unwahres Verhalten
Verleumdung, üble Nachrede: *KKK*, § 2477–2479.
Schmeichelei: *KKK*, § 2480.
Prahlerei: *KKK*, § 2481.
Geheimnis: *KKK*, § 2488–2492.

Massenmedien
Massenmedien: *KKK*, § 2493–2499; *Inter mirifica*.

NEUNTES GEBOT

KKK, Das neunte Gebot, § 2514–2533.
Kompendium des Katechismus der Katholischen Kirche, Das neunte Gebot, § 527–530.
Begierde des Fleisches: *KKK*, § 2514–2516.
Pornografie: *KKK*, § 2354; *Humanae vitae*, 22; *Centesimus annus*, 36.
Ausbeutung des Körpers in Reklame und Medien: *KKK*, § 2523.
Läuterung des Herzens: *KKK*, § 2517–2519.
Kampf um die Reinheit: *KKK*, § 2520.
Schamhaftigkeit: *KKK*, § 2522.
Reinigung des gesellschaftlichen Umfeldes: *KKK*, § 2525.

ZEHNTES GEBOT

KKK, Das zehnte Gebot, § 2534–2557.
Kompendium des Katechismus der Katholischen Kirche, Das zehnte Gebot, § 531–533.
Begehren von fremdem Gut: *KKK*, § 2535.
Gier und Habsucht: *KKK*, § 2536.
Neid: *KKK*, § 2538–2540.
Armut des Herzens: *KKK*, § 2544–2547, *Lumen gentium*, 42.

5. Literaturverzeichnis

ALLGEMEINE ANGABEN

Casetti, Christoph, *Kleiner Familienkatechismus – Einfache Darstellung des katholischen Glaubens*, Christiana-Verlag, Stein am Rhein 2002 (3. Aufl.)
Madinger, Herbert, *Die Zehn Gebote Gottes*, Kath. Glaubensinformation der Erzdiözese Wien, Wien 2000.
Pfeil, Hans, *Vom Sinn des Lebens und der Einsamkeit*, Johannes-Verlag, Leutesdorf 1983.

ERSTES GEBOT

Erkenntnis Gottes:

Frankenberger, Ernst, *Gott – Bekenntnisse großer Naturforscher*, Johannes-Verlag, Leutesdorf 2002 (17. Aufl.).
Löw, Reinhard, *Die neuen Gottesbeweise*, Pattloch, München 1994.
Madinger, Herbert, *Fundamente des Glaubens*, Katholische Glaubensinformation der Erzdiözese Wien, Wien 2009.
Pascal, Blaise, *Gedanken über die Religion*, Reclam, Stuttgart 1997.

Wesen Gottes:

Auer, Johann/Ratzinger, Joseph, *Gott der Eine und Dreieine, Kleine Katholische Dogmatik, Band II*, Pustet-Verlag, Regensburg 1978.

Schöpfung Gottes:

Ratzinger, Joseph, *Im Anfang schuf Gott – Konsequenzen des Schöpfungsglaubens*, Johannes-Verlag, Einsiedeln-Freiburg 2005 (2. Aufl.).
Schönborn, Christoph, *Ziel oder Zufall – Schöpfung und Evolution aus der Sicht eines vernünftigen Glaubens*, Herder, Freiburg 2007.
Vollmert, Bruno/Löw, Reinhard/Scheffczyk, Leo/Balthasar, Hans Urs von, *Schöpfung*, Informationszentrum Berufe der Kirche, Freiburg 1988.

Bedeutung des Glaubens:

Benedikt XVI., (Joseph Ratzinger), *Credo für heute – Was Christen glauben*, Herder Spektrum, Freiburg 2006.
Johannes Paul II./Messori, Vittorio, *Die Schwelle der Hoffnung überschreiten*, Hoffmann und Campe, Hamburg 1994 (Grundlegende Fragen über den Glauben).
Schönborn, Christoph/Stöckl, Barbara, *Wer braucht Gott?*, Pieper, München-Zürich 2009.
Wallner, Karl, *Sinn und Glück im Glauben – Gedanken zur christlichen Spiritualität*, Media Maria, Illertissen 2008 (2. Aufl.).

Gebet und Spiritualität:

Kompendium des Katechismus der Katholischen Kirche, Pattloch, München

2005, Anhang A) Allgemeine Gebete, S. 214–239.
Benedikt XVI., *Führe uns auf unserem Weg*, Herder, Freiburg 2009.
Buob, Hans, *Tür nach Innen – Wege zum inneren Gebet*, Unio-Verlag, Hochaltingen 2001.
Escrivá de Balaguer, Josemaria, *Der Weg*, Adamas-Verlag, Köln 2002 (12. Aufl.).
Madinger, Herbert, *Begegnung mit Gott*, Katholische Glaubensinformation der Erzdiözese Wien, Wien 1997.
Mutter Teresa, *Das Gebetbuch der Mutter Teresa*, Herder, Freiburg 2010.

Nichtchristliche Weltanschauungen, nichtchristliche Bewegungen, Okkultismus:
Gasper, Hans/Müller, Joachim/Valentin, Friederike, *Lexikon der Sekten, Sondergruppen und Weltanschauungen – Fakten, Hintergründe, Klärungen*, Herder, Freiburg-Basel-Wien 1990 (2. Aufl.).

VIERTES GEBOT

Erziehung:
Madinger, Herbert, *Welt in der Wende*, „Herold", Wien 1976, Brief 22.
Madinger, Herbert, *Lebenskunde*, „Herold", Wien 1967, Brief 34.
Meves, Christa, *Eltern-ABC: Elemente einer christlichen Erziehung*, Christiana-Verlag, Stein am Rhein 2002.
Meves, Christa, *Erziehen lernen: Was Eltern und Erzieher wissen sollten*, Resch-Verlag, Gräfelfing 2006.
Ortner, Reinhold, *Kinder in psychischen Nöten – Wie können Eltern, Lehrer und Erzieher helfen?*, Steyler Verlag, Nettetal 1989.

Familie als Hauskirche:
Madinger, Herbert, *Hauskirche*, Katholische Glaubensinformation der Erzdiözese Wien, Wien 2009.
Obereder, Ingeborg und Horst, *Hauskreise – Eine Initiative der Bewegung Hauskirche*, Sonntagberg Besitz GmbH, Sonntagberg 2004 (2. Aufl.).
Prügl, Maria, *Familien feiern das Kirchenjahr – Wissen und Praxis des Feierns*, Referat für Ehe und Familie, Erzdiözese Salzburg, Oberndorf 2008.

FÜNFTES GEBOT

Abtreibung:
Gassmann, Lothar/Griesemann, Ute, *Abtreiben? Fragen und Entscheidungshilfen*, Christiana-Verlag, Stein am Rhein 1985.
Madinger, Herbert, *Die Zeichen dieser Zeit*, „Herold", Wien 1980.
Stanford, Susan M. *Werde Ich morgen weinen? Das Trauma einer Abtreibung und seine Heilung*, Francke Buchhandlung GmbH, Marburg 1989.

Euthanasie:
Probst, Charles, *Hilfe für Sterbende und Schwerkranke: Euthanasie? Wege und Irrwege,* Sonderdruck aus: Medizin und Ideologie, Juni 1998. Bezugsquelle: Europäische Ärzteaktion, Postfach 1123, D-89001, Ulm.

Organtransplantation:
Golser, Karl, *Die Diskussion um den Hirntod aus der Perspektive eines katholischen Moraltheologen,* Ethica, 5 (1997), 1, 29–43.
Probst, Charles, *Hirntod und Organtransplantation – Medizinische Fakten – Ethische Fragen,* Sonderdruck aus: Medizin und Ideologie, Juli 1997. Bezugsquelle: Europäische Ärzteaktion, Postfach 1123, D-89001 Ulm.
Rösler, Roland, *Rohstoff Mensch – Embryohandel und Genmanipulation,* Christiana-Verlag, Stein am Rhein 1989 (2. Aufl.).

SECHSTES GEBOT

Mann und Frau:
Düren, Sabine, *Die Frau im Spannungsfeld von Emanzipation und Glaube,* Roderer-Verlag, Regensburg 1998.
Kuhn, Wolfgang, *Als Mann und Frau schuf er sie,* Miriam-Verlag, Jestetten 1996.
Neuer, Werner, *Mann und Frau in christlicher Sicht,* TVG Brunnen, Gießen und Basel 1988.

Liebe und Ehe:
Johannes Paul II., *Liebe und Verantwortung,* Verlag St. Josef, Kleinheim 2007.
Häring, Bernhard, *Soziologie der Familie,* Müller-Verlag, Salzburg 1954.
Laun, Andreas, *Liebe und Partnerschaft aus katholischer Sicht,* Franz Sales-Verlag, Eichstätt 2003 (8. bearbeitete Auflage).
Meves, Christa, *Charaktertypen – Wer passt zu wem?,* Resch-Verlag, Gräfelfing 2000.
Meves, Christa, *Ehe-Alphabet, Christiana-Verlag,* Stein am Rhein 2006, (38. Aufl.).
Schelsky, Helmut, *Familie und Gesellschaft,* in: Wort und Wahrheit, Thomas Morus-Presse im Herder-Verlag, Wien 1953.

Sexualität:
Kuby, Gabriele, *Ausbruch zur Liebe – Wir brauchen eine sexuelle Gegenrevolution,* Laudes-Verlag, Gänsbach 2005.
Meves, Christa, *Kindgerechte Sexualerziehung – Erziehung zur Liebe,* Hänssler-Verlag, Holzgerlingen 2001.

Empfängnisregelung und Empfängnisverhütung:
Baier, Stephan, *Kinderlos – Europa in der demographischen Falle,* MM-Verlag, Aachen 2004.

Dumont, Gerard F., *Bevölkerungspolitik vor dem Bankrott – Europa stirbt vor sich hin – Wege aus der Krise*, MM-Verlag, Aachen 1997.
Ehmann, Rudolf, *Probleme der Geburtenregelung*, Internationaler Kongress der „World Federation of doctors who respect human life", Dresden, 20.–23. 9. 1990, Europäische Ärzteaktion, Ulm.
Häußler, Alfred, *Das Zeichen des Widerspruchs – Ein Vierteljahrhundert nach der Verkündigung der Enzyklika Humanae vitae*, Kral Verlag, Abensberg 1994.
Häußler, Alfred, *Die Selbstzerstörung Europas mit Pille, Spirale, Sterilisation und Abtreibung*, Miriam-Verlag, Jestetten 1984.
Rötzer, Josef, *Natürliche Empfängnisregelung. Der partnerschaftliche Weg – Die Sympto-thermale Methode*, Herder, Freiburg 2006 (30. Aufl.).
Österreichische Apothekerkammer, *Vom Pharmazeuten zum Apotheker, Handbuch zum Aspirantenkurs*, Auflage 2000, Band 2.

Gender:
Kuby, Gabriele, *Auf dem Weg zum neuen Gender-Menschen*, fe-medienverlag, Kislegg, 2007 (2. Aufl.).
Kuby, Gabriele, *Die Gender Revolution – Relativismus in Aktion*, fe-medienverlag, Kisslegg 2006.

Homosexualität:
Laun, Andreas, *Homosexualität aus katholischer Sicht*, Franz Sales-Verlag, Eichstätt 2001.
Ritter, Bernhard, *Eine andere Art zu lieben? Zum Thema Kirche und Homosexualität. Seelsorgliche Aspekte*, Brunnen, Gießen-Basel 1993.
Werner, Roland (Hrsg.), *Homosexualität und Seelsorge*, Brendow, Moers 1993.

SIEBTES GEBOT

Eigentum:
Klug, Oskar, *Katholizismus und Protestantismus zur Eigentumsfrage – Eine gesellschaftspolitische Analyse*, Rowohlt, Reinbek 1966.

Gesellschaft:
Klüber, Franz, *Grundriß der katholischen Gesellschaftslehre*, Fromm, Osnabrück 1971.
Messner, Johannes, *Die soziale Frage*, Tyrolia, Innsbruck-Wien-München, 1964 (8. Aufl.).
Meves, Christa, *Bilanz aus 30 Jahren Fehlentwicklung. Trotzdem: Mut zur Zukunft*, Resch, Gräfelfing 1998.
Ratzinger, Joseph, *Werte in Zeiten des Umbruchs – Die Herausforderungen der Zukunft bestehen*, Herder Spektrum, Freiburg-Basel-Wien 2005.

Wirtschaft:
Marx, Reinhard, *Das Kapital,* Pattloch, München 2008.

Politik und Kultur:
Habsburg, Otto, *Unsere Welt ist klein geworden – Die Globalisierung der Politik,* Amalthea, Wien 2006.
Meves, Christa, *Aufbruch zu einer christlichen Kulturrevolution,* Christiana-Verlag, Stein am Rhein 2007.
Meves, Christa, *Manipulierte Maßlosigkeit. Psychische Gefahren im technischen Leben. Die Schwierigkeit, im Wohlstand glücklich zu sein,* Christiana-Verlag, Stein am Rhein 2000.
Pera, Marcello/Ratzinger, Joseph, *Ohne Wurzeln – Der Relativismus und die Krise der europäischen Kultur,* St. Ulrich Verlag, Augsburg 2005.
Ratzinger, Joseph, Wendezeit für Europa? Diagnosen und Prognosen zur Lage von Kirche und Welt, Johannes-Verlag, Einsiedeln-Freiburg 2005 (3. Aufl.).

Umwelt und Technik:
Gehlen, Arnold, *Die Seele im technischen Zeitalter,* Klostermann, Rote Reihe Band 25, Frankfurt 2007.
Gruhl, Herbert, *Ein Planet wird geplündert. Eine Schreckensbilanz unserer Politik,* Fischer, Frankfurt 1975.

Frieden:
Nagel, Ernst Josef, *Die Friedenslehre der katholischen Kirche – Eine Konkordanz kirchenamtlicher Dokumente, Institut für Theologie und Frieden,* Barsbüttel 1991 (2. Aufl.).

ACHTES GEBOT

Meves, Christa, *Wahrheit befreit – Argumente für den katholischen Glauben gegen die Anwürfe der Moderne aus psychologischer Sicht, Christiana,* Stein am Rhein 1994 (2. Aufl.).
Noebel, David, *Kampf um die Wahrheit – Die bedeutendsten Weltanschauungen im Vergleich (Humanismus, Marxismus, Esoterik, Postmoderne, Islam, Christentum),* Resch, Gräfelfing 2007. (Dieses Buch vermittelt einen großartigen Überblick über die Weltanschauungen!)

6. Lexikon der christlichen Moral

Hörmann, Karl, Universitätsprofessor für Moraltheologie in Wien, *Lexikon der christlichen Moral,* Tyrolia, Innsbruck-Wien-München 1969 (1. Aufl.), 1976 (2. Aufl.).
Dieses Lexikon behandelt alle wesentlichen Grundfragen der Moral aus der Sicht des päpstlichen Lehramtes und enthält viele Hinweise auf kirchliche Dokumente bis zum Jahr 1976.